Janus / Bess / Saltus · Die Mächtigen und der Sex

Sam Janus, Barbara Bess,
Carol Saltus

Die Mächtigen und der Sex

Ullstein

Verlag Ullstein GmbH, Frankfurt/M – Berlin – Wien
Titel der amerikanischen Originalausgabe:
»A Sexual Profile of Men in Power«
Erschienen bei Prentice-Hall, Inc., Englewood Cliffs, N. J.
Übersetzt von Lukas Urfeld

Satz: Süddeutsche Verlagsanstalt und Druckerei, Ludwigsburg
Druck: May & Co. Nachf., Darmstadt
Printed in Germany 1979
ISBN 3 550 07485 9

CIP-Kurztitelaufnahme der Deutschen Bibliothek

Janus, Sam:
Die Mächtigen und der Sex/Sam Janus; Barbara
Bess; Carol Saltus. [Übers.: Lukas Urfeld]. –
Berlin, Frankfurt/M, Wien: Ullstein, 1979. –
Einheitssacht.: A sexual profile of men in power ⟨dt.⟩
ISBN 3-550-07485-9
NE: Bess, Barbara:; Saltus, Carol:

Inhalt

Einleitung

In der Mitte der sechziger Jahre, als Dr. Barbara Bess und ich mit den Nachforschungen begannen, die diesem Buch zugrunde liegen, hatten wir keine Ahnung, wohin dies schließlich führen würde, auch nicht von dem Umfang der Fragen, denen wir gegenüberstehen sollten.

Im Verlauf unserer medizinischen und psychoanalytischen Ausbildung interessierten wir uns beide für die Struktur und die Funktion von abnormem Verhalten, insbesondere auf sexuellem Gebiet. Als wir uns kennenlernten, organisierte Barbara am New York Medical College einen Kurs für Psychiater über sexuelle Reaktionen, während ich außerplanmäßiger Professor für Psychologie am Lehman College der New Yorker City University und gleichzeitig außerordentlicher Professor beim Stab des Instituts für Human-Sexualität des Montclair State College war. Da unsere private Praxis hauptsächlich aus jungen Leuten in ihren Zwanziger- und Dreißigerjahren bestand, beschlossen wir 1968, ein Forschungsprojekt über eine in dieser Gruppe stark vorherrschende Art der Abnormität, nämlich die Drogenabhängigkeit, in Angriff zu nehmen.

Wir stellten sehr bald fest, daß Drogenabhängige, wie auch andere abnorme Gruppen – Homosexuelle, jugendliche Delinquenten, pathologische Spieler –, eine deutliche Tendenz zur Bildung von Subkulturen, von Gemeinschaften mit gesellschaftlicher Wechselwirkung zeigten, die für deren Mitglieder ebenso wichtig wurden wie die erste Abnormität, die zu der Gruppenbildung geführt hatte. Diese Subkulturen entwickeln bald ein Eigenleben mit eigener Sprache, Bräuchen und Konventionen, die innerhalb der größeren kulturellen Einheit eine inniger zusammenhaltende Einheit bilden.

Unsere Untersuchung erstreckte sich anfangs auf eine Gruppe von 892 vollbeschäftigten Studenten der ersten Semester am Lehman College, von denen 21 % Neulinge und Studenten im dritten bis zum letzten Studienjahr waren. Wir fanden heraus, daß 65 % davon regelmäßig nicht verschriebene Medikamente einnahmen und daß etwa 3 % der Frauen sich der Prostitution zugewandt hatten, als der einfachsten und bequemsten Art, genug Geld für die Finanzierung dieser Gewohnheit zu verdienen.

Als unsere Untersuchungen fortschritten, beobachteten wir auch, daß die Mädchen, die sich prostituierten, dazu neigten, eine eigene Gemeinschaft zu bilden, die zwar ein Teil der Drogengemeinschaft war, aber auch ein eigenes, unabhängiges Leben, parallel zu dem der Drogenabhängigen, führte. Wie diese, schlossen sie sich zu Gruppen zusammen, entwickelten jedoch einen Slang, der für die Prostitution spezifisch ist. Einige von ihnen hatten sogar begonnen, sich aus Gründen zu prostituieren, die nichts mit der Beschaffung von Geld für Drogen zu tun hatten, und wir fanden heraus, daß sie sich im allgemeinen über die Drogenszene hinaus ausbreiteten.

Als wir begannen, diese strukturellen und funktionellen Ähnlichkeiten zu sehen, beschlossen wir, von unseren Grundkenntnissen und unserer Ausbildung, soweit sie abnormes sexuelles Verhalten betraf, Gebrauch zu machen und eine parallele Untersuchung der Prostitution innerhalb der Drogenszene durchzuführen, um diese Gemeinschaft mit der der Drogenabhängigen zu vergleichen. Wir fanden bald heraus, daß die beiden Modelle nicht so ähnlich waren, wie wir anfangs gedacht hatten. Der Hauptunterschied bestand darin, daß die Drogenabhängigen – zumindest jene, die harte Drogen nahmen – eine homogene Gruppe mit vorhersehbaren Merkmalen bildeten, wogegen die Prostituierten weitaus differenzierter waren.

Als wir unsere zweite Untersuchung, diesmal über die Prostituierten, begannen, kamen mehrere Studentinnen des Montclair State College, die mein neues Interesse kannten, zu mir, um über den Gegenstand zu diskutieren. Einige von ihnen, die zugaben, als Teilzeitprostituierte zu arbeiten, nahmen später freiwillig an den Interviews teil, die ich gemeinsam mit Barbara machte. Als stellvertretende Leiterin der Ausbildung am New York Medical College, bekam sie von den Ärzten des Metropolitan Hospital Berichte über Patienten, die Prostituierte waren und die später freiwillig zu uns kamen, um interviewt und getestet zu werden.

Innerhalb von wenigen Monaten hatten wir über hundert Teil- oder Ganzzeit-Prostituierte interviewt, Süchtige von der Straße mit fünf Schulklassen, Barmädchen, Schulmädchen, die in Massagesalons arbeiteten, um ihr Schulgeld zahlen zu können, und Callgirls, die außerhalb ihrer Apartments arbeiteten (eines von ihnen war Privatpatientin von Barbara, die sich in längerer intensiver psychotherapeutischer Behandlung befand). Zwei Dinge wurden uns dann klar: 1. daß die psychodynamischen Muster, die Familienverhältnisse, die Motivationen und der Lebensstil dieser verschiedenen Typen von Prostituierten viel unterschiedlicher waren als wir nach unseren Erfahrungen mit Drogenabhängigen angenommen hatten; es gab weniger Ähnlichkeiten zwischen ihnen als Unterschiede. 2. daß keines dieser Mädchen, nicht einmal die Straßenmädchen, in das Klischee der Prostituierten paßte, das wir nach unseren theoretischen Studien über diesen Gegenstand erwarteten.

Die Prostituierten, als eine Klasse für sich, wurden üblicherweise als verkommene Frauen betrachtet, als der »Abschaum der Gesellschaft«, der entweder durch äußerste Armut oder (seltener) durch einen unwiderstehlichen Geschlechtstrieb auf die Straße gezwungen worden war; ihr Leben wird dann durch Krankheiten, Alkoholismus, Drogen und durch die allgemeine Verrohung ihrer Lebensqualität drastisch verkürzt.

In letzter Zeit gehört zu diesem Klischee, neben der wirtschaftlichen Notlage der Familie, eine psychologische Schwäche, die von einer leichten Störung bis zur Psychose reicht, mit einer charakteristischen Neigung zur Frigidität oder zur lesbischen Liebe.

Während die unterste Klasse der Prostituierten, die Straßenmädchen, einigermaßen dieser Beschreibung entspricht, kann diese nach unseren Erfahrungen weder auf die Studentinnen noch auf die Callgirls Anwendung finden. Das war von größtem Interesse für uns, denn als Erforscher von abnormem Verhalten hatten wir nicht nur mit der Bedrohung zu tun, die die Abwegigkeit für die Gesellschaft bedeutet, sondern ebenso mit dem Ausmaß, in dem ein solches Verhalten das Individuum verkrüppelt und seine Funktionsfähigkeit herabsetzt. Wir entdeckten, daß eine erstaunliche Anzahl dieser Mädchen keineswegs das Bild einer sozialen Entfremdung und psychischen Zersplitterung bot, sondern außerordentlich gut mit allem fertig wurde, einen hohen Grad von persönlicher Integrierung zeigte und es ablehnte, sich dem traditionellen Begriff vom »gefallenen Mädchen« zu unterwerfen.

Dieses unerwartete Ergebnis unserer Untersuchungen wurde noch durch eine fünfjährige Beobachtung und Diskussionen mit meinen Studentinnen am Institut für Human-Sexualität in Montclair bestärkt. Sie alle hatten die Auswirkung der »sexuellen Befreiung« erlebt und viele fühlten, daß ihre eigenen Wertsysteme durch die Umwertung der Moralbegriffe in ein Chaos gestürzt worden waren. Barbara und mir schien es, daß vor diesem Hintergrund rasch wechselnder Verhaltensweisen die Rolle der Prostituierten in der Gesellschaft einer Überprüfung bedurfte. Wir wußten von unserer Beschäftigung mit dem Kinsey-Report, daß in den vierziger Jahren die Kundschaft einer Prostituierten zum Großteil 18 bis 25 Jahre alt war. Konnte das heute noch stimmen, da sich alle Tabus gegen vorehelichen Geschlechtsverkehr bei Gymnasiasten und Hochschülern gelockert hatten? Es wurde uns bewußt, daß sich keine der bisherigen Untersuchungen mehr als oberflächlich mit den Kunden der Prostituierten befaßt hatte. Psychologen und Historiker hatten die Prostitution immer getrennt von ihrem sozialen Kontext betrachtet – als ob die Gesellschaft immer dazu geneigt hätte, sie zu isolieren –, ohne einzusehen, daß die Natur der Nachfrage, die sie befriedigte, eine ebenso ernste Untersuchung erforderte wie die Tatsache, daß sie da war, um sie zu befriedigen.

Diese Lücke in unserem Verständnis wurde mir ganz besonders während der Arbeit bewußt, die ich mehrere Jahre lang, zuerst als Student und dann als Analytiker, bei Dr. Harold Greenwald am Amerikanischen Institut für Psychotherapie und Psychoanalyse durchführte. Dr. Greenwald hatte eine bahnbrechende psychoanalytische Studie, *The Call Girl,* geschrieben, die in weiten Kreisen als das maßgebende Werk auf diesem Gebiet betrachtet wird und das Leben, die Träume und die gesellschaftlichen Sehnsüchte von Prostituierten auf höherem Niveau anhand einer Reihe von detaillierten Fällen aufzeigte. Aber dadurch, daß er seine Arbeit auf die intrapsychische Funktion der Mädchen selbst beschränkte und ihre Kundschaft nur so nebenbei in Betracht zog, hat er unserer Meinung nach ein wichtiges Forschungsgebiet vernachlässigt und ist ungerechtfertigterweise dem Einfluß der stereotypischen Betrachtung der Prostituierten als eines verkommenen gesellschaftlichen Außenseiters erlegen.

Trotzdem hatte er uns auf die Existenz einer Klasse von Prostituierten hingewiesen, der wir in unseren eigenen Untersuchungen noch nicht begegnet waren: der Frauen, die er die »eleganten Prostituierten« nannte. Wir waren uns schon der riesigen Unterschiede zwischen Straßenmädchen und Callgirls bewußt, was ihre psychologische Verfassung, ihren Lebensstil und ihr soziales Verhalten anging; wir vermuteten, daß es zwischen diesen Frauen und den Elite-Callgirls, die Greenwald studiert hatte, einen noch größeren Unterschied gab, und diese Meinung führte uns zu der Frage: Ist Prostitution tatsächlich ein abnormes Verhalten im üblichen Sinn dieses Ausdrucks, und insbesondere, ist es ebenso abnorm und pathologisch bei dem hochstehenden Callgirl wie bei ihren weniger erfolgreichen Schwestern auf der Straße, in den Bars und den Massagesalons?

Wir hatten begonnen, uns diese Fragen zu überlegen und zu erwägen, wie wir das Feld unserer Forschungen auch auf sie ausdehnen könnten, als ich im Juni 1969 von Dr. Greenwald eingeladen wurde, an der »Ersten jährlichen Arbeitssitzung über unmittelbare entscheidende Therapie in Puerto Rico« teilzunehmen. Die Konferenz fand in einem vornehmen Hotel in San Juan statt und war von Spezialisten aller Zweige der Psychotherapie besucht, von denen ich die meisten kannte. Doch schon nach wenigen Tagen bemerkte ich zwei attraktive junge Frauen, die mehrere Vorträge und Seminare besuchten, sich aber von der übrigen Gruppe etwas absonderten. Ich nahm an, daß auch sie Psychotherapeuten oder Sozialarbeiter waren, und eines Nachmittags ging ich auf sie zu und stellte mich vor.

Ich war erstaunt, zu entdecken, daß Valerie und Olga, wie ich sie hier nennen will, eine New Yorker Bordellmutter und ein bei ihr angestelltes Callgirl waren. Inzwischen hatten Barbara und ich hunderte von Stunden für Interviews mit Prostituierten aufgewandt. Ich glaubte, ich könnte sie auf den ersten Blick erkennen, aber diese Frauen wiesen keines der Merkmale auf, die ich erwartete. Ihre unentdeckte Anwesenheit bei dieser Konferenz bestätigte unsere Ansicht, daß zumindest einige der heutigen Prostituierten nicht der landläufigen Vorstellung von einer »Hure« entsprachen; diese Frauen gehörten also vielleicht der Gruppe von Elite-Prostituierten an, wie Dr. Greenwald sie beschrieben hatte. Ich hoffte, von dieser zufälligen Begegnung profitieren und den Kreis der von uns interviewten Prostituierten auf diese höhere Ebene ausdehnen zu können.

Zu dieser Zeit verbrachten Valerie und Olga ihre Ferien in Puerto Rico und Valerie fühlte sich durch die Konferenz angezogen, weil sie gerade die schwierige Entscheidung zu treffen hatte, ob sie ihr Geschäft aufgeben und ein eigenes Heim gründen sollte, um sich der Erziehung ihrer beiden Kinder zu widmen. Als ich ihr erklärte, daß Barbara und ich ein Forschungsvorhaben über die Prostitution durchführten, stellte sie sich freiwillig für Interviews in New York zur Verfügung. Inzwischen widmete ich möglichst viel Zeit der Beobachtung der beiden Frauen und unterhielt mich zwanglos mit ihnen. Bald wurde mir klar, daß Barbara und ich wohl recht hatten, wenn wir annahmen, daß derartige Callgirls einer höheren Kategorie angehörten, einem völlig anderen Typ als dem, den Kinsey untersucht hatte, und daß die soziale und psychologische Dynamik ihres Lebens nicht ohne die Kenntnis ihrer Kundschaft zu erfassen war. Diese schien sich, wenn man Valerie und Olga glauben durfte, aus hochgestellten Geschäftsleuten und Beamten, Diplomaten und vor allem Politikern zusammenzusetzen, mit denen Valerie früher häufig nach Puerto Rico gefahren war.

Ich war einigermaßen skeptisch, besonders als sie einige ziemlich bekannte Namen erwähnte und sie als Habitués ihres Hauses bezeichnete, denn Barbara und ich kannten schon seit langem die Neigung der Prostituierten zur Lüge und Übertreibung. Doch eines Tages, als ich mich während einer Pause am Schwimmbecken des Hotels sonnte, setzte sich ein anderes attraktives Mädchen neben mich. Sie fragte mich, was ich hier tue, und als ich ihr erklärte, ich sei ein Psychotherapeut und hätte auch Vorlesungen über sexuelle Erziehung gehalten, erzählte sie mir, daß sie nahe daran gewesen war, den Abschluß an einem College von New York zu machen, dann aber ihr Elternhaus in Queens verlassen und begonnen hatte, für eine »Madame« zu arbeiten, die ein bekanntes Freudenhaus in Manhattan betrieb.

Suzy, wie ich sie nennen will, sagte, ihre Arbeit hätte sie in Beziehung zu einem Kreis hochstehender Politiker gebracht und sie befinde sich jetzt in Puerto Rico mit einem ihrer älteren »Johns« (Kunden), einem Mann Ende sechzig, einem Prominenten der New Yorker Staats- und Lokalpolitik, der sie oft auf seine Reisen mitnahm und sie als seine Sekretärin oder seine Nichte ausgab.

Nachdem sie fortgegangen war, bemerkte ich, daß einige Gegenstände, die ich neben mich hingelegt hatte, verschwunden waren. Ich sah sie nicht mehr in dieser Woche, aber als ich den Vorfall Valerie gegenüber erwähnte, lachte sie und sagte: »Machen Sie sich nichts daraus, Suzy hat Ihre Sachen genommen. Das ist ein alter Hurentrick. Sie wird sie in der Stadt anrufen; haben Sie ihr Ihre Nummer gegeben?« Ich hatte ihr tatsächlich meine Karte gegeben. »Dann wird sie Sie bestimmt in New York anrufen. Es ist nur ein Vorwand, um wieder mit Ihnen Kontakt aufzunehmen.« Später erfuhr ich, daß Suzys »John« erschrocken war, als er hörte, daß sie mich kennengelernt hatte; er fürchtete, ich könnte ihn erkennen, blies die Reise ab, packte seine Sachen und fuhr schnellstens mit ihr nach New York zurück.

Zwei Wochen später kam wirklich ein Anruf von Suzy. Valerie hatte recht gehabt: Sie entschuldigte sich, daß einige meiner Sachen »zufälligerweise« unter die ihren geraten waren und wollte sie mir zurückgeben. Am selben Nachmittag kam sie in mein Büro, gab mir alles zurück und wir unterhielten uns über ihr Leben als Callgirl, über ihre Arbeit mit mehreren Sexualtherapeuten – auf die sie sehr stolz war –, eine Art Ersatz für Sexualpartner, und über ihre Kunden, von denen sie behauptete, es seien sehr bedeutende Politiker. Was diese Frauen über die Beziehung zwischen unerlaubtem Geschlechtsverkehr und der politischen Machtstruktur in den Vereinigten Staaten andeuteten, bestärkte uns in unserer Auffassung, daß der Kunde das fehlende Bindeglied war, um die Funktion der Prostituierten in der heutigen Gesellschaft zu verstehen. Diese Ansicht wurde noch erhärtet, als uns Suzy ein paar Tage später zu einer Party einlud, die Xaviera Hollander gab, eine bekannte »Madame«, deren Bordell von der Knapp-Kommission aufgelöst werden sollte.

Wir kamen zu einem hocheleganten Apartmenthaus an der East Side, komplett mit Portier und zentralem Fernsehen. Ein Willkommensschild hing außen an der Tür, die uns von einem nett aussehenden Mann geöffnet wurde, der uns einließ und sagte, Suzy sei noch nicht da. Die Wohnung war riesig und üppig ausgestattet, mit einem enormen, tiefer gelegenen Wohnzimmer, in dem sich im Augenblick an die hundert Menschen befanden, eine kosmopolitische und polyglotte Versammlung von Männern, die hauptsächlich in mittleren Jahren waren und erfolgreich aussahen, und von auffallend schönen und viel jüngeren Frauen. Ehefrauen waren offensichtlich nicht anwesend.

Xaviera kam auf uns zu, begrüßte uns herzlich und stellte uns Gloria vor, einem großen, schönen, schwarzen Mädchen. Wie Suzy, schien auch Gloria sich dafür zu interessieren, daß Barbara und ich Psychotherapeuten waren, und vertraute uns sofort an, daß auch sie ein Callgirl sei, und zwar ein sehr erfolgreiches. Sie erklärte uns, die meisten der anwesenden Männer seien reiche Geschäftsleute und Politiker – Abgeordnete, Senatoren und Richter –, von denen sie einige wiedererkannte, und erzählte uns, daß ihr Einkommen hinaufgeschnellt sei, seit sie sich in diesen Kreisen bewegte: Es bestand eine große Nachfrage nach schwarzen Mädchen mit einem Talent für »verdrehten« Sex unter den reichen Managern und Politikern.

Gloria machte uns mit mehreren anderen Mädchen bekannt. Wir unterhielten uns mit ihnen und mit einigen der Männer, und erfuhren dabei, daß sich Xavieras Organisation nicht auf ihr New Yorker Haus beschränkte, sondern ein weltweites Netz darstellte. Wenn einer ihrer Kunden eine Reise nach Europa plante, hatte er nichts anderes zu tun als Xaviera seine Reiseroute mitzuteilen, woraufhin sie ihn mit Telefonnummern in jeder Stadt versorgte, die er besuchen wollte. Er konnte sich unbedingt auf ihren Geschmack und ihr Urteil verlassen. Der Standard der Mädchen, die sie zur Verfügung stellte, war so einheitlich und vertrauenswürdig wie die Hilton-Hotels. Eventuelle

Kunden aus Europa bekamen dafür ihre Telefonnummer, für den Fall, daß sie nach New York kommen würden.

Xavieras Haus war offensichtlich ein außergewöhnlich gutgeführtes und leistungsfähiges Unternehmen und als wir die Party verließen, wunderten wir uns, wie eine so massive Organisation so lange Zeit hatte überleben können. Ungefähr einen Monat später gelang es der Knapp-Kommission endlich, das Haus zu überfallen, aber erst nach einer ganze sechs Monate dauernden Ermittlung, während der es ihr nicht einmal gelungen war, Zugang zu ihm zu erhalten. Wir erinnerten uns, wie leicht es für uns gewesen war – niemand hatte sich an unserer Anwesenheit bei der Party gestoßen, noch vor dem Einlaß gefragt, wer wir seien – und begannen zu begreifen, daß Xaviera unter dem Schutz eines bis zu den höchsten Ebenen reichenden komplizierten Systems politischer Sicherheit gestanden hatte.

Die Party bei Xaviera bestätigte unsere Ahnung, daß dieses Netz von Elite-Callgirls in einer engen Beziehung von gegenseitiger Abhängigkeit zu der ganzen politischen Machtstruktur stand. Was uns Valerie, Olga und Suzy über die vielen Politiker unter ihren Kunden erzählt hatten, fanden wir durch die Anwesenheit von so vielen von ihnen an jenem Abend bei Xaviera bestätigt; wir beschlossen deshalb, unsere Interviews mit Prostituierten zu ergänzen, indem wir uns auf ihre Kunden konzentrierten. Wir fühlten, daß unsere Untersuchung durch diese neue Richtung, wenn auch keine Antwort, so doch neue Fragen über die Natur von abnormem Verhalten aufwerfen würde. Denn wenn diese Frauen »abnorm« waren, wie immer behauptet worden war, was sollte man erst von ihren Kunden sagen, von denen eine ganze Reihe – Rechtsanwälte, Gesetzgeber und Richter – dafür verantwortlich war, sie für abnorm zu erklären?

Zuerst bedienten wir uns der Kontakte, die wir in Puerto Rico und durch Xaviera hergestellt hatten und formulierten eine neue Serie von Interviewfragen; wir veranstalteten eine ganz neue Reihe von eingehenden, gründlichen Interviews mit diesen Callgirls, wobei wir besonderen Nachdruck auf ihre Kunden und insbesondere auf die Politiker unter ihnen legten. Anfangs dachten wir, daß der Kunde selbst eine gute Quelle für diese Untersuchungen sein würde, aber bald stellte sich heraus, daß eine Annäherung an den Kunden keinen Erfolg haben würde. Obwohl wir einige wenige »Vertreter der Macht«, Lobbyisten und sogar ein paar Politiker auf lokaler und staatlicher Ebene interviewten, war uns doch klar, daß das nicht genügen konnte. Wir würden nicht imstande sein, an genügend viel Politiker heranzukommen, um eine Hypothese stützen oder Schlußfolgerungen bestätigt finden zu können. Wir mußten uns eine Strategie ausdenken, die hauptsächlich darauf abgestimmt war, durch die Mädchen zu Informationen über ihre Kunden zu gelangen.

Bei diesem Unterfangen, dem ersten seiner Art, wurden wir durch mehrere Faktoren unterstützt:

1. Seit vierzehn Jahren hatte ich verschiedene Formen von Anomalien untersucht, angefangen bei einer Studie, die ich 1956 über Striptease-Künstlerinnen unternommen hatte. Ich setzte meine Arbeit mit Forschungen über die Homosexualität und den Transsexualismus fort und schließlich, gemeinsam mit Barbara, über Drogenabhängige und Prostituierte im Jahr 1969. Bei den Angehörigen dieser Subkulturen hatten wir den Ruf der Vertrauenswürdigkeit erworben, der uns voranging, als wir dieses neue Projekt in Angriff nahmen. Viele von dieser neuen Gruppe von Callgirls hatten bereits von unserer früheren Arbeit gehört und wußten durch die Erfahrung anderer, daß sie auf unsere objektive Einstellung vertrauen konnten. Vor allem wußten sie, daß sie sich insofern absolut auf uns verlassen konnten, als wir nichts veröffentlichen würden, was ihre Anonymität gefährden könnte.

2. Wir hatten Kontakt mit einer Reihe von Gruppen von Feministinnen aufgenommen, die Prostituierte und Callgirls für politische Aktionen organisieren wollten; die Leiter dieser Gruppen waren imstande, die Frauen von der Ernsthaftigkeit unserer Absichten zu überzeugen.

3. Die Tatsache, daß Barbara und ich ein aus einem Mann und einer Frau zusammengesetztes Forscherteam darstellten, schuf für die Interviews eine Atmosphäre, die gelockerter war als wenn jeder von uns einzeln gearbeitet hätte; auf diese Art war die Ablehnung und Feindseligkeit auf ein Mindestmaß reduziert. Die meisten Prostituierten werden einen alleinstehenden Mann als möglichen Kunden betrachten und trachten, in Konkurrenz zu der Frau zu treten. Als Ehemann und Ehefrau, die auch Therapeutiker waren, war es uns möglich, zu den Mädchen eine Beziehung herzustellen, die ihrem Wunsch nach einer Art Verwandtschaftsverhältnis zu einer Ersatzmutter und einem Ersatzvater entgegenkam; diese konnten ihnen in den Interviews eine Hilfe zuteil werden lassen, die sie im allgemeinen nicht von ihren eigenen Eltern erhalten hatten. Wir hatten dies von Anfang an angenommen und fanden es auch dadurch bestätigt, daß uns später viele der Mädchen, außerhalb der Interviews, um Hilfe und Rat in sozialen und juristischen Fragen baten.

Anfangs war es nicht immer leicht, den Kontakt zu diesen Frauen herzustellen; ihre Lebensumstände hatten das Mißtrauen gegen Fremde zur zweiten Natur werden lassen und es war manchmal schwer, die falsche Fassade zu durchbrechen, die sie zu ihrem Schutz aufgerichtet hatten. Wir entdeckten, daß sie dazu neigten, uns zuerst durch die Lieferung falscher Informationen oder ein auffallendes Verhalten zu testen, wie sie es anzuwenden gewohnt waren, wenn sie versuchten, die »saubere« Welt auszunutzen. Wir hatten das Glück, daß uns unsere psychoanalytische Ausbildung und unsere Erfahrung mit sozialen Außenseitern für gewöhnlich befähigte, jede Unwahrheit in ihren Erklärungen aufzudecken und zu bestreiten. Sobald wir diesen Test bestanden und unsere Autorität und Glaubwürdigkeit unter Beweis gestellt hatten, waren die Mädchen fast ausnahmslos bereit, mit uns zusammenzuarbeiten.

Mehr als sieben Jahre lang, von 1969 bis 1976, interviewten wir 68 Elite-Callgirls und 12 »Madames« und beobachteten von Anfang an, daß hinter allen ihren Aktivitäten der Schatten eines Politikers stand. Eines der ersten Mädchen, die wir befragten, nachdem wir sie durch Olga kennengelernt hatten, und die ich Candy nennen will, erzählte uns, sie sei durch einen Gastprofessor an einer Universität von New England, an der sie studierte, in die Laufbahn eines Callgirls gedrängt worden. Als Kandidat für ein Staatsamt hatte er sich an den Klub der Demokraten an der Universität gewandt und durch ihn gelangte sie in die politischen Kreise des Nordostens. Jetzt verfügte sie über ein dickes »Schwarzes Buch« (die Kundenliste der Callgirls), in dem Politiker von New England vorherrschten.

Auch andere Vorfälle bestärkten uns in der Ansicht, daß sich in den schicksten Bordellen politischer Einfluß und Protektion auf hoher Ebene bemerkbar machte. Eines Nachmittags zum Beispiel, als ich bei Valerie eines ihrer Mädchen interviewte, kam der Portier und meldete ihr, daß zwei Männer nach ihr fragten. Da sie niemanden erwartete, schickte sie ein anderes Mädchen, Joy, hinunter, um den Besuchern auf den Zahn zu fühlen; »sie riecht einen Polizisten auf hundert Meter Entfernung«, sagte mir Valerie. Wenige Minuten später kam Joy zurück und sagte, daß die Männer bestimmt Polizisten oder Detektive und keine Kunden seien. Das hatte sie auf den ersten Blick festgestellt, den sie auf die Wartenden geworfen hatte. Valerie wies darauf den Portier an, den Männern zu sagen, daß niemand zu Hause sei. Nach einer spannungsgeladenen halben Stunde kam der Portier wieder und sagte, die Männer hätten das Gebäude verlassen.

Was mir bei dieser Episode besonders auffiel, war Valeries nachträglicher Wutausbruch über diesen erfolglosen Versuch der Polizei. Ihre Sicherheit war so viele Jahre hindurch von höchster Stelle garantiert worden, daß sie schon begonnen hatte, sich als unverletzlich zu betrachten; ihre Kunden hatten so hohe Posten inne und waren selber so empfindlich gegen Skandale, daß es nicht nur in Valeries, sondern auch in deren Interesse lag, das Haus vor einem Übergriff durch Gesetzeshüter zu schützen.

Ein weiterer aufschlußreicher Vorfall ereignete sich während des Telefonstreiks in New York im Jahr 1970, der die ganze Stadt lahmlegte; monatelang wurden keine Apparate installiert, oder repariert. Die Lage wurde so ernst, daß die Telefongesellschaft Mechaniker von anderen Staaten herbeirufen mußte, um die wichtigsten Dienste sicherzustellen. Aber nicht einmal Ärzten gelang es, ihre Telefone repariert zu bekommen, selbst wenn sie der Gesellschaft versicherten, daß sie in ihrer Praxis lebensgefährlich erkrankte Patienten und Selbstmordkandidaten hatten. Die Einrichtung eines neuen Telefonanschlusses kam überhaupt nicht in Frage.

Ich hatte für Montag einige Interviews im Haus von Elaine festgesetzt, die wir durch Suzy kennengelernt hatten. Am Samstag rief mich Elaine an, um mir zu sagen, daß sie dabei war, in ein anderes Apartment im selben Haus umzuziehen. Als ich am Montag hinkam, bemerkte ich, daß alle ihre zwölf Apparate – sie hatte zwölf getrennte Anschlüsse, die in keinem Telefonbuch standen – über das Wochenende verlegt worden waren, und das während eines der längsten und erbittertsten Streiks der Geschichte. Als ich sie fragte, wie ihr dieses Kunststück gelungen war, antwortete sie: »Stellen Sie keine Fragen.« Es war offensichtlich, daß nicht nur die Telefongesellschaft gewußt haben muß, was los war, sondern daß auch der Hausbesitzer, der Makler, der Hausverwalter und der Portier im Bilde waren. Ich begann, die Bedeutung der wohlerworbenen Interessen von Handelsunternehmen am Geschäft der Prostitution zu begreifen.

Kurz danach lernten wir die Kehrseite der Medaille kennen, als wir mit Jean Powell zusammenkamen, einer ehemaligen New Yorker Madame, die eine der Gründerin von PONY (Prostitutes Of New York) ist, der ersten Prostituiertenorganisation der amerikanischen Ostküste, die, gemeinsam mit der in San Francisco beheimateten COYOTE (Call Off Your Old Tired Ethics – Macht Schluß mit eurer alten, müden Moral) gegen die Einstufung des ältesten Gewerbes als Verbrechen ankämpft. Wie die anderen von uns interviewten Madames hatte auch Jean unter ihren Kunden eine Reihe von bedeutenden Politikern, die dafür sorgten, daß sie möglichst wenig belästigt wurde, solange sie dieses Geschäft betrieb. Aber sobald sie selber politisch aktiv wurde und beschloß, ihre ganze Zeit dem Kampf gegen die Anti-Prostitutions-Gesetze zu widmen, wurde sie wiederholt verhaftet und im Frauengefängnis von Riker's Island einer brutalen Behandlung unterworfen.

Jean wurde zu einer wertvollen Quelle von Informationen und weiteren Kontakten. Eines der Mädchen, die sie uns vorstellte, war Sheila, ein atemberaubend schöner Rotschopf, dessen Leben aus einer Reihe von Katastrophen bestanden hatte. Während des Interviews fragten wir sie, wie oft sie eingelocht worden war. »Sechsmal«, antwortete sie. »Und was brachte Ihnen das ein?« fragte ich. »Viermal Prügel«, erwiderte sie, als sei es selbstverständlich, daß auch das Gesetz die Frauenkörper ausnutzt.

Eine, die am freimütigsten über die Bemühungen des gesetzlichen Establishments sprach, den kriminellen Status der Prostituierten aufrechtzuerhalten, war Margo St. James, die Prostituierte, die COYOTE gegründet hatte. Wir besuchten sie im Sommer 1973 am Sitz der Organisation in San Francisco. Margo hatte einmal den revolutionären Vorschlag gemacht, die Prostituierten des ganzen Landes sollten sich zusammentun und mit der Veröffentlichung des Inhalts ihrer schwarzen Bücher drohen, wenn die darin enthaltenen Kunden sich nicht mit ihrem ganzen Gewicht hinter die Bewegung zur Entkriminalisierung stellten. Sie war schnell von der Wichtigkeit unserer Untersuchungen überzeugt. COYOTE befaßt sich hauptsächlich damit, Prostituierten zu helfen, ein neues Leben zu beginnen und sich einer sauberen Welt anzupassen; Margo verschaffte uns noch weitere Kontakte, sowohl mit Prostituierten, die noch als solche arbeiteten, als auch mit Mädchen, die das Geschäft aufgegeben hatten.

Zu den letzteren gehörte Ingrid, die wir in Washington befragten. Ursprünglich war sie vom Südwesten des Landes hierhergekommen, um dem dortigen Abgeordneten bei der Kampagne für seine Wiederwahl zu helfen. Sie war so intelligent und tüchtig, daß er sie in seinen ständigen Stab aufnahm, aber sie entdeckte bald, daß sie ihre Intelligenz viel gewinnbringender bei der Befriedigung der sexuellen Wünsche von Politikern und nach Macht Strebenden einsetzen konnte. Sie trennte sich von ihrem Abgeordneten, eröffnete ein Bordell in Georgetown und war in diesem Geschäft jahrelang sehr erfolgreich, bis sie einen ihrer Kunden heiratete und sich ins Privatleben zurückzog. Als die Frauenrechtlerinnen anfingen, Prostituierte anzuwerben, stellte Ingrid ihr Organisationstalent der Frauenbewegung zur Verfügung. Sie arbeitet gegenwärtig unter den Dirnen von Washington, um denen zu helfen, die vom »Leben« loskommen wollten. Einige von ihnen gehörten zu den 80 Frauen, auf die sich unsere Untersuchungen stützten.

Die Technik unserer Befragung gründete sich auf das übliche klinische Interview. Ein jedes wurde auf Band aufgenommen und dauerte etwa acht Stunden, die in zwei Sitzungen zu vier Stunden unterteilt wurden. Die erste Sitzung war der Familiengeschichte und dem Milieu des Mädchens gewidmet, wozu auch die medizinische Vorgeschichte, eine psychologische Wertung und der Beginn ihrer Laufbahn als Prostituierte gehörten. Die zweite Sitzung befaßte sich mit ihren Kunden, deren Alter, Beruf, Ehe, dem Honorar, das sie bezahlten, der Häufigkeit ihrer Besuche und der Art ihrer sexuellen Wünsche. Die Befragungen wurden in unseren Büros, in Hotelzimmern, in den Apartments der Mädchen und in Freudenhäusern im ganzen Lande durchgeführt, meistenteils in New York, San Francisco, Los Angeles, Las Vegas und Washington, D. C. Hin und wieder fuhren wir in eine andere Stadt, wenn es notwendig war, ein Mädchen zu treffen, das vom ursprünglichen Ort ihrer Beschäftigung fortgezogen war.

Es wurden Angaben ausgewertet, die uns diese Mädchen in über 700 Interviewstunden gemacht hatten. Außerdem sammelten wir Informationen von einer Reihe von Prostituierten, die zur Psychotherapie zu uns kamen. Alle befragten Frauen haben ständigen Kontakt mit uns gehalten; auch diejenigen, die ihre Adresse geändert hatten, blieben mit uns in Verbindung, um uns neuere Informationen zu liefern, die später durch klinische Interviews mit zehn Helferinnen von Abgeordneten, zehn Sekretärinnen und zehn Forschungsassistentinnen ergänzt wurden, die entweder im Kapitol oder in den Parlamenten der einzelnen Staaten beschäftigt waren. Diese Interviews fügten unserem aufgenommenen Material weitere 300 Stunden hinzu. Von den 80 Callgirls und Madames, die unsere erste Informationsquelle waren, erfuhren wir, daß sich die Gesamtzahl ihrer Kunden auf 7645 belief, von denen 60 %, das heißt 4587, irgendeine Form von politischer Macht ausübten.

Wir verbrachten dann mehrere Monate mit dem Abhören und Vergleichen der Bänder und mit der Verarbeitung der Masse von Angaben in Tabellenform, um die Prozentsätze berechnen zu können, die in den Tabellen der nachfolgenden Kapitel erscheinen. Wir teilten die Kunden in die Kategorien von »zufälligen«, »gewohnheitsmäßigen« und »unter unwiderstehlichem Zwang stehenden« Besuchern von Callgirls ein (was noch in Kapitel 2 behandelt werden wird). Wir fanden heraus, daß die Politiker, die 60 % der Kunden ausmachten, in ihrer Mehrheit »gewohnheitsmäßige Johns« waren. Dann stellten wir Statistiken über deren Alter, die Häufigkeit ihrer Treffen mit Callgirls, die Örtlichkeiten, die sie wählten, die Honorare, die sie zahlten, und ihrer sexuellen Vorlieben auf, so daß wir damit beginnen konnten, das Sexualverhalten des Politikers darzustellen. Bei unserem Studium der einschlägigen Literatur hatten wir entdeckt, daß ein derartiges Projekt bisher noch nie durchgeführt worden war. Als wir daran gingen, die aus den Befragungen hervorgegangenen Angaben zu analysieren, waren wir in keiner Weise auf die überraschenden Ergebnisse vorbereitet. Wir fanden heraus, daß:

1. Männer in der Politik sexuell viel aktiver sind als der Durchschnittsmann und daß diese Aktivität unvermindert bis in ein fortgeschrittenes Alter anhält;

2. Politiker mehr dazu neigen, Prostituierte aufzusuchen, als der Durchschnittsmann, und sie tun es auch viel öfter;

3. in einem hohen Prozentsatz der Fälle Politiker zu Prostituierten gehen, um zwangartige Wünsche nach abnormem Sex zu befriedigen (das heißt, Sexualakte, in denen weder der Koitus noch der oral-genitale Verkehr die wichtigste Quelle der Befriedigung sind, sondern beispielsweise Fetischismus, Voyeurismus, Flagellation). Die bevorzugte Abartigkeit war sado-masochistischer Natur, und die meisten Politiker, die sexuelle Entspannung suchten, verlangten von diesen Mädchen Knechtung, »Züchtigung«, Erniedrigung und Qual.

4. Für die Erreichung solcher Wonnen gibt die Mehrzahl der Politiker viel mehr Geld aus, als der Durchschnittsmann für die Befriedigung seiner sexuellen Bedürfnisse.

Jetzt konnten wir endlich einige der Gründe für die gegenseitige Abhängigkeit verstehen, die wir zwischen den höchsten Inhabern der Macht und dem illegalen Sex-Establishment beobachtet hatten. Wir sahen, daß diese Männer einen enormen psychischen Einsatz für das freie Wirken dieses Netzes von Freudenhäusern und Callgirls leisteten, denn sie schienen ein intensives Bedürfnis nach häufiger und dringender Betätigung eines abwegigen Geschlechtstriebs zu besitzen. Daß dieser Trieb so häufig die Form des Sado-Masochismus annahm, war ein Zeichen für das damit verbundene tiefverwurzelte

Schuldgefühl und erklärte zum Teil, warum solche Männer verachtete und verdorbene Frauen, das heißt Prostituierte, als Objekte für diesen Trieb auswählten.

Wir vermuteten weiterhin, daß die Stärke dieses Geschlechtstriebes mit dem Machtstreben in direkter Beziehung steht und sogar nicht von ihm zu trennen ist, und daß es vielleicht an unserem politischen System liegt, wenn die Männer, die an seine Spitze gelangt sind, auch nach starker sexueller Betätigung verlangen. Aber wir brauchten noch weitere Daten über den Politiker selbst, um diese Hypothese zu testen und zu einem vollen Verständnis seiner psychodynamischen Struktur zu kommen. Deshalb nahmen wir die Hilfe von George Sharrard, eines Doktoranden und Lehrers der politischen Wissenschaften an der New Yorker Universität in Anspruch.

Gemeinsam stellten wir einen umfassenden Plan auf, um Informationen über die etwa 1500 Männer zu sammeln, die seit dem 81. Kongreß im Jahr 1948 in der Politik des Landes tätig waren. Wir legten eine Kartei über die amerikanischen Präsidenten und Vizepräsidenten bis Lyndon Johnson sowie über die Gouverneure, Senatoren und Abgeordneten an, die während dieser 28 Jahre im Amt waren. Wir trugen auch Computerangaben zusammen, die uns Material über Einzelheiten ihres Arbeitslebens und Statistiken über ihre Langlebigkeit, ihren religiösen Hintergrund und Wahlberichte betreffend Themen über Sex lieferten. (Diese Daten sind in Kapitel 2 analysiert.) Wir fanden heraus, daß tatsächlich eine starke Wechselbeziehung zwischen den Erfolgen dieser Männer in der politischen Arena und der Natur und dem Ausmaß ihrer sexuellen Aktivität bestand.

Dann griffen wir auf das Material zurück, das wir von den Callgirls erhalten hatten. Für jeden Bericht über die sexuellen Wünsche ihrer politischen Kunden suchten wir eine Bestätigung durch mindestens zwei weitere Quellen, bevor wir ihn als vertrauenswürdig betrachten konnten, und wir entdeckten, daß wir eine große Menge an solchem Material gespeichert hatten, mit dem wir diese Entdeckungen belegen konnten. Jedes Mädchen arbeitete sechs Tage in der Woche und elf Monate im Jahr – 48 Wochen – und empfing im Durchschnitt acht Kunden täglich, das sind 2304 Besuche pro Mädchen und Jahr. Davon waren 1382 Politiker. Die Zahl der Besuche, die Politiker im Jahr unserer gesamten Gruppe von 80 Frauen gemacht hatten, belief sich somit auf 110 560, oder 773 920 in den sieben Jahren unserer Untersuchung.

Wir waren jetzt in der Lage, einige wichtige Schlußfolgerungen über die Natur des politischen Machttriebs, seiner tiefgreifenden Beziehungen zu zwingenden sexuellen Betätigungen, und über die daraus offensichtlich unvermeidliche Verbindung zur Unterwelt der Prostitution zu ziehen, insbesondere über jene Klasse von Prostituierten, deren Spezialität die Befriedigung abnormer sexueller Wünsche ist. Das Interesse von Politikern an der Erhaltung des Prostitutionswesens scheint sehr tiefe Wurzeln zu haben: in der psychischen Struktur, die außergewöhnliche sexuelle Bedürfnisse erzeugt, welche für den Machttrieb selbst von grundlegender Bedeutung zu sein scheinen. Man könnte fast sagen, wenn es keine Callgirls gäbe, hätten die Politiker sie erfinden müssen.

Das Sichten des Beweismaterials für diese Entdeckungen und der Bedeutung einiger Schlußfolgerungen wird zweifellos Zeit in Anspruch nehmen, aber es scheint klar zu sein, daß es gewisse unvermeidliche moralische Fragen aufwerfen wird, die noch nicht beantwortet werden können, obwohl sie schon vielen politischen Kommentatoren im Nachspiel der Sexskandale bewußt geworden sind, die Washington im Frühjahr und Sommer 1976 aufschreckten.

Gehört es vielleicht zur psychodynamischen Struktur von Männern, die in unserem politischen System Erfolg haben, daß sie einen Geschlechtstrieb besitzen, der von dem des Durchschnittsbürgers in Menge und Art abweicht, und ist es dann nicht unrealistisch, von diesen Männern zu erwarten, daß sie sich einem puritanischen Kodex von Sexualmoral unterwerfen, den die Öffentlichkeit bisher für ihre Vertreter aufrechterhalten hat? Können wir von ihnen verlangen, daß ihr sexuelles Verhalten sogar noch untadeliger sein soll als das unsere, wo es doch so offensichtlich ist, daß ein für unsere Begriffe ausschweifender Geschlechtstrieb für die eigentliche Natur des Politikers fundamental ist?

Wenn wir auch nicht behaupten, endgültige Antworten auf diese Fragen geben zu können, so können wir vielleicht doch einen Beitrag zur Diskussion leisten, indem wir mit dieser Untersuchung, die zum ersten Mal ein psychosexuelles Bild amerikanischer Politiker vorstellt, der Allgemeinheit unsere Entdeckungen zugänglich machen. Carol Saltus hat sich diesem Unternehmen als Schriftstellerin angeschlossen und hat damit diesem Buch nicht nur seine Form, seinen Zusammenhang und seinen Stil gegeben; sie hat auch einen bedeutenden intellektuellen Beitrag geleistet.

In Kapitel 1 soll die psychodynamische Struktur besprochen werden, die wir als für den Politiker charakteristisch empfunden haben. In

Kapitel 2 wollen wir unsere Theorie auf einige der Ereignisse von 1976 anwenden, den historischen Hintergrund, der zu diesen Ereignissen geführt hat, betrachten und eine statistische Prüfung einiger Aspekte des Arbeitslebens und des öffentlichen Auftretens unserer Gesetzgeber im Licht dieser Psychodynamik vornehmen. In Kapitel 3 und 4 werden die heutigen sexuellen Gewohnheiten von Männern, die im öffentlichen Leben stehen, dokumentiert und beschrieben. In Kapitel 5 wollen wir die internationale Szene betrachten und sehen, inwieweit die gleichen Gewohnheiten, mit nationalitätsbedingten Abweichungen, auch bei Diplomaten und dem Personal der Vereinten Nationen vorherrschen. Kapitel 6 ist den Frauen gewidmet, den Mitverschworenen von Männern des öffentlichen Lebens, und soll einige der komplizierten Bewegkräfte erforschen, die sie zu dieser seltsamen symbiotischen Partnerschaft mit der an der Macht befindlichen Elite gebracht haben. In Kapitel 7 schließlich werden unsere Ansichten zusammengefaßt, wird ein Überblick über die aufgeworfenen Fragen geboten, und werden einige der moralischen Folgerungen unserer Untersuchung diskutiert.

Wir sind allen, die mitgeholfen haben, dieses Buch möglich zu machen, dankbar, besonders aber Robert Stewart, dem Redakteur für besondere Vorhaben im Verlag Prentice-Hall, der uns weit über seine verlegerischen Pflichten hinaus seine Intelligenz, sein Talent und seine Erfahrung zur Verfügung stellte.

Ferner den Frauen, unseren Mitarbeitern, die uns so viel von ihrer Zeit ohne jede Entschädigung gewidmet, uns ermutigt und angespornt haben während der langen Jahre, bis dieses Projekt das Licht des Tages sah.

Dr. Harold Greenwald, unser Ratgeber und Freund, hat uns gemeinsam mit seiner Frau Ruth zuerst an die psychoanalytische Untersuchung der Prostitution herangeführt.

Margo St. James und Jean Powell Chasen, Vorkämpferinnen im Streben nach Anerkennung der Rechte der Prostituierten, lehrten uns deren Lebensumstände. Ihre großzügige Unterstützung und Ermutigung waren für uns unschätzbar.

Alfred M. Freedman, Harold Kaplan und Benjamin Saddock forderten uns auf, mit dem Kapitel über die Prostitution zu ihrem Buch *Die sexuelle Erfahrung* beizutragen, womit sie unseren Forschungen einen zusätzlichen Auftrieb gaben.

Dr. Alfred Rifkin führte uns in die Geheimnisse der klinischen Forschung ein und beriet uns über Drogenabhängigkeit.

George Sharrard, unser erster Forschungsassistent versorgte uns großzügig mit Angaben über das politische System und erschloß uns die komplizierten Quellen der Computer.

Judianne Densen-Gerber, die Geschäftsführerin von Odyssey House, weckte als erste unser Interesse für die Probleme der Drogenabhängigkeit.

Die Psychodynamik des politischen Lebens

Jedes menschliche Wesen lebt mit einem Bild, das es sich von sich selbst gemacht hat und um das herum es seine bewußte Persönlichkeit aufbaut. Dieses eigene Image hilft ihm, eine Reihe von grundlegenden Fragen zu beantworten: »Wer bin ich? Was bin ich? Wohin gehe ich?« Nach Erik Erikson ist unsere »Ego-Identität« die Wahrnehmung unserer selbst, die sich bei der Suche nach einer Antwort auf diese Fragen entwickelt.[1] Die Beharrlichkeit unseres Selbstbildes erklärt die Beständigkeit unseres Verhaltens und der Art unserer Beziehungen zu anderen, entwickelt sich aber nicht im leeren Raum. Es hängt in hohem Maße von dem Bild ab, das andere sich von uns machen und das auf uns reflektiert wird; dieses Bild beeinflußt sehr stark die Art, wie wir uns selber sehen und bestimmt größtenteils die Vorstellung, die wir von uns als »guten« oder »schlechten« Menschen haben, als erfülltem oder frustriertem, selbstsüchtigem oder altruistischem Wesen.

Diese Dynamik tritt im Leben von Politikern besonders deutlich hervor. Ihr Selbst-Image ist in auffallender Weise durch die ständig wechselnden Strömungen politischer Gunst und Ungunst verwundbar, und wenn diese Männer »in« sind, ist die öffentliche Kritik unerbittlich. Das Gewinnen einer Wahl ist der größte Sieg des »guten Ich« über das »schlechte Ich«, aber auch der große Erfolg bei einer Abstimmung oder Umfrage kann für einen Mann, der das Bewußtsein seines eigenen Werts von der öffentlichen Meinung ableitet, vorübergehend lebenserhaltend sein.

Der auffallendste Unterschied zwischen Männern, die sich in der Politik betätigen und jenen, die den Erfolg im Geschäfts- oder Berufsleben suchen, ist der pausenlose Konkurrenzkampf einer politischen Laufbahn. Jede Wahl ist eine Schlacht auf Leben und Tod mit nur einem Überlebenden und auch dieser muß Jahr für Jahr wieder gewinnen, wenn er im Spiel bleiben will. Jede Niederlage ist ein Tod im kleinen; eine Reihe von Niederlagen ist das Ende. Deshalb ist es nicht

1 Erik Erikson, *Identity: Youth and Crisis* (New York: W. W. Norton, 1968)

verwunderlich, daß zwar viele Politiker als Anwälte beginnen, daß sie aber ebenso häufig zuerst eine militärische Laufbahn eingeschlagen haben, in der die Notwendigkeit, Schlachten zu gewinnen, ein Bestandteil ihres Charakters geworden ist.

Diese Männer berichten oft, daß sie den Sieg vorausfühlen können und daß sie den Wahlen ebenso ungeduldig entgegensehen wie Gladiatoren ihrem Auftritt in der Arena. In einem Alter, in dem die meisten Männer bereit sind, sich in ihre Schaukelstühle zurückzuziehen, sind die alten Politiker immer noch aktiv. Sie besitzen ein phänomenales Bedürfnis nach dieser Art von Selbstbestätigung, auch wenn diese oft auf sich warten läßt. Schon um nominiert zu werden, müssen sie unglaublich hart arbeiten und sind ständig einer demütigenden öffentlichen Kontrolle und Kritik ausgesetzt. Und wenn sie gewinnen, so ist das Bewußtsein des Sieges und der Selbstachtung doch nur kurzlebig; im Repräsentantenhaus, zum Beispiel, beginnt die Kampagne für die Wiederwahl nach monatelanger Planung und Vorbereitung.

Der Kampf um das Überleben auch der nächsten Schlacht setzt unmittelbar ein, nachdem der Sitz im Parlament gewonnen ist. In jedem Wahljahr findet zu 40 % eine Erneuerung des Hauses statt (die übrigen 60 % sind die sogenannten sicheren Männer, die Jahr um Jahr zuverlässig in ihren Wahlbezirken wiedergewählt werden). Einige Politiker hören nie auf mit ihrer Kampagne; an jedem Wochenende kehren sie in ihren Wahlbezirk zurück, um an noch mehr Wohnungstüren zu klingeln und noch mehr Babys zu küssen. Und zu den normalen Mühen eines Wahljahrs kommt noch, daß sie möglicherweise einer Untersuchung durch einen Kongreßausschuß standhalten oder mit einer Revolte gegen sie in der eigenen Partei fertig werden müssen.

Es erhebt sich die Frage: was treibt sie dazu, immer und immer wieder? Ein Teil der Antwort ist, daß Politik buchstäblich süchtig macht. Der Politiker braucht eine immer größere Dosis, um dieselbe Euphorie zu empfinden wie beim ersten Mal. Er muß immer größere Mengen von Erfolgen und Siegen verbuchen, um auch nur ein minimales Wohlbefinden zu fühlen.

Oft beginnt er auf der untersten Stufe, etwa als Gehilfe oder Assistent einer verhältnismäßig unbedeutenden Person. Dann arbeitet er sich hoch, zum Posten eines Gemeinderats, dann eines Provinzabgeordneten und schließlich läßt er sich als Kandidat für das Repräsentantenhaus aufstellen. Aber wo immer er auch steht, er ist sich stets in empfindlicher und peinvoller Weise der nächsthöheren Stufe bewußt, die er noch nicht erklommen hat. Der Gemeinderat möchte Bürgermeister werden, der Bürgermeister hat den Ehrgeiz, Gouverneur zu sein, und so weiter die ganze Stufenleiter der Hierarchie hinauf. Er muß ständig vor der Macht derer über ihm zurückstehen, obwohl er dem Ehrgeiz verfallen ist, höher zu klettern. Ein Mann, der nach der Macht strebt, ist sich immer der Grenzen der Macht bewußt, die er gerade besitzt, und er leidet selbstverständlich unter dieser Unterordnung.

Der Politiker muß auf jeden Fall gewinnen, nicht nur wegen des Siegesrausches nach einem hart geführten Kampf, sondern auch weil er einen zwanghaften Drang verspürt zu beherrschen. Er muß seine Vorstellung von einer sozialen Ordnung ganzen Bevölkerungsschichten aufzwingen. Er will seine Welt so vollständig wie möglich kontrollieren, entweder indem er sie durch die von ihm erlassenen Gesetze steuert oder, wenn er Gouverneur oder Präsident ist, durch Regierungsverfügungen. In den westlichen Demokratien darf sich dieser Trieb nach Herrschaft nicht allzu nackt zeigen; unsere Politiker müssen zumindest den Anschein wahren, schlichte Diener des Volkes zu sein. Die Diktaturen offenbaren, insbesondere in den nach Revolutionen von Militärjuntas regierten Ländern, weit deutlicher die wahre Natur dieses Triebs in der Person des Hauptes des Revolutionskomitees, des Mannes, der die Macht *de facto* innehat; er wird in aller Entschiedenheit der »starke Mann« genannt. Auch der amerikanische Politiker sieht sich selbst als einen solchen »starken Mann« und kann keine Niederlage einstecken.

Was das Äußere anbelangt, so muß der Mann, der in der Politik Erfolg haben will, heute ein bestimmtes Standardimage darstellen, das dem üblichen gesellschaftlichen Ideal von stattlicher Männlichkeit entspricht. Infolge der Notwendigkeit, die verschiedenartigsten Elemente der Bevölkerung anzusprechen und wegen des nivellierenden Effekts, den die Massenmedien auf den Publikumsgeschmack haben, scheinen die Kandidaten für ein Staatsamt fast serienmäßig hergestellt zu sein. Sie sehen alle aus, als seien sie zum selben Friseur, zum selben Schneider und zum selben Kieferorthopäden gegangen, und ihr Sexappeal ist so konfektionsmäßig wie der der männlichen Starlets eines Hollywood-Studios. Tatsächlich *sind* viele von ihnen frühere Filmschauspieler, und sie müssen, sowohl Männern als auch Frauen gegenüber, die Allüren eines Filmstars herauskehren: bei Frauen als stellvertretendes Sexobjekt, und bei Männern als Brennpunkt für Neidgefühle und den Wunsch nach Identifikation.

Aber sehr wenige Filmstars besitzen das Charisma eines bedeutenden politischen Führers. Sein Magnetismus ist von weit höherer Art (es wurde als statistisch erhärtete Tatsache hingestellt, daß die meisten Frauen lieber mit dem Präsidenten der Vereinigten Staaten, wer immer er auch ist, ins Bett gehen möchten, als mit dem Schauspieler Robert Redford), und er verdankt einen großen Teil seiner Wirksamkeit dem Trieb nach Dominanz, wie ihn Maclay und Knipe in *Der dominierende Mann* beschreiben: »Der dominierende Mann findet es leicht, andere Leute zu beeinflussen und ihre Wünsche den seinen zu unterwerfen. Frauen finden ihn faszinierend. Er scheint eine geheimnisvolle und überwältigende Kraft auszustrahlen, die ihn bei gesellschaftlichen Veranstaltungen zum Mittelpunkt der Aufmerksamkeit macht . . .«[2]

Ein weiteres Merkmal des dominierenden Mannes in der Politik besteht darin, daß er unfähig ist, öffentlich einen Irrtum zuzugeben; er wird ihn immer leugnen und unweigerlich andere Leute für seinen Fehler verantwortlich machen, weil sein Ideal-Ego (das idealisierte Bild von sich selbst) keine Unvollkommenheit zuläßt. Der Grund dafür ist, daß die meisten erfolgreichen Politiker von zwei in starkem Widerstreit zueinander stehenden Trieben beherrscht werden, die für gewöhnlich gleichzeitig mit der gleichen Kraft auf sie einwirken. Die Dynamik dieses Konflikts, das Bedürfnis, beide Triebe gleichzeitig zu befriedigen, erzeugt schließlich die enorme Energie, die sie in Trab hält.

Wir haben bei unseren Untersuchungen herausgefunden, daß Politiker sehr stark an ihren Müttern hängen und sich mit den Idealen identifizieren, die die Mutter angeblich vorstellt: Güte, Reinheit, Anstand – alle die Pfadfindertugenden. Viele von ihnen glauben von ihrer zartesten Jugend an, daß sie dazu berufen sind, die leidende Menschheit zu erretten und die Ungerechtigkeit zu beseitigen, die sie in der sie umgebenden Welt sehen. Aber gleichzeitig fühlen sie sich gedrängt, sich die Welt zu unterwerfen. So werden die Politiker sowohl durch den höchsten Idealismus, als auch durch das primitivste Bedürfnis getrieben, ihre Macht dadurch zu beweisen, daß sie anderen ihren Willen aufzwingen. Das übelste Beispiel in Amerika war vermutlich die grobe Herrschaft von Boss Tweed, der Richter und hohe Beamte mit einer Handbewegung ein- und absetzte, sich selber jedoch als

2 G. Maclay und H. Knipe, *The Dominant Man, The Pecking Order in Human Society* (New York: Delacorte Press, 1972), S. 1.

einen Erlöser betrachtete. Die schrankenlose Korruption politischen Bonzentums erzeugt einen zusätzlichen Machthunger, der sich selber füttert, indem er alles verschlingt, was ihm im Weg steht.

Der selbstsüchtige Idealismus, der so viele Politiker charakterisiert, ist auch für die Jugend typisch und tatsächlich können solche Männer als im Entwicklungsstadium stehengeblieben bezeichnet werden. Nach Harold Lasswell ist »vieles am gesellschaftlichen und politischen Leben ein Symptom für die verzögerte Jugend seiner Verfechter, was freilich nicht unbedingt eine negative Beurteilung ist«.[3]

Die Jugend ist eine Übergangsperiode, die durch rasch wechselnde Stimmungen, ein irrationales und impulsives Verhalten und schmerzliche Gefühle der Isolierung und Einzigartigkeit gekennzeichnet ist, wozu noch ein ungeheures Verlangen nach persönlichem Erfolg, nach Anerkennung und Aufmerksamkeit kommt. Es ist das Stadium im Leben, in dem man um Selbständigkeit und Selbstbestätigung kämpft, gleichzeitig aber verzweifelt nach Zustimmung strebt. So weit sich die jungen Menschen auch von ihren Eltern fortentwickelt zu haben scheinen, so zeigt sich gelegentlich immer noch die Abhängigkeit des Kindesalters, wenn sie die Bestätigung brauchen, daß sie geliebt und anerkannt werden. Und sie wenden unendlich viel Energie zur Erreichung altruistischer und idealistischer Ziele auf: Arbeit für die Gemeinschaft, Wohltätigkeit, Politik, Religion, kurz die Sache der Menschheit.

Die Jugend ist eine Zeit außerordentlich schneller Entwicklung und Experimentierens, begleitet von einem Gefühl unendlicher Möglichkeiten. Erst wenn man erwachsen ist, beginnt man Grenzen für die eigenen Fähigkeiten zu sehen und zu erkennen, daß man wahrscheinlich nicht über einen bestimmten Punkt hinaus fortschreiten wird, sei es in Leistung oder im Status. Dieser Augenblick des sich Bewußtwerdens der Grenzen, die dem Leben gesetzt sind, ist entscheidend für die Entwicklung des Individuums und wird von den meisten Politikern niemals erreicht. Mit 60 und 70 streben sie noch immer weiter und aufwärts, trachten nach immer höheren Posten oder wollen das Haupt von noch mächtigeren Ausschüssen werden; nichts kann sie aufhalten, nur Gebrechlichkeit oder Tod. Die meisten Menschen haben zwischen 40 und 50 den Höhepunkt ihrer Entwicklung erreicht und konzentrieren sich von da an darauf, im Hinblick auf einen unvermeidlichen,

3 Harold D. Lasswell, *Psychopathology and Politics* (New York: Viking Press, 1960), S. 188.

ständigen Niedergang, ihre Positionen zu festigen. Die Politiker jedoch denken wie ganz junge Menschen nur an ein Fortschreiten zu immer stärkeren Positionen, ohne Rücksicht auf ihr Alter. Sie scheinen ihre eigene Sterblichkeit nie in Betracht zu ziehen, zumindest nicht, was ihre Laufbahn angeht.

Im Gegensatz zu den meisten anderen Beschäftigungen, erlaubt es die Politik den Männern, die sie ausüben, fast für immer weiterzumachen, so lange sie noch imstande sind, ihre Gegner zu überlisten und zu überleben. Das System der Anciennität im Kongreß sichert dem reinen Stehvermögen einen Vorteil; lediglich durch ein schlaues Durchhalten wachsen Wichtigkeit und Einfluß, wie sich Geld auf der Bank vermehrt. Man braucht nie zuzugeben, wie alle anderen es müssen, daß es Grenzen für das persönliche und berufliche Wachstum gibt.

Die Wirkung dieser größenwahnsinnigen Vorstellung von ihrem eigenen Leben zeigte sich in einem erstaunlichen Aspekt der kürzlich stattgefundenen Häufung von Sexskandalen in Washington. Ganz abgesehen von der Frage, ob Kongreßmitglieder, die ihre Freundinnen auf ihre Gehaltslisten setzen, das Vertrauen der Öffentlichkeit täuschen oder nicht, besteht die Tatsache, daß sie eine für ihr Alter unglaubliche sexuelle Vitalität bekunden. Die meisten Männer, die Ende sechzig oder in den Siebzigern sind, haben schon lange ein Nachlassen ihrer Potenz und eine verringerte sexuelle Ausdauer beobachtet, die es ihnen schwer macht, ein aktives Geschlechtsleben irgendwelcher Art zu führen, gar nicht zu reden von unerlaubten Affären mit jungen Mätressen. Aber unsere Politiker machen in hohem Alter so weiter, wie es viel eher für Zwanzig- und Dreißigjährige typisch ist, wie aus den Untersuchungen der männlichen sexuellen Aktivität durch Kinsey und Masters und Johnson hervorgeht. Wayne Hays soll gesagt haben, sein größter Ehrgeiz sei »99 Jahre alt – und von einem eifersüchtigen Ehemann erschossen zu werden«.[4]

Eine andere Eigenheit von heranwachsenden Jungen ist das Testen der eigenen Männlichkeit durch homosexuelle Experimente. Das ist eine ganz normale Entwicklungsphase und wiederum ist die offenkundige homosexuelle Aktivität von einigen unserer Gesetzgeber als ein Zeichen von Festhalten am jugendlichen Niveau zu betrachten. Aber sogar die aggressiv heterosexuellen Politiker mögen unterschwellige homosexuelle Tendenzen haben, die sie unterdrücken. Das politische Leben als solches dient dazu, derartige Tendenzen zu sublimieren, falls sie bestehen. Die amerikanische Politik ist trotz der Bemühungen des Women's Liberation Movement noch immer Sache der Männer und gehorcht den von Männern aufgestellten Regeln – Abmachungen, die in verrauchten Räumen, Klubs, Cliquen und Parteiausschüssen getroffen werden. Und das Militär, in dem so viele Politiker den ersten Teil ihrer Laufbahn verbracht haben (35 % der US-Kongreßmitglieder sind unmittelbar nach dem Dienst als Berufsoffizier in den verschiedenen Waffengattungen in die politische Arena eingetreten), ist sicherlich ein Musterbeispiel einer organisierten sublimierten Homosexualität.

Wenn ein Politiker mit diesen unterdrückten homosexuellen Tendenzen unter einem sehr starken Mann arbeitet, kann es ihm schwer fallen, sie zu unterdrücken; sie können in Gegenwart des dominierenden Mannes an die Oberfläche gelangen und der Untergebene wird möglicherweise eine besondere Unterstützung, etwa in Gestalt einer wollüstigen jungen Sekretärin, brauchen, um diese unterschwelligen Neigungen unterdrücken zu können. Wenn sich die Waage zu sehr nach einer Seite neigt und die Homosexualität durchzubrechen droht, wird er sich oft in Promiskuität, Phantasien oder sexuelle Perversionen flüchten und sich von einer Prostituierten demütigen und quälen lassen. Er wird auch seine Männlichkeit unter Beweis stellen wollen, indem er sich eine Frau sucht, jedoch durch die von ihm gewählte Art des Geschlechtsakts der homosexuellen Komponente seiner Libido freien Lauf läßt.

Aber die unterdrückte oder offene Homosexualität ist nur eine besondere Form des allgemeinen dringenden Bedürfnisses des Jugendlichen, seine Männlichkeit herauszustreichen. Die Macht, die Politiker über andere ausüben, ist eine symbolische Form des jugendlichen »Gockelwahns«. Sie kommt in ständiger Rivalität betreffend Gehälter, Zuschüsse und Vergünstigungen zum Ausdruck, sowie im Wettbewerb um die Annahme von Gesetzen, wobei mehrere Gesetzgeber sich zusammentun können, um die Absichten eines Individuums zu durchkreuzen, das vielleicht stärker ist als die anderen, der sogenannte daddy.

Ein besonders krasses Beispiel für diesen alles beherrschenden Willen, sich über andere zu erheben, und sei es nur bei den trivialsten Anlässen, ist die Laufbahn von Wayne Hays. Als Vorsitzender des Verwaltungsausschusses des Kongresses, nutzte er seine Stellung, um Schwächere zu tyrannisieren; die Geschichten seiner kleinlichen

4 Myra Mac Pherson, *The Power Lovers* (New York: G. P. Putnam's Sons, 1974), S. 297.

Machtmißbräuche sind Legion. Wenn ihm der Hamburger, der ihm in der Kantine des Kongresses serviert wurde, nicht schmeckte, ging er in die Küche und warf den Chef sofort hinaus. Zwei junge Amtsdiener, die ihm nicht mit der Höflichkeit, auf die er Anspruch erhob, antworteten, wurden von ihm augenblicklich entlassen. Er ließ die Bänke für die Fahrstuhlführer entfernen, mit der Begründung, daß, wenn er stehen mußte, sie ebenfalls stehen sollten – den ganzen Tag.

Männer wie er – und Hays ist keineswegs ein Einzelfall – haben während ihrer ganzen langen Laufbahn praktisch alle ihre menschlichen Gefühle dem unerbittlichen, alles verzehrenden und unersättlichen Verlangen geopfert, zu kontrollieren und zu beherrschen. Der Journalist Charles Bartlett sagt:

»Die Lehre daraus ist, daß die meisten Abgeordneten, die lange genug im Kongreß sind, um Macht zu erlangen, im Hinblick auf die wahren Interessen der Bevölkerung zu lange dort geblieben sind. Mächtige Männer in höherem Dienstalter, wie Hays, Wilbur Mills und andere, deren Verirrungen noch nicht genügend ausposaunt worden sind, werden Opfer des Systems sobald sie es zu beherrschen glauben. Sie mißbrauchen ihre Macht, nachdem sie aufgehört haben, an ihrem legitimen Gebrauch Geschmack zu finden.«[5]

Um den Ursprung dieser besonderen Persönlichkeitsstruktur zu verstehen, müssen wir das Familienleben der Politiker untersuchen. Hier finden wir ein klar erkennbares Muster von Beziehungen zwischen Eltern und Kind, das in den Biographien von Männern des öffentlichen Lebens immer wieder auftaucht. Die innige Bindung an die Mutter, mit deren Idealen sich der Sohn identifiziert, haben wir bereits erwähnt. Der Vater dagegen behandelt seinen Sohn wie einen Nebenbuhler um die Liebe der Mutter. Ob er nun ausgesprochen ehrgeizig ist, was den Sohn anbetrifft, oder nicht, so sieht der Sohn doch in jedem Fall im Vater eine beherrschende, mächtige Gestalt, die ihm gegenüber gleichgültig ist, oder ihn ständig verspottet und antreibt, in seiner Behandlung aber immer die relative Schwäche des Sohnes unterstreicht. Die Mutter spielt den Vermittler zwischen den beiden, bindet sich eng, vielleicht allzu eng, an den Sohn und identifiziert sich mit seinen Interessen.

Dies gilt ebenso für Mütter, deren Söhne zu Homosexuellen heranwachsen, jedoch mit einem Unterschied: Die Mutter des Homose-

5 Charles Bartlett, »The Washington Affairs and the Capitol Fixtures«, *New Haven Register*, Juni 1976.

xuellen läßt ihre Anziehungskraft wirken, da sie den unbewußten Wunsch hat, ihren Sohn für sich zu behalten, wogegen die Mutter des zukünftigen Politikers darauf sieht, daß er sich selber einen Namen macht. Sie ermutigt ihn, das Nest zu verlassen, stößt ihn tatsächlich hinaus, indem sie ihm versichert, daß eine besonders erfolgreiche Laufbahn das Mittel ist, sie zu gewinnen und gleichzeitig über seinen Vater zu triumphieren.

So weist die früheste Konstellation der Kleinfamilie ein Dilemma auf: Die Mutter versinnbildlicht die Reinheit, Ehrenhaftigkeit und Güte; der Vater repräsentiert die Macht; und der Sohn muß zwischen beiden Idealen jonglieren. Er identifiziert sich sowohl mit der Tugendhaftigkeit der Mutter, als auch mit der Kraft des Vaters, und sein Leben in der Öffentlichkeit ist ein Balanceakt im Bestreben, beide zufriedenzustellen. Bei dem Bemühen, dies zu erreichen, werden diese miteinander im Widerstreit liegenden Impulse sehr stark auf seine Vorstellung von den Frauen projiziert und erzeugen den sogenannten Madonna-Hure-Komplex. Die Madonna ist rein, schön und gut wie seine Mutter – und für gewöhnlich heiratet er auch eine Frau, die dieser Vorstellung entspricht –, wogegen die Hure ein schmutziges, böses Weib ist, wie er meint, es später in der Welt draußen anzutreffen, wo er die von seinem Vater erworbene Macht anwenden will, um sie zu unterjochen. (Diese Fähigkeit, sich mit dem Vater zu identifizieren, und der Drang, in Konkurrenz zu ihm Erfolg zu haben, bestimmen das pseudo-homosexuelle Verhalten, das bei Politikern zu beobachten ist und das weit eher ein jugendliches Experimentieren ist als eine richtiggehende Homosexualität von Erwachsenen.)

Ein solcher Balanceakt kann jedoch nicht ohne eine gewisse psychische Einbuße vollführt werden, die sich als Kastrationsangst darstellt. Wie wir in Kapitel 3 und 4 sehen werden, dienen viele der von unseren politischen Führern angewandten perversen Praktiken als Schutz und Verteidigung gegen die Kastrationsangst.

Diese Angst ist ein Produkt des ursprünglichen Ödipus-Konflikts, der aus der hoch erotisierten Anhänglichkeit des Kleinkindes an seine Mutter hervorgeht. Es betrachtet seinen Vater als einen mächtigen Mitbewerber um die Liebe seiner Mutter und will ihn bewußt oder unbewußt ausschalten. Aber der kleine Sohn ist auch durch die so viel größere Kraft seines Vaters stark beeindruckt und hegt die Befürchtung, daß sich sein Vater rächen und ihn kastrieren wird, wenn er darauf besteht, nach der ausschließlichen Zuneigung seiner Mutter zu trachten.

Das Entstehen der Kastrationsangst hilft dem Kind, seine verzehrende Liebe zu seiner Mutter in einem so ungleichen Wettbewerb mit seinem Vater zu überwinden und vorübergehend auf sie zu verzichten (»wenn ich groß bin will ich Mami heiraten«), indem es die Identifizierung mit seinem Vater durch eine hoffnungslose Rivalität ersetzt. Dieser Prozeß macht für gewöhnlich in der Jugend Fortschritte, dann aber melden sich normalerweise wieder die Ödipus-Gefühle und als Folge davon die Kastrationsangst. Da es für unsere Politiker typisch ist, viele Merkmale der Jugend in das Erwachsenenalter herüberzubringen, gelingt ihnen oft nur eine teilweise Bewältigung dieses Konflikts.

Es lassen sich mehrere US-Präsidenten zur Illustrierung dieses Musters heranziehen. Der enge Zusammenhalt des Kennedy-Clans findet seinen Mittelpunkt in der Verehrung, die alle Kinder für ihre Mutter Rose empfinden, die jetzt als einzige die Macht hat zu entscheiden, ob sich ihr letzter lebender Sohn um das Präsidentenamt bewerben soll oder nicht. Alle Jungen fühlten sich als Konkurrenten ihrem Vater gegenüber, der sie mächtig antrieb, denn von Anfang an hatte er den Ehrgeiz, daß seine älteren Söhne Präsident werden sollten, und hatte bei ihrer Erziehung immer dieses Ziel im Auge. Diese Rivalität wird durch eine köstliche Geschichte bewiesen, die ein Freund der Familie zum besten gab. Als er Präsident war, hatte John eine Affäre mit einer älteren, weltberühmten Filmschauspielerin, von der es hieß, sie sei vor langer Zeit die Mätresse seines Vaters gewesen. Der Präsident wollte wissen, wie seine eigene Sexualität im Vergleich abschnitt (er soll die Dame nur verführt haben, um das herauszufinden). Zu seinem Kummer sagte sie ihm, daß sie nie mit dem alten Joe ins Bett gegangen war, obwohl er jahrelang das Gerücht ausgestreut hatte, sie sei eine in der langen Reihe seiner weiblichen Eroberungen gewesen.

Der Vater von Woodrow Wilson war presbyterianischer Geistlicher und Gelehrter, der versuchte, seinen Sohn zu Hause zu unterrichten. Obwohl Wilson schließlich sein Doktorat machte und Präsident der Princeton-Universität wurde, bevor er sich der Politik widmete, hatte er mit zehn noch nicht gelernt, zu lesen oder auch nur den Katechismus aufzusagen. In seiner Verzweiflung schickte ihn sein Vater zur Schule, wo er sofort zu lesen begann.

Als Kind war Wilson offensichtlich derart durch die dominierende Stärke seines Vaters eingeschüchtert, daß er unbewußt fühlte, er müsse sturen Widerstand leisten, um nicht vollständig überwältigt zu werden. Später verwandelten sich diese Angst und diese Scheu in den eisernen Entschluß, seinen Vater auf seinem eigenen Feld zu schlagen. Eine erfolgreiche politische Karriere ist ein besonders wirksamer Weg für diesen wütenden Wunsch, den Vater auszustechen, ohne offen gegen ihn zu rebellieren. Wilsons späteres Leben war ein klassisches Beispiel für eine Entwicklung aus Reaktion. Er leugnete sich selber gegenüber jegliches Gefühl einer direkten Rivalität zu seinem Vater; er machte sich von ihm ein Bild als Übermensch, als eine gottähnliche Erscheinung, deren Qualitäten er nur bescheiden nacheifern, aber niemals erreichen könne.

Wilson war ein kränkliches Kind und sehr abhängig von seiner Mutter, die ihn vor seinem Vater beschützte und ihn ermutigte, große Dinge zu vollbringen. An seiner ersten Frau hing er ebensosehr wie an seiner Mutter; seine zweite Frau war imstande, die Rollen beider Elternteile zu übernehmen. Wenn er im Amt krank wurde, pflegte sie ihn nicht nur, sondern übernahm praktisch auch die Regierungsgeschäfte. Schon vor seiner Erkrankung hatte sie häufig für ihn Entschlüsse gefaßt; jetzt begann sie, seinen Namen unter Gesetze zu schreiben, Kabinettsmitglieder herumzukommandieren und in ihrer Person die Rolle der behütenden Mutter mit der Autorität des Vaters zu vereinigen. Ihr Verhalten erklärte sich zum Teil aus ihrem Widerstreben, zuzugeben wie krank er wirklich war, aber die seltsame Verquickung von Abschirmung und Aggression machte aus den letzten Jahren von Wilsons Regierung eine für sein Land ziemlich undurchsichtige Zeit, da niemand wirklich sicher sein konnte, wer eigentlich am Ruder war.

Zeitlich näher steht uns die beherrschende Gegenwart von Jimmy Carters Mutter, Miz Lillian, die während seiner ganzen Wahlkampagne als die inspirierende Macht hinter seinem zielbewußten Idealismus gefeiert wurde.

Diese politischen Mütter üben immer noch einen bestimmenden Einfluß auf ihre Söhne aus, der in deutlichem Gegensatz zu dem schwindenden Einfluß der Mutter in der amerikanischen Durchschnittsfamilie steht. Im heutigen Amerika befindet sich die Familienstruktur in einem bedauerlichen Zustand des Verfalls. Die Scheidungsquote in der amerikanischen Mittelschicht hat etwa 46 Prozent erreicht. Es gibt die Redensart vom »dahinschwindenden Vater« und immer mehr Mütter überlassen anderen die Sorge um ihre Kinder – Kindermädchen, Babysitters oder Tagesheimen –, während sie selber arbeiten gehen. Die Großfamilie – Großeltern, Tanten, Onkel, Kusinen – ist längst aus der Umgebung des Kleinkindes verschwunden und jetzt ist sogar die Kernfamilie bedroht. Aber in der Heranbildung erfolgreicher Politiker spielt die Mutter immer noch eine bedeutsame Rolle.

Der Konflikt zwischen den beiden Impulsen der Unterwerfung und der Aggression führt zu einem Verhalten, das wild zwischen den entgegengesetzten Polen der Unbarmherzigkeit und der Abhängigkeit hin und her schwingt. Das zeigt sich ganz besonders, wenn sich Politiker mit Frauen in einer sexuellen Situation befinden. Bei unseren Interviews mit Prostituierten und Callgirls bekamen wir immer wieder die gleiche Geschichte zu hören: das dringende Verlangen nach feindseligem, oft gefährlichem und immer höchst aggressivem Sex, der häufig in unglaublich ausgeklügelter Weise vor sich ging, wobei die Männer gefesselt und geschlagen wurden, man auf sie urinierte oder den Darm entleerte, sie mit einem künstlichen Penis sodomisierte oder mit Messern schnitt (oder aber sie das gleiche mit den Frauen taten); die aufgewandte Energie ist enorm und führt mit alarmierender Geschwindigkeit zu einem wütenden sexuellen Orkan.

Aber unmittelbar nach dem Orgasmus geht ihnen die Luft aus; sie verwandeln sich innerhalb von Sekunden in so etwas wie Babys an der Mutterbrust, schlafen in den Armen ihrer Geliebten ein, hineingekuschelt wie Kinder, und verlangen, gestreichelt und »brave kleine Jungen« genannt zu werden. Dieselben Frauen, die eben erst die Zielscheibe ihrer Gewalttätigkeit waren, müssen sich ganz plötzlich in zärtliche Mütter verwandeln. Möglicherweise ist es diese Fähigkeit, in ihrer sexuellen Betätigung zwischen Aggression und Passivität, Herrschaft und Abhängigkeit hin und her zu wechseln, die es diesen Männern erlaubt, einen gewissen Sinn für Gleichgewicht aufrechtzuerhalten und in der turbulenten Welt der Politik ihre geistige Gesundheit zu bewahren.

Der jähe Wechsel zwischen diesen Extremen ist, nach Freuds Lehre, eng mit dem Sado-Masochismus verwandt, und das Verhalten einiger unserer Führer in der Öffentlichkeit bestätigt diesen Eindruck. Richard Nixon, der sich, als er im Amt war, seinen Gegnern gegenüber so rachsüchtig verhielt, der das Komitee für schmutzige Tricks organisierte, eine Liste seiner Feinde anlegte und gegen die Regeln des zivilisierten politischen Nahkampfes verstieß, wozu ein ernstlicher Versuch zur Untergrabung der Verfassung gehörte, um alles und alle zu vernichten, die sich seinem Willen entgegenstellten, war derselbe Mann, der, wenn er eine Wahl verlor, die Reporter in einer Pressekonferenz mit Tränen in den Augen bat, doch »nicht weiter auf Dick Nixon herumzutrampeln«.

Wir hatten auch das Schauspiel des »starken Mannes« von Iran, des ehemaligen Ministerpräsidenten Mohammed Mossadegh, der vor dem Parlament in Tränen ausbrach, als er zugab, daß seine Politik nicht imstande gewesen war, das amerikanische Ölembargo zu vereiteln, und daß er als Staatsmann und als Mensch versagt hatte. Oder von Henry Kissinger bei einer Pressekonferenz in Wien, als er mit Tränen in den Augen drohte zurückzutreten, wenn die im Zusammenhang mit der Watergate-Untersuchung gegen ihn erhobenen Anklagen nicht fallen gelassen würden. Oder von Wilbur Mills, des Vorsitzenden des mächtigsten Parlamentskomitees, der den Kongreß jämmerlich um Verzeihung bat, nachdem er sich so spektakulär mit Fanne Foxe, der argentinischen Stripperin, lächerlich gemacht hatte.

Da der Geschlechtstrieb dieser Art Politiker, von denen wir sprechen, ebenso zwingend ist wie ihr Verlangen nach politischem Erfolg, sind sie immer auf der Jagd nach Frauen. Aus den oben erklärten Gründen kommt die eigene Frau nicht in Frage: In ihr sehen sie das Bild ihrer Mutter, das weibliche Ideal, das sie lieben, achten und ehren können, die Frau, die in den mageren Jahren zu ihnen gehalten hatte, als sie verhältnismäßig machtlos waren. Sie ist die »Madonna«. Als Partner bei den zwanghaften sexuellen Machtspielen, die er spielen muß, braucht er eine »Hure« – nicht unbedingt eine Prostituierte, aber eine Frau, die er als verderbt und herabgekommen betrachten kann. (Dieser Zwang erklärt vielleicht, warum der Abgeordnete für Utah, Howe, das Risiko einging, zwei Prostituierte auf der Straße anzusprechen – auf die Gefahr hin, seine Karriere zu ruinieren; es stellte sich heraus, daß die beiden weibliche Polizisten waren. Das geschah nur wenige Tage, nachdem die Laufbahn des Abgeordneten Hay durch die Aufdeckung seiner Beziehungen zu Elizabeth Ray vernichtet worden war.)

Wenn ein Politiker keinen professionellen Partner für seine symbolischen Machtspiele sucht, dann hat er Mätressen oder Sekretärinnen für die einfache sexuelle Entspannung. Aus einer Reihe von Gründen besitzt er ein unmäßiges Bedürfnis nach einer solchen Entspannung und verfügt auch über ungewöhnliche Möglichkeiten, sie sich zu beschaffen.

Der Arbeitstag eines Politikers setzt ihn ständig Spannungen auf nichtsexuellen Gebieten aus, die unter Druck sexualisiert werden: der endlose Streß einer Wahlkampagne, die häufigen Krisen, die

Notwendigkeit, auf Fragen von Wählern zu antworten, ganz zu schweigen von der ärgerlichen Langeweile während langer Debatten über unwichtige Dinge, das sind alles sozusagen Vorspiele für ihn. Die Erlösung kommt, wenn überhaupt, auf spontane und explosive Art bei seinen sexuellen Begegnungen.

Diese Männer besitzen auch ein Übermaß an physischer Vitalität; es ist, wie wir im nächsten Kapitel sehen werden, statistisch erwiesen, daß sie viel länger als der Durchschnitt leben. Sex kann für sie ganz einfach eine angenehme Art sein, überschüssige Energie abzubauen, und das Prahlen mit ihren sexuellen Erfolgen ist für sie ebenso wichtig wie für heranwachsende Jungen. Da sie den ganzen Tag miteinander wetteifern, ist es nur natürlich, daß sie ihre Rivalitäten im Schlafzimmer fortsetzen.

Die Frauen, mit denen sie schlafen, sind oft nichts anderes als Kanäle für ihre Verständigung untereinander. Sie tauschen die Frauen, um herauszufinden, wie sich ihre eigenen Leistungen auf dem Gebiet der sexuellen Vielfalt mit denen von anderen Männern vergleichen lassen. Wie lange die anderen brauchten, wie viele Orgasmen sie in wie kurzer Zeit erreichten, was für sexuelle Spielarten sie kannten – dieses Spiel ist für Politiker ebenso wichtig wie für junge Leute, wenn nicht noch mehr.

Ein weiterer Grund für das sexuelle Sichausleben ist die Tatsache, daß Politiker ihre Gefühle streng unterdrücken müssen. Vor der Öffentlichkeit muß es aussehen, als beherrsche sie nur die Vernunft und die Logik. Lustigkeit und Phantasie haben keinen Platz bei politischen Entscheidungen und sowohl die juristische als auch die militärische Ausbildung führt zu einem geordneten, systematischen, zielstrebigen Denken. Jedermann braucht irgendeine Art der Flucht in die Phantasie, wenn sein Alltag sie ihm nicht bietet. Wir müssen mitunter schamlosen, schmutzigen, gewöhnlichen, albernen, verbotenen Gedanken nachgeben, die ein ebenso wichtiger Teil unseres Ichs sind wie dessen kontrollierte, disziplinierte Seite. Der Unterschied zwischen Politikern und anderen Leuten besteht darin, daß wir meistens die Phantasien in unserem Kopf ausdenken und sie dort lassen; der Politiker, der Macht hauptsächlich durch die Verwirklichung von Machtphantasien in einer zulässigen Form erlangt hat, kann diese Macht dazu verwenden, seine verrücktesten sexuellen Träume mit einer gewissen Sicherheit Wirklichkeit werden zu lassen.

Und es wird ihm leicht gemacht. Wenn er ins Kapitol oder nach Washington gewählt wird, läßt er häufig Frau und Kinder zu Hause, vielleicht Tausende von Meilen weit fort. Obwohl der Kongreß seinen Mitgliedern die Reisespesen ersetzt, damit sie bei ihren Familien sein können, fahren doch viele nur zwischen den Sitzungsperioden heim. Dadurch sind sie am Ende eines anstrengenden Arbeitstages allein, brauchen Erholung und finden sie leicht bei den attraktiven Mädchen ihres Stabs. Schöne, sexuell ehrgeizige und jederzeit zugängliche junge Mädchen gibt es scharenweise in Washington, wo diese Männer sind. Wenn sie Glück haben, bekommen sie einen von den tollen Jobs als Sekretärin oder Verwaltungsangestellte eines Abgeordneten, denn der Weg ins Kapitol ist leichter zu machen, wenn man seinen Wagen an den eines Mannes anhängt, der es bereits geschafft hat. Je näher sie der Quelle der Macht kommen, desto besser sind ihre Chancen. Sowohl das Mädchen als auch ihr Chef machen bei diesem Machtspiel mit, nur daß es für sie fast immer auf eine stellvertretende Macht begrenzt bleibt, die sie durch ihre Verbindung mit ihm genießt; dadurch ist für sie der Zwang zur physischen Intimität größer als für ihn.

Die Abgeordnete Pat Schroeder sagt, ein Kongreßmitglied hätte zu ihr bemerkt: »Chivas Regal, Lear Jets, Hundertdollarnoten und schöne Frauen – das ist Politik, überall.«[6] Sehr viele Parlamentarier sind der Ansicht, daß ihre anstrengende Arbeit im Dienste ihres Landes ihnen das Recht auf diese kleinen Vorteile gibt, genauso wie auf freie Fahrten auf Staatskosten, auf Orgien und auf Wochenenden auf Hausbooten, die ihnen Lobbyisten mit dem Geld der Steuerzahler verschaffen – insbesondere, wenn ihre Immunität sie vor der Verfolgung durch die Washingtoner Polizei bewahrt. (Und diese ist sehr vorsichtig in ihrer Beurteilung dessen, was ein schweres Verbrechen darstellt, wenn ein Kongreßmitglied darin verwickelt ist.)

Die Vorrechte der Macht, die unsere gewählten Vertreter genießen, umfassen viele Privilegien, die den unteren und mittleren Schichten verweigert werden und die traditionell der Aristokratie zukamen. Dazu gehört die Freiheit, seinem eigenen sexuellen Geschmack zu frönen, ohne der Moral der Mittelklasse Zugeständnisse zu machen. Selbst wenn er aus einem Mittelstands- oder Arbeitermilieu stammt, ist der Mann auch gesellschaftlich aufgestiegen, wenn er die politische Leiter hinaufgeklettert ist. Er gewöhnt sich schnell an die Vorrechte der Klasse, der er jetzt angehört, und ist überzeugt, daß die Frauen ihm zur Verfügung stehen, wenn ihm danach ist. Wenn er Hilfe braucht, um

6 Zitiert in Associated Press, *New Haven Register,* Juni 1976.

sich einzuleben, so gibt es immer genug Lobbyisten, Einflußsuchende und altgewohnte Kommissionsmitglieder, die nur zu froh sind, ihn in diesen üppigen neuen Lebensstil einzuführen.

Henry Kissingers berühmter Satz, »Macht ist das beste Aphrodisiakum«, gilt für fast alle Frauen, am meisten jedoch für den Politiker selbst. Für ihn ist die Ausübung der Macht eine noch berauschendere Erfahrung als sogar der Orgasmus. Und sie *ist* orgastisch, denn in ihr treffen sich der Geschlechtstrieb und der Machttrieb. Sex durchdringt sein ganzes Leben; die Luft ist voll davon bei politischen Versammlungen. Ein Organisator von Wahlkampagnen hat einmal gesagt: »Wenn man es näher untersucht, ist das ganze Konzept einer Kampagne sexuell. Der Bursche geht auf die Menge los, dreht sie herum, legt sie hin; das ist es, was passiert.«[7] Ein populärer Kandidat, der sich an die Menge wendet, fühlt sich herausgefordert, jede einzelne Frau im Publikum anzusprechen und wenn ihm das gelingt, was häufig der Fall ist, wird er geradezu vergiftet von der sexuellen Spannung, mit der der Raum geladen ist.

Aber der wichtigste Antrieb ist die Gier nach Macht. Wenn er zwischen Sex und politischer Macht wählen müßte, würde er sicherlich auf den Sex verzichten. Glücklicherweise für ihn, braucht er diese Wahl nie zu treffen. In einer bedeutsamen, vom politischen Kolumnisten Richard Reeves veröffentlichten Feststellung faßte Matthew Troy, der demokratische Boß von »Queens«, dies folgendermaßen zusammen: »Die Politik besteht aus Männern, die ihren Arsch küssen, und aus Frauen, die . . .«[8]

7 Zitiert in Myra MacPherson, *The Power Lovers* (New York: G. P. Putnam's Sons, 1974), S. 176.
8 In Richard Reeves, *»Straight Sex and Perverse Politics in Washington«, New York Magazine, 14. Juni 1976.*

Politische Lebensstile

Matthew Troys Bemerkung brachte Reeves dazu, zu sagen: »Politik ist Sex – nicht unbedingt guter Sex, aber eine Menge davon«, eine Behauptung, die der politische Schlachtschrei der siebziger Jahre sein könnte. Der Sturzbach von Sexskandalen, der sich in den letzten Jahren aus Washington ergoß und im Frühjahr und Sommer 1976 seinen Höhepunkt erreichte, als diese Skandale wochenlang alle anderen Nachrichten von den Titelseiten verdrängten, ist Beweis genug, daß die Beziehungen zwischen der Machtgier unserer politischen Führer und ihren zwangsweisen sexuellen Bedürfnissen tiefe und irrationale Wurzeln haben. Wie sonst wäre das fast selbstmörderische Verhalten einiger angesehenster Staatsmänner zu erklären?

Die Welle von Ärgernissen begann im Oktober 1974, kurz vor den Zwischenwahlen, als eine Limousine, die ohne Licht daherraste, von der Washingtoner Polizei angehalten wurde. Es stellte sich heraus, daß sich in ihr, unter anderen, Wilbur Mills, der 65 Jahre alte Autokrat des Haushaltsausschusses des Kongresses, und eine ältliche Stripperin befanden, die in ihrem Beruf als Fanne Fox bekannt war. In dem darauf folgenden Tumult brüllte Mills den diensttuenden Beamten an: »Ich bin ein Mitglied des Kongresses und werde sie degradieren lassen!« Die Drohung scheint Erfolg gehabt zu haben; obwohl die Polizei später zugab, daß alle Insassen des Wagens, der Fahrer inbegriffen, getrunken hatten, wurde niemand festgenommen.

Unglücklicherweise erschien ein örtliches Fernsehteam so rechtzeitig auf der Szene, daß der Kameramann Mills erkennen konnte, als er gerade von einem höflichen Polizisten aus dem Blickfeld des Objektivs gezogen wurde. Der Mann sagte: »Kommen Sie, Herr Abgeordneter, Sie brauchen diese Art Reklame nicht.« Aber es war zu spät. Mills versuchte zuerst abzuleugnen, daß er sich überhaupt im Wagen befunden hatte, aber zwei Tage darauf zwang ihn eine »beispiellose publicity«, der Presse eine drei Seiten lange Erklärung zu übergeben, in der er die Bekanntschaft mit Fanne zugab, sie jedoch lediglich als seine und seiner Frau »gute Freundin« bezeichnete.

Mills überlebte diesen Zwischenfall und wurde wiedergewählt, allerdings mit weniger Stimmen als er gehofft hatte. Von da an übertrieb er alles in manischer Weise und geriet völlig außer Kontrolle. Als Fanne in der berüchtigten »Combat Zone« von Boston auftrat, zeigte sich Mills überraschenderweise als Gast Hand in Hand mit ihr auf der Szene. »Das wird mich nicht ruinieren«, sagte er hinterher den Reportern. »Mich kann nichts ruinieren.« Als jedoch der Kongreß seine Würde bedroht sah, war es ihm nicht möglich, eine derartig offensichtliche Clownerie zu übersehen; Mills, der seit jener Oktobernacht auf Kollisionskurs gegangen war, kam schließlich zu Fall und vernichtete seine 36 Jahre lange Laufbahn.

Dieses Vorgehen wurde im nächsten Jahr nur zu üblich. Wenn ein Politiker in flagranti erwischt wurde, gab er zuerst ein überzeugtes, verschleierndes und absurdes Dementi ab. Konnte er damit nicht das Vertrauen wiedergewinnen, so gab er widerwillig einen Teil zu, was nicht ganz den Tatsachen entsprach und nur ein Kind täuschen konnte. Aber das Publikum hat anscheinend das Bedürfnis, seinen Glauben an die Integrität seiner Vertreter zu bewahren, und beschließt, diese neue Version der Wahrheit zu akzeptieren, so unzureichend sie auch sein mag. Wenn die Wahrheit später bekannt wird, wie dies bei Mills der Fall war, dann hüllen die Machthaber, trotz allem Geschwätz darüber, daß sie »die Hand am Puls der öffentlichen Meinung halten«, diese Männer in eine Illusion von Unverwundbarkeit, die sie lächerlich unfähig macht, den verursachten Schaden zuzugeben und die Lage entsprechend zu meistern. »Mich kann nichts ruinieren« ist der geheime Glaube von vielen, an deren Autorität das Volk glaubt, die jedoch in jedem Wahljahr Gefahr läuft, plötzlich entzogen zu werden. Vielleicht ist es gerade diese Vergänglichkeit, die so viele von ihnen, aus ihrer Unsicherheit heraus, dazu treibt, sich so zu benehmen, als wäre das genaue Gegenteil wahr, als ob die Ausübung der Macht ihr Geburtsrecht sei.

Die nächste Enthüllung schadete dem Ruf, den Präsident John F. Kennedy noch über seinen Tod hinaus genoß. Im Jahr 1960 hatte Ted Sorensen versprochen, daß »die Kennedy-Verwaltung den Sex erledigen würde, wie die vorhergehende (die von Eisenhower) es mit dem Golf getan hatte«.[1] Es war längst bekannt, daß Kennedy das Weiße Haus als *maison de rendezvous* benutzt hatte – es gab da Geschichten von nackten Mädchen, die man durch die Hallen laufen gesehen hatte, wenn Jackie abwesend war; vom Secret Service, der Callgirls in den Wohntrakt einschmuggelte, und von Jack, der frühere Freundinnen zu

Belustigungen im Adamskostüm um den Swimming-Pool des Weißen Hauses herum einlud. Aber die Tatsache, daß eines dieser Abenteuer ihn mit der Maffia in Verbindung brachte, wurde erst 1975 durch Zufall entdeckt.

Der Geheimdienst des Senats, der illegale Aktivitäten des CIA untersuchte, stieß zufälligerweise auf eine Verbindung des verstorbenen Präsidenten mit der Unterwelt in der Person von Judith Campbell Exner, einem Playgirl, das Jackie erstaunlich ähnlich sah und deren Gunst zu Beginn des Jahres 1960 sich sowohl Kennedy als auch Sam »Momo« Giancana, ein prominenter Gangster von Chicago, erfreute. Kennedys *liaisons dangereuses* gingen jedermann an, als bekannt wurde, daß Giancana einen Vertrag mit dem CIA hatte, um Fidel Castro zu ermorden, und es fragte sich nur, ob Judy als Mittelsperson zwischen Chicago und dem Weißen Haus eingesetzt worden war, um den Präsidenten in diese Verschwörung hineinzuziehen.

Diese Frage ist noch nicht zufriedenstellend beantwortet worden, ihre Tragweite ist alarmierend. Wenn sich ein Präsident der Vereinigten Staaten einer Erpressung aussetzt, sind die Folgen unberechenbar. Der Kolumnist Jack Anderson zitierte einen Freund von Kennedy, der erklärt hatte: »Jack betrachtete Sex als ein gutes, sauberes Vergnügen. Er besaß eine bemerkenswerte Fähigkeit, die Schlafzimmertür hinter sich zu schließen.« Aber es war störend. Die Freunde, die Kennedy deckten, die ausgeklügelten Sicherheitsmaßnahmen, die seine Tätigkeit als Präsident umgaben, und die Presse schirmten ihn zu seinen Lebzeiten von einem offenen Skandal ab, aber durch seine Beziehungen zu J. Edgar Hoover war er gefährdet.

Es ist inzwischen bekannt geworden, daß Hoover eine Akte über Kennedy angelegt hatte, die auch Einzelheiten über seine sexuellen Eskapaden enthielt, und daß Kennedy das wußte. Anderson berichtet, daß diese Akte bis auf das Jahr 1941 zurückging, als der FBI eine Frau beobachtete, die er im Verdacht hatte, eine Spionin in Charleston, South Carolina, zu sein. Kennedy war damals dort als junger Marineoffizier stationiert und Hoovers versteckte Mikrophone registrierten eine »kurze Romanze« zwischen den beiden. Von da an nahm Hoover Bänder über Jacks romantische Abenteuer auf. Anderson sagt, die Agenten des FBI hätten die Freunde einer Stewardeß »wiederholt« über ihre Affäre mit Kennedy befragt, und meint, Angst vor Erpressung könne der Hauptgrund für seinen »ersten offiziellen Akt nach

1 Myra MacPherson, *The Power Lovers* (New York: G. P. Putnam's Sons, 1974), S. 185.

seiner Eidesleistung als Präsident« gewesen sein; er hatte nämlich Hoover angerufen und ihn beschworen, Chef des FBI zu bleiben. »Diejenigen, die das Gespräch mitgehört haben, sagen, Kennedy hätte dick aufgetragen.«[2]

Hoover überraschte Kennedy im März 1962 mit der Nachricht, daß die Überprüfung Giancanas durch den FBI zum Oval Office geführt hätte, und daß der Präsident mit der Mätresse eines Gangsters schlafe. Niemand weiß genau, ob Kennedy schon damals etwas über Judys Verbindungen zu Chicago gewußt hatte, aber seit jenem Gespräch mit Hoover, das während eines kurzen Augenblicks stattfand, als sie allein im Weißen Haus zu Mittag aßen, damit Hoover sowohl seine Loyalität als auch seine Macht über Kennedy beweisen könne, hörte jede Beziehung zwischen Judy und dem Präsidenten auf.

Nachdem nun der Schleier vor den Bettgewohnheiten des früheren Präsidenten gefallen war, begannen Geschichten über Lyndon Johnson zu zirkulieren. Sein persönlicher Stil war so verschieden wie nur möglich von dem von Kennedy, hatte aber seinen eigenen Charme, wenn man von seiner Überheblichkeit absieht – die er mit so vielen anderen Politikern teilte – wonach Frauen ganz einfach Requisiten eines hohen Amtes seien, Objekte, die man nach Belieben gebrauchen könne. Nichts illustriert besser die anmaßende Art, in der Johnson mit den Frauen umging, als die Geschichte von dem Mädchen seines Stabes, das in ihrem Schlafzimmer in der texanischen Ranch mitten in der Nacht vom Licht einer Taschenlampe geweckt wurde. Noch bevor sie schreien konnte, hörte sie eine vertraute Stimme: »Rück' auf die Seite. Es ist dein Präsident.«[3]

Aber dieser posthume Klatsch war nur die Ouvertüre zu dem Skandal, der im Frühjahr 1976 weit über Washington hinaus bekannt wurde. Es begann im Mai, als zwei junge Reporter Wayne Hays, den demokratischen Abgeordneten für Ohio, der als Vorsitzender des Verwaltungsausschusses des Kongresses wie ein feudaler Fürst über die Verteilung von Gunstbeweisen und zusätzlichen Sozialaufwendungen an seine Kollegen im Kongreß herrschte, auffliegen ließen.

Die Geschichte seines Sturzes durch eine rachsüchtige verlassene Freundin, Elizabeth Ray, ist zu bekannt, als daß sie hier wiederholt werden müßte, aber einige charakteristische Züge im Verhalten von

2 Jack Anderson, *New York Post*, Juni 1976 (Artikel für mehrere Zeitungen).
3 Paul Healy und Joseph Volz, »Sex and Politics«, *New York Daily News*, 15. Juni 1976.
4 *New York* Magazine, 21. Juni 1976.

Politikern, die durch Enthüllungen bedroht sind, mögen interessant sein. Elizabeth Ray erzählte, daß, als sie um die Zeit des Wilbur-Mills-Skandals einmal mit Hays zu Abend aß, dieser zum Fenster hinaus auf den Fluß unter ihnen geblickt und ihr gesagt hatte: »Wenn mir irgendeine Nutte jemals das antut, was Fanne Fox Wilbur angetan hat, würde sie hier unten landen ... sechs Fuß tief.«[4] Aber als es Hays zustieß, war seine Reaktion ganz einfach das übliche unverschämte Ableugnen. Er muß gewußt haben, was für schlüssige Beweise gegen ihn vorlagen: Er hatte am Empfang von Rays Apartmenthaus jedesmal, wenn er sie besuchte, seinen Namen angegeben und der Direktor kannte ihn gut. Und doch gab er sich noch tagelang, nachdem der Sturm ausgebrochen war, der Illusion der Unverletzlichkeit hin; er behauptete nach wie vor, »ich habe niemals ein Verhältnis mit ihr gehabt«, und er sagte, Ray sei »eine sehr verderbte Frau« und die Zeitungen hätten versucht, ihm »eine Falle zu stellen«.

Als sich jedoch das Justizministerium einschaltete und eine Untersuchung wegen möglichen Mißbrauchs von öffentlichen Geldern einleitete, brach Hays zusammen. In einem von Selbstmitleid triefenden Bericht an seine Kollegen, der im Sitzungssaal des Parlaments verteilt wurde, warb er um Sympathie: »Ich bin arrogant, unbarmherzig, kaltblütig, lasterhaft, aufbrausend und schäbig genannt worden ... Niemand hat jemals gesagt, daß ich auch ein menschliches Wesen bin ... Gefühlen und Irrtümern ausgeliefert, aber ich bin es.« Er bekannte: »Eine längere Zeit hindurch habe ich Beziehungen zu Elizabeth Ray unterhalten ... Ich habe einen schweren Irrtum begangen, als ich nicht alle Fakten darlegte.« Er bestritt jedoch Rays Behauptung, daß er sie nur wegen ihrer sexuellen Dienste mit einem Gehalt von 14 000 Dollar auf seiner Gehaltsliste geführt habe (Ray: »Ich kann nicht maschineschreiben, ich kann keine Akten ablegen, ich kann nicht einmal Anrufe entgegennehmen«).

Es herrschte Jubel am Capitol Hill, als der Tyrann des Hauses zu Fall gebracht wurde. Als der Mann, der die Verteilung von Geldern für die Wahlkampagne kontrollierte, hatte Hays weitreichende Möglichkeiten, sich zu rächen und zu tyrannisieren, und er nutzte sie alle aus. Die Leute erinnerten sich auch daran, daß es Hays gewesen war, der 1966 mit großer moralischer Entrüstung den Angriff gegen Adam Clayton Powell angeführt hatte, als der Kongreß dafür stimmte, Powell auszuschließen, weil er auf Spesenrechnung eine Frau zu einem offiziellen Ausflug auf die Bahamas mitgenommen hatte. Zu seiner Verteidigung hatte Powell vorgebracht, daß jedermann im Kongreß das gleiche täte und daß er nur deshalb gerügt werde, weil er schwarz war und die Frau weiß.

Die Reaktion von Hays Wählern auf diese Krise war zwiespältig. Als sie von der *New York Times* interviewt wurden[5], sprachen einige mit Bewunderung von diesem 65 Jahre alten Mann, der imstande war, »mit diesen jungen Mädchen zu gehen«, während eine 71jährige Frau aus Ohio sich entrüstete über »solche alten Männer, die mit 15- oder 16jährigen Mädchen Sex haben wollen – die sollten endlich gesetzt werden«. Über die bemerkenswerte sexuelle Ausdauer unserer älteren Kongreßmitglieder wird noch gesprochen werden; hier soll nur festgestellt werden, daß Hays Washingtoner Stab nichts von seinen Beziehungen zu Elizabeth Ray ahnte, bis die Geschichte in den Zeitungen stand, da sie alle von seiner lebhaften Affäre mit einer Sekretärin seines Büros in Ohio wußten (die er später heiratete).

Nachdem Ray sich bereit erklärt hatte, vor dem Justizministerium über ihre Beziehungen zu anderen Kongreßmitgliedern auszusagen, veröffentlichte *Time*[6] einen Bericht, wonach es im Kapitol selbst einen »Schlupfwinkel« in Gestalt eines Büros gab, das Carl Albert, dem Speaker des Kongresses, unterstand und als »Erziehungsministerium« bekannt war und das für Orgien mit Ray und »anderen Frauen, die an Stellen arbeiteten, über die Hays Macht ausübte« verwendet wurde, an denen Kongreßmitglieder, Mitglieder des Stabs und Polizisten des Capitol Hill teilnahmen. Als Albert von Reportern danach gefragt wurde, antwortete er: »Wenn das wahr ist, so habe ich jedenfalls nie davon gehört und glaube es auch nicht.« Aber er ordnete an, daß die Schlösser an der Tür des Büros ausgewechselt werden sollten. Am Tag darauf verkündete Albert seinen »unwiderruflichen« Entschluß, von seinem Amt zurückzutreten.

Als nächstes fiel das Rampenlicht auf den Abgeordneten für Texas, John Young, als Colleen Gardner, eine ehemalige Sekretärin seines Stabs und Freundin von Elizabeth Ray, dem amerikanischen Justizministerium mitteilte, daß ihr Gehalt, ein Jahr nachdem sie eingewilligt hatte, mit Young zu schlafen, von 8500 auf 26 000 Dollar hochgeschnellt war. Die Gardner beschuldigte Young, »ihr indirekt und durch leichten Druck . . . bedeutet zu haben . . . daß es zu ihrer beruflichen Tätigkeit gehöre, sich sexuellen Ansprüchen zu unterwerfen . . ., und daß, wenn sie dies nicht täte, sie nur die Wahl habe, entlassen zu werden oder selber zu gehen . . . ihr Gehalt wurde dann

5 *New York Times,* 29. Mai 1976.
6 »Sex Scandal Shakes Up Washington«, *Time,* 14. Juni 1976.

im Verhältnis zu dem Umfang der sexuellen Dienste erhöht, die sie ihm erwies, und zu der Befriedigung, die er dadurch empfand«.[7]

Als er gefragt wurde, ob er jemals sexuelle Beziehungen zu irgend jemandem von seinem Stab unterhalten habe, antwortete Young: »Ich würde leugnen, wenn es so wäre, aber tatsächlich hatte ich keine.« Aber als Young wenige Tage später wieder daheim in Corpus Christi war, überlegte er es sich zweimal, ob er sich im November der Wiederwahl stellen sollte. »Ich habe nie den Wunsch gehabt, im Kongreß alt zu werden und zu sterben«, erklärte er den Reportern.

Am nächsten Tag wurde der Abgeordnete für Utah, Allan Howe, in Salt Lake City festgenommen, weil er zwei als Prostituierte verkleidete Polizistinnen angesprochen hatte. Anfangs neigten viele Leute dazu, Howes Protest Glauben zu schenken, der behauptete, »in eine Falle gelockt worden zu sein«; Howe hatte zu denen gehört, die sich erst vor einer Woche über Wayne Hays aufgeregt hatten. Es schien unglaubhaft, daß er gerade zu diesem Zeitpunkt ein solches Risiko eingegangen sein sollte. Von Powell über Hays zu Howe war ein dreifaches Spiel der Heuchelei im Gange, das weit über das zumutbare hinausging. Howe bat »die guten Leute von Utah, nicht nach dem äußeren Anschein zu richten«, aber ein Geschworenengericht sprach ihn schuldig[8], zur gleichen Zeit als die *New York Post* etwas aufdeckte, was wie die Bemäntelung einer anderen Unbesonnenheit aussah, die sich im selben Jahr ein Kongreßmitglied mit einer als Lockvogel arbeitenden Prostituierten hatte zuschulden kommen lassen.

Der Abgeordnete für Louisiana, Joe Waggoner, ein erzkonservatives Mitglied des Haushaltsausschusses und ein Busenfreund von Wilbur Mills, war von der Sittenpolizei des District of Columbia erwischt worden, als er in einer kalten Januarnacht des Jahres 1976 von seinem Wagen aus einen weiblichen Polizisten ansprach. In der schriftlichen Meldung, die, laut *Post,* später beseitigt wurde, stand, daß Waggoner neben der Frau angehalten und ihr 50 Dollar für oralen Sex angeboten hatte. Er wurde festgenommen, »in Tränen aufgelöst« zur Polizeidirektion gebracht und – freigelassen, dank dem verständnisvollen Wesen der Washingtoner Polizei. Er wurde weder in das Kontrollbuch eingetragen, noch fotografiert, noch wurden ihm die Fingerabdrücke abgenommen, und sein Name steht in keinem offiziellen Bericht. (Es war Howes Pech, daß er nicht im Kapitol festgenom-

7 New York *Post,* 12. Juni 1976.
8 Der Fall Howe befindet sich gegenwärtig in der Berufung beim Bundesgericht.

men wurde, wo sich die Polizei im allgemeinen wie ein nachsichtiges Kindermädchen benimmt, es sei denn, die Abgeordneten fahren mit dem Wagen durch eine Ziegelmauer – wie es ein betrunkenes Kongreßmitglied tat –, ein Kunststück, das schon schwieriger zu verheimlichen ist.)

Die Öffentlichkeit war all diesen Begebenheiten gegenüber weniger nachsichtig als die Polizei. Kongreßmitglieder, die dann in ihre Wahlbezirke heimkehrten, sahen sich einer Welle von Verstimmung und Ärger von seiten ihrer Wähler gegenüber. Wie *New York Times* schreibt, kam ein Abgeordneter von Illinois nach Washington zurück und sagte: »Die Reaktion zu Hause war sehr schlecht, eine Menge Leute sind der Ansicht, daß der Kongreß hochmütig ist und keinen Kontakt zur Bevölkerung hat.« Von Tennessee hieß es, »sie wollten ihn (Hays) ans Kreuz nageln«, und einem Abgeordneten für New York wurde gesagt: »Sie sollten sich schämen, Kongreßmitglied zu sein.«

Im Frühherbst hatte die Rekordzahl von 56 Kongreßmitgliedern angekündigt, sie wollten nach Ablauf ihrer Amtszeit zurücktreten. Nach den Wahlen im November ließ der Sturm ein wenig nach, aber niemand konnte sicher sein, wessen Büro als nächstes aufgebrochen werden und einem Team von neugierigen Reportern ausgeliefert sein würde.

Einige Kommentatoren rügten das, was ein nachlassendes Niveau der Sexualmoral unserer politischen Führer zu sein schien, die neuerdings alles als zulässig betrachten, aber tatsächlich ist die enge Beziehung zwischen Politik und unerlaubtem Sex so alt wie die Geschichte. Ob die Prostitution das älteste Gewerbe ist oder nicht, sicher ist, daß ihr Ursprung bis auf den Anfang der menschlichen Gesellschaft zurückgeht, ebenso wie ihr Bündnis mit der politischen Macht. Jede gesellschaftliche Ordnung setzt irgendeine Form der Ehe voraus, wogegen der Machttrieb, wie wir gesehen haben, mit zwanghaften sexuellen Energien verbunden ist, die innerhalb der Grenzen, die der Ehekontrakt setzt, nicht zufriedenstellend freigesetzt werden können.

Prostitution und Ehe gehen Hand in Hand: Je strenger die Gesellschaft trachtet, den Geschlechtstrieb durch Einschränkung seiner Betätigung auf das Ehebett zu regulieren, desto mächtiger fühlt man die verborgene Gegenwart der Hure. In der ganzen Menschheitsgeschichte verkörperte sie die dunklen und mächtigen Kräfte des ungezähmten Verlangens; aber nie war der Abgrund zwischen der angeblichen sexuellen Unschuld der respektablen Ehefrau und Mutter und der Verderbtheit der Prostituierten so tief wie im neunzehnten Jahrhundert, mit dem Triumph der viktorianischen Mittelklassenmoral. Der »Madonna-Dirne-Komplex«, den wir bereits erwähnt haben, durchdrang die Gesellschaft der mittleren und oberen Schichten und erzeugte eine ängstliche und äußerst schuldbewußte Einstellung unseren eigenen sexuellen Empfindungen gegenüber. Trotz der kürzlich gemachten Anstrengungen der sexuellen Befreier, jede sexuelle Betätigung zwischen Erwachsenen, die im gegenseitigen Einvernehmen handeln, vom Element der Schuld zu befreien, bildet es heute immer noch einen wichtigen Faktor in der Psychodynamik unserer eigenen politischen Führer.

Der Prototyp der Männer, deren sexuelle Praktiken wir in den folgenden Kapiteln beschreiben wollen, könnte sehr wohl William Gladstone gewesen sein, der große liberale Führer, der unter der Königin Victoria viermal Premierminister von England war. Zu seinen Lebzeiten war er wegen seiner karitativen Lieblingsbeschäftigung bekannt: Er streifte nachts durch die Straßen, um Prostituierte aufzulesen, die er zu Mrs. Gladstone heimbrachte, wo sie mit Tee bewirtet wurden und wo er sich ernstlich bemühte, sie zu bessern (was ihm fast nie gelang). Er wurde mit Erpressung bedroht, aber seine Karriere nahm keinen Schaden, als dieses »Rettungswerk« bekannt wurde.

Aber erst durch die Veröffentlichung seiner persönlichen Tagebücher im Jahr 1975 kam die ganze Wahrheit heraus: Gladstone war ein Mann, dessen enormen, durch tiefe religiöse Überzeugungen genährten politischen Energien eine ebenso intensive Sexualität gegenüberstand, gegen die er während seines ganzen Lebens ankämpfte, im Glauben, diese Leidenschaften könnten, einmal entfesselt, seine Familie und ihn selbst zerstören. Er versuchte, seine Begierden zu sublimieren, indem er zuerst pornographische Bücher las und sich später mit Prostituierten unterhielt, was sie aber nur verschlimmerte. Die Gefühle, die ihn bei diesen Begegnungen zu überwältigen drohten, erfüllten Gladstone mit Scham, und er begann sich hinterher, wenn er allein war, zu geißeln; dazu verwendete er wahrscheinlich eine mit Nägeln besetzte Peitsche, eine Praktik, der er schließlich verfiel. »Ist es eigentlich hinreichend berücksichtigt worden«, schrieb er, »wie sehr der Schmerz einen Genuß auslösen kann?«[9] Wie wir in den nächsten Kapiteln sehen werden, ist das eine Frage, die viele unserer heutigen politischen Führer beschäftigt hat.

9 M. R. D. Foot und H. C. G. Matthew, Herausg., *The Gladstone Diaries* (Oxford: The Clarendon Press), 1974.

Während Gladstone, wie so viele andere nüchterne Verfechter der viktorianischen Korrektheit, die Qualen einer intensiven und vitalen, aber scharf unterdrückten Sexualität litt, blühten die Bordelle. Von besonderem Interesse ist für uns die Tatsache, daß das Washington jener Zeit eine verblüffende Ähnlichkeit mit der heutigen Stadt hat, so wie wir sie durch unsere Untersuchungen kennengelernt haben. 1869 veröffentlichte ein Dr. John B. Ellis ein Buch unter dem Titel *The Sights and Secrets of the National Capital* (Gepräge und Geheimnisse der nationalen Hauptstadt), in dem er schrieb:

> Übelbeleumdete Häuser sind zahlreich und über die ganze Stadt verstreut ... Einige dieser Häuser sind prächtig möbliert und werden im großartigsten Stil geführt. Die Frauen sind entweder jung oder im Lenz des Lebens und häufig schön und gebildet. Sie kommen aus allen Teilen des Landes und bleiben nach Vertagung des Kongresses selten in der Stadt. New York, Boston, Philadelphia, Chicago und New Orleans stellen die Mehrzahl von ihnen. Zur Ehre von Washington muß gesagt werden, daß diese Stadt sehr wenige liefert. Diese Frauen wissen sehr gut, daß jeden Winter Mengen von Fremden in die Bundeshauptstadt strömen, so daß sie reichlich die Möglichkeit haben werden, während der Saison Geld zu machen ...

Man darf nicht denken, daß die Personen, die diese Orte frequentieren, zu den von der Gesellschaft Ausgestoßenen gehören, wie dies offensichtlich bei den Frauen, die sie aufsuchen, der Fall ist. Im Gegenteil, die meisten »Kunden« der besseren Häuser sind sehr respektable Leute, bedeutende Männer des öffentlichen Lebens, Offiziere von Armee und Marine, Gouverneure, Rechtsanwälte, Ärzte und die beste Schicht der städtischen Einwohnerschaft. Viele von ihnen sind Ehemänner und Väter, deren Frauen und Familien, zu Hause, Hunderte von Meilen von hier, in glücklicher Ahnungslosigkeit über ihr Verhalten leben. Einige kommen unter dem Einfluß von Alkohol hierher, andere »kaltblütig« und im vollen Bewußtsein der Ungeheuerlichkeit ihres Betragens. Sie kommen auch ganz offen und begrüßen einander in diesen Lasterhöhlen mit der Ruhe und Selbstsicherheit von »alten Hasen«; und dann gehen sie fort und sprechen beredt über Moral und Tugend, und machen mit Wonne die armen Wesen schlecht, in deren Gesellschaft sie die vergangene Nacht verbracht haben und zu deren Entwürdigung sie so viel beigetragen haben, als nur in ihrer Macht steht. Wie rein und edel sind die Institutionen, die solche Männer stützen! Es gibt in Washington eine

Frau, die Besitzerin eines dieser Häuser, die sich damit brüstet, daß »es unmöglich wäre, ohne ihre Hilfe die Regierung zu führen«.[10]

Elizabeth Ray und Colleen Gardner sind die direkten Nachkommen jener Frauen, die Ellis »die Regierungskurtisanen« nennt:

> In der Bundesdruckerei scheinen diese Frauen aufgrund ihrer Jugend und ihrer persönlichen Reize ausgewählt worden zu sein. Weder die Gesetze Gottes noch der Menschen, noch die Institution des Sabbat oder der gewöhnliche Anstand scheinen von Clark (offensichtlich ihr Chef) in seinem Benehmen diesen Frauen gegenüber beobachtet worden zu sein.

Ellis scheint ganz besonders über die Vorstellung entsetzt gewesen zu sein, daß die Fundamente unseres finanziellen Systems derart entweiht werden konnten:

> Ein Finanzministerium – der Ort wo das Papiergeld gedruckt wird, der Ausdruck allen Besitzes und aller Arbeitsamkeit des Landes –, wo der Lohn für die Arbeit mehr oder weniger geregelt wird und von dessen Redlichkeit und Wohlverhalten die Prosperität eines jeden mehr oder weniger abhängt – wird in einen Ort der Ausschweifung und des Trunkes verwandelt, dessen Schilderung unmöglich ist, ohne den Anstand zu verletzen.

Die »Verfolgung weiblicher Angestellten« durch ihre geilen Arbeitgeber war damals ebenso allgemein wie Colleen Gardner und ihre Schwestern dies für die siebziger Jahre behaupten:

> Mehrere Beamte, die Beziehungen zur Bundesdruckerei hatten und von denen mindestens zwei verheiratete Männer waren, benutzten ihre Stellung dazu, die in diesem Amt angestellten Frauen zu verführen. Der Vater eines dieser Mädchen sagte unter Eid aus, der Direktor der Sechzehnten Abteilung der Bundesdruckerei hätte dem besagten Mädchen mit Vorbedacht gesagt, er würde ihr Gehalt auf fünfundsiebzig Dollar in der Woche erhöhen, wenn sie mit ihm in ein bestimmtes Hotel in der Stadt ginge und sich seinen Wünschen gefügig zeige.[11]

In hundert Jahren hat sich wenig geändert, mit Ausnahme der Rhetorik (und der Gehälter).

In den neunziger Jahren wurden Komplexe im Kongreß selbst abreagiert. Während der Amtsführung von Grover Cleveland, der

10 Dr. John B. Ellis, *The Sights and Secrets of the National Capital* (New York: United States Publishing Company, 1869), S. 458–459.
11 Ellis, *Sights and Secrets*, S. 384–385.

selber den Skandal überlebt hatte, in den siebziger Jahren des vorigen Jahrhunderts ein uneheliches Kind gezeugt zu haben, waren Szenen wie die folgende, die sich bei Beendigung des 53. Kongresses im Jahr 1895 abspielte, anscheinend gang und gäbe. Ein schockierter Reporter beschrieb sie im *New York Herald:*

> Sonntag nacht im Kapitol. Frauen gab es dort in Hülle und Fülle, lebenssprühende Frauen, weiße und schwarze; Frauen, die vielleicht in rosa Trikots und undurchdringlichen Masken besser ausgesehen hätten. Zwischen ihnen kamen und gingen die Frauen und Töchter von Senatoren und die Frauen und Töchter der amerikanischen Aristokratie aus den verschiedenen Staaten der Union.
>
> Ich sah wie ein älterer Senator Arm in Arm mit lustigen, »niedlichen Käfern« in den privaten Speisesaal ging, wo bei einer Flasche Champagner die Angelegenheit zu Ende gebracht werden sollte, die möglicherweise im Ausschußzimmer begonnen hatte ... Zwei alte Männer im Zustand fortgeschrittener Trunkenheit traktierten ein junges Mädchen mit Alkohol – ein hübsches junges Mädchen, das nicht älter war als sechzehn ... Zwei Frauen, denen ihr Beruf deutlich im Gesicht geschrieben stand, schlürften in einer Ecke und suchten heimlich Anschluß.
>
> Ein Kongreßmitglied wehrte sich schwer betrunken gegen seine Freunde, die ihn wegbringen wollten. Eine Privatsekretärin zupfte ein distinguiertes Mitglied des Hauses am Bart und schüttete ihm Bier in den Kragen. Einige Abgeordnete befanden sich in einem Zustand, der den Pächter zwang, ihnen weiteren Alkohol zu verweigern. »Das ist eine Schande!« rief Mr. Murray aus. »Es macht mich ganz krank. Aber Sie sehen, ich kann nichts dagegen tun. Der Raum gehört ihnen – der Teufel soll sie holen – ich bin schon seit 12 Stunden Barkeeper.«
>
> Als ich in einem benachbarten Ausschußzimmer Gesang und Gelächter hörte, warf ich im Vorbeigehen einen Blick hinein. Eine Frau stieg mit ihrem hübsch beschuhten Fuß auf einen Tisch, hielt ein Glas Champagner in der hocherhobenen Hand und sang ein lustiges Lied, während ein Dutzend Kongreßmitglieder und ihre Freunde rauchend um sie herumsaßen und die Gesellschaft dieser Dame genossen.[12]

Wenn wir zur zeitgenössischen Szene zurückkehren, sehen wir, daß die sexuellen Energien, die die Politiker vergangener Zeiten entfalteten, mit unverminderter Kraft in unseren heutigen Männern des öffentlichen Lebens fortdauern.

Tabelle 2.1[13]

Von den Mitgliedern des 94. Kongresses angegebene Religionszugehörigkeit

Religion	in %
Methodist	14,3
Presbyterianer	12,3
Kirche Christi	1,1
Baptist	9,4
Katholik	21,9
Universalist	0,2
Episkopalkirche	12,4
Erste Christliche Kirche	0,4
Lutheraner	3,5
Mormone	1,9
Congregationalist	1,5
Unitarier	1,3
Jude	3,2
Protestant, nicht spezifiziert	3,2
Christliche Wissenschaft	0,6
Jünger Christi	0,2
Evangelische Kirche	0,4
Adventist des Siebten Tages	0,2
Apostolische Kirche	0,2
Vereinigte Brüder in Christo	0,2
Griechisch-Orthodox	0,4
Vereinigte Kirche Christi	0,9
Gesellschaft der Freunde	0,4
Unbefleckte Empfängnis Christi	0,2
Kirche Gottes	0,2
Zentrale Schweifelder Kirche	0,2
Syrisch-Orthodox	0,2
Keine Religionsangabe	14,7

12 *New York Herald,* 10. März 1895, zitiert in Fernando Henriques, *Modern Sexuality* (London: MacGibbon & Kee, 1968), S. 237.

13 Die in diesem Kapitel angeführten Daten stammen von *The Almanac of American Politics,* Barone, Ujifusa and Matthews, New York: *E. P. Dutton* & Co., 1975; *Bibliographical Directory of the American Congress,* 1774–1971, U.S. Government Printing Office, 1971; und *Congressional Quarterly Weekly Report,* Congressional Quarterly, Inc., 1976.

Man beachte die enorme Vielfalt von religiösen Gruppen, die einigermaßen dem Verhältnis ihrer Verteilung auf die Bevölkerung der Vereinigten Staaten entspricht.

Bevor wir jedoch die gegenwärtigen sexuellen Gewohnheiten unserer Politiker untersuchen, mag es lehrreich sein, zu erfahren, inwieweit ihr Privatleben ihr öffentliches Auftreten beeinflußt, und umgekehrt. Wir wollen den 81. Kongreß von 1948 als Bezugsgröße nehmen und ihn mit dem 94. vergleichen, der 1974 gewählt wurde und 1976 zu Ende ging. (Für die Zwecke dieses Buches gehören zu den »Politikern« Richter, Bürgermeister, Gouverneure, Kongreßmitglieder, Senatoren, Staatsanwälte und ihre Vertreter, Gemeinderäte, Aldermen und alle übrigen Personen, die in der Verwaltung von Stadt, Land und Staat Ämter innehaben; wir wollen jedoch unsere statistischen Untersuchungen auf den Kongreß als unsere oberste gesetzgebende Körperschaft mit der größten geographischen Vertretung beschränken.)

Jeder Politiker führt seinen Wahlfeldzug gestützt auf seine Zugehörigkeit zur jüdisch-christlichen religiösen Tradition durch, in der die meisten von ihnen aufgewachsen sind und die in einem hohen Maß für den allgemeinen Konservativismus ihrer öffentlich bekundeten Anschauungen über alles, was mit Sex zu tun hat, verantwortlich ist. Deshalb wollen wir zuerst auf der Tabelle 2.1 die Verteilung der Mitglieder des Kongresses von 1974–1976 auf die verschiedenen Religionsgemeinschaften zeigen und anschließend prüfen, bis zu welchem Ausmaß ihre Wahlreden über einige dieser Dinge mit den Prinzipien ihrer Religion übereinstimmen.

Die Tabelle 2.2 zeigt die Vielfalt der im 94. Kongreß vertretenen Berufe. Wichtig für unsere Untersuchung ist, den erstaunlich hohen Prozentsatz von Militärs festzustellen. Das ist kein einmaliges oder vorübergehendes Phänomen, sondern eine alte Tradition. Wenn wir über die »Umkleideraum-Atmosphäre« des politischen Lebens und ihre Wirkung auf sexuelle Lebensstile sprechen, ist es wichtig, sich an die bedeutsame Rolle zu erinnern, die Männer mit militärischer Ausbildung, Milieu und Interessen bei der Schaffung dieser Atmosphäre gespielt haben.

Die Zusammensetzung des Kongresses spiegelt vielfach die Verwaltungen der Bundesstaaten und Großstädte wider; der Unterschied liegt darin, daß die Abgeordneten diejenigen darstellen, die ihre »Überlebenstauglichkeit« bewiesen haben, wenn man Tauglichkeit als die Fähigkeit definiert, in den zermürbenden Ausscheidungsrunden auf lokaler und regionaler Ebene Erfolg zu haben, sowie die

Fähigkeit, sich den Anforderungen des Parteiensystems anzupassen. Die Hierarchie der politischen Organisation besitzt eine Struktur, die der der militärischen verwandt ist; das ist einer der Gründe, warum die Politik eine kongeniale zweite Laufbahn für Männer ist, die sich in einer autoritären, ausschließlich männlichen Umgebung wohlfühlen. Ein weiterer Gesichtspunkt ist natürlich der Vorteil einer ehrenhaften militärischen Vergangenheit für das Gewinnen von Stimmen.

Tabelle 2.2

Beschäftigungen und Berufe der Mitglieder des 94. Kongresses

Beschäftigung/Beruf	in %
Juristen	52,1
Militärs	64,3
Beschäftigungen neben Juristen oder Militärs:	
Erzieher, Lehrer oder Schuldirektoren	24,4
Verleger, Besitzer von Medien	4,3
Mediziner	1,6
Journalisten, Rundfunkleute	5,5
Beamte	7,5
Leichenbestatter	1,2
Landwirte	7,5
Unternehmer	24,4
Arbeiter, Gewerbetreibende	3,1
Grundbesitzer, Bankleute, Effektenhändler	12,6
Gesetzesvollstrecker	3,1
Pfarrer	2,8
Sportler	2,0

25 % der in dieser Tabelle Enthaltenen haben neben anderen Beschäftigungen einen juristischen Beruf ausgeübt. 66 % der in dieser Tabelle Enthaltenen hatten neben anderen Beschäftigungen eine beachtliche militärische Laufbahn (6 bis 40 Jahre).

Tabelle 2.3

Alter aller Mitglieder des 94. Kongresses

Altersstufen, Jahre	Anzahl
27–36 Jahre	34
37–46	113

Tabelle 2.3 (Fortsetzung)

Alter aller Mitglieder des 94. Kongresses	
Altersstufen, Jahre	Anzahl
47–56	203
57–66	121
67–76	48
77–86	7
Durchschnittsalter: 50,7 Jahre	

Die Abgeordneten sind eingespielte, geprüfte und kampferprobte Veteranen im politischen Kampf, mit Narben, die dies beweisen. Aus der Tabelle 2.3 geht das Alter aller Mitglieder des 94. Kongresses hervor. In den Jahren 1974–1976 betrug die Altersspanne zwischen den Abgeordneten 57 Jahre, da der jüngste 27 und der älteste 84 Jahre alt war. Das Durchschnittsalter betrug 50,7 Jahre, ein Alter, in dem die meisten Männer von einigem Vermögen und mit politischen Beziehungen sich auf mehr Freizeit oder auf ihre Pensionierung freuen. Aber gerade in diesem Alter arbeiten die Kongreßmitglieder am härtesten, mit einer Energie und einem Eifer, die eher für halb so alte Männer charakteristisch sind. 176 Mitglieder dieses Kongresses waren zwischen 57 und 86, und 55 aktive Mitglieder zwischen 67 und 86.

Dank dem Senioritätssystem bedeutet im Kongreß höheres Alter höhere Autorität und stärkeren Einfluß; die Älteren sitzen in wichtigeren Ausschüssen und treffen lebenswichtigere Entscheidungen als die Jüngeren. Aber ob jung oder alt, wer einmal gewählt ist, kann sich keine Ruhe gönnen; alle zwei oder sechs Jahre muß er sich wieder der Herausforderung und dem Risiko stellen, die mit der Verteidigung des Mandats verbunden sind. Es ist wichtig, jahraus jahrein kampftüchtig zu bleiben, und deshalb ist es nicht erstaunlich, daß die älteren Männer auch in ihrem Geschlechtsleben ebenso robust sind.

Wie schon gesagt, besteht keine Beziehung zwischen den Statistiken, die Kinsey und Masters und Johnson über die sexuelle Aktivität des Durchschnittmannes vorgelegt haben, und denen, die Politiker betreffen. Nach Masters und Johnson hat der durchschnittliche verheiratete Mann zwischen 40 und 50 zweimal in der Woche Geschlechtsverkehr; zwischen 51 und 60 einmal wöchentlich; wogegen es bei Männern zwischen 61 und 70 im Durchschnitt sporadisch anderthalbmal im *Monat* zutrifft. Nach 70 ist es Glückssache. Wie jedermann weiß, der die Berichte über das Privatleben von Mills und Hays, beide hoch in den sechzig, gelesen hat, entsprechen unsere älteren Politiker nicht diesem Schema. Hays zum Beispiel unterhielt gleichzeitig anstrengende Beziehungen zu zwei jungen Frauen und kämpfte zur selben Zeit einen Kampf auf Leben und Tod, um die Kontrolle über drei Kongreßausschüsse, denen er vorstand, zu behalten. Sein Arbeitstag und sein Gesellschaftsleben begannen jeden Morgen um acht und endeten um zehn Uhr abends, und das an sechseinhalb Tagen in der Woche.

Daß das kein Einzelfall ist, stellten wir im Verlauf unserer Untersuchungen fest, die, wie wir später im einzelnen sehen werden, zeigten, daß es hauptsächlich ältere Männer sind, die Callgirls frequentieren, daß sie sie im Durchschnitt zwei- oder dreimal in der Woche besuchen, und daß diese Besuche nur einen Teil ihrer sexuellen Aktivitäten darstellen.

Es scheint somit, daß dem Politiker seine Arbeit nicht nur einen Job bedeutet, sondern eine lebenslange Beschäftigung, die ihn jung erhält und seine Energie und Lebenskraft jahrelang auf der Höhe hält. Ein Blick auf die Tabelle 2.4 vermittelt eine kurze Statistik über die Lebensspanne der Abgeordneten im 81. Kongreß von 1948.

Tabelle 2.4

Alter und Tod (zwischen 1948 und 1968) der Abgeordneten im 81. Kongreß

Alter	Anzahl
45–49	1
65–69	3
70–74	12
75–79	3

Durchschnittliches Alter bei Eintritt des Todes: 70.
Genauerer Durchschnitt: 71,5.

Nach Tabelle 2.4 ist das durchschnittliche Alter bei Eintritt des Todesfalles (arithmetisches Mittel) 70, was wegen des einen Todesfalls mit 47 irreführend niedrig ist. Das genauere Mittel ist in diesem Fall 71,5. Zweihundert Mitglieder des 81. Kongresses sind noch am Leben und viele von ihnen sind noch Abgeordnete im 94. Kongreß, darunter Hays, Mills und Albert.

Eine Statistik der Metropolitan Lebensversicherungsgesellschaft über Kongreßmitglieder, die seit 1931 gewählt wurden, zeigt, daß deren Sterblichkeitsrate zwischen 1931 und 1968 81 % betrug, im Vergleich zu einer Grundquote (Durchschnitt der Todesfälle) von 100 % für die gesamte weiße männliche Bevölkerung. Die Rate für Senatoren, die im selben Zeitraum im Amt waren, war noch niedriger: 76 %.[14] Nach einer von *Who's Who in America* angestellten Untersuchung liegt die Sterblichkeitsrate für die ganze Gruppe prominenter Männer in der Regierung um 20 % unter der der weißen männlichen Bevölkerung.[15]

Schon jetzt wird den meisten von uns bewußt, daß Leute, die durch Gesetze zur Zwangspensionierung zur Untätigkeit verurteilt sind, danach ziemlich schnell an ihrer Gesundheit und ihren Kräften Schaden leiden. Die Befreiung der Politiker von diesen Gesetzen ist wahrscheinlich ein wichtiger Faktor ihrer Langlebigkeit. Hierher gehört der Fall von Golda Meir, der Ministerpräsidentin von Israel. In den 60er Jahren war sie eine Siebzigerin, halb im Ruhestand und mit einer Menge körperlicher Leiden. Als sie Ende der 60er Jahre wieder an die Macht kam, überwand sie ihre Krankheiten praktisch über Nacht, ihre Energie nahm zu und sie regierte Israel weiterhin während seiner schwierigsten Jahre und seines traumatischen Krieges, des Yom Kippur-Krieges von 1973. Offensichtlich gelten dieselben Prinzipien auch für Frauen.

Alf Landon, der ehemalige Präsidentschaftskandidat, ist bald 90 und noch aktiv; Gestalten der Weltpolitik, wie Konrad Adenauer, Winston Churchill, David Ben Gurion und Charles de Gaulle regierten alle bis in ihre siebziger und achtziger Jahre. Die Zahlen der Tabelle 2.4 zeigen, daß von den Mitgliedern des 81. Kongresses fast viermal so viele zwischen 70 und 80 Jahren starben, als zwischen 45 und 70.

Alle diese Tatsachen scheinen zu beweisen, daß Politiker nicht einfach nur länger leben als der Durchschnitt, sondern daß sie auch weiterhin produktiv sind und ihre intellektuellen und physischen Fähigkeiten bis ins hohe Alter bewahren. Obwohl viel vom tödlichen Tempo der politischen Laufbahn gesprochen wurde, scheinen diese Männer dabei gut zu fahren.

Die Präsidentschaft der Vereinigten Staaten wird allgemein als die anstrengendste und ermüdendste Position in der ganzen Welt betrach-

14 Metropolitan Life, *Statistical Bulletin,* Vol. 51, Dezember 1970.
15 J. V. Quint und B. R. Cody, »Preeminence and Mortality: Longevity of Prominent Men,« *American Journal of Public Health,* 60 (Juni 1970), 1118–24.

tet; wir betrachten Präsidenten als besonders anfällig für einen frühen Tod. Man betrachte jedoch die Tabelle 2.5 mit den Altersangaben der Präsidenten, Vizepräsidenten und Senatspräsidenten auf Zeit bei ihrem Tode (Tod durch Ermordung ausgenommen), von George Washington bis Lyndon Johnson, insgesamt 61 Männer. Das durchschnittliche Todesalter ist 71,8. Unsere Computer konnten zwar keinen genauen Durchschnitt der Lebenserwartung für die Zeit von 1776 bis 1976 ermitteln, aber die genaueste Schätzung würde für Männer etwa 37 Jahre betragen. Von unseren 61 Staatsmännern starben 39 zwischen 60 und 80, und 14 zwischen 80 und 99.

Tabelle 2.5

Alter bei Ableben von Präsidenten, Vizepräsidenten und Senatspräsidenten auf Zeit, von George Washington bis Lyndon Johnson.

Alter	Anzahl
50–59	8
60–69	20
70–79	19
80–89	10
90–99	4

Durchschnittsalter bei Ableben: 71,8.

Die Tabelle 2.6 berücksichtigt alle Todesursachen außer Ermordung. Das Durchschnittsalter ist 71,7. Neunzehn Präsidenten starben zwischen 60 und 79 Jahren, fünf zwischen 80 und 89, und zwei zwischen 90 und 99. Diese Zahlen sollten den Mythos zerstören, wonach Präsidenten durch den Streß ihres Amtes jung sterben. Wenn überhaupt, bewirkt die emotionale Verdrossenheit nach Aufgabe ihres Amtes einen größeren Streß. Schließlich kann es dann nur noch bergab gehen. Wonach kann ein Mann noch trachten, wenn er Präsident der Vereinigten Staaten gewesen ist? Zukunftsziele sind wichtig, besonders für Politiker, die überdurchschnittlich statusorientiert und ehrgeizig sind.

Die Tabelle 2.7 gibt das Alter an, in dem alle Vizepräsidenten gestorben sind, ob sie nun Präsidenten wurden oder nicht. Auch hier liegt das durchschnittliche Todesalter um 71 herum. Die Vizepräsidenten bilden wahrscheinlich die am falschesten eingeschätzte Gruppe von

Tabelle 2.6

Alter beim Eintritt des Todes von Präsidenten

Alter	Anzahl
50–59	3
60–69	10
70–79	9
80–89	5
90–99	2

Durchschnittsalter bei Ableben: 71,7.

Politikern. Ihr Status und ihre Macht sind meistens geringer als die der Abgeordneten und doch sind sie nur den sprichwörtlichen »Herzschlag« von der mächtigsten aller Stellungen entfernt.
In dieser frustrierenden Situation bleibt ihnen nichts übrig als auszuhalten und abzuwarten. Politiker brauchen Aktivität, Verantwortung und Herausforderung; aber Vizepräsidenten haben nichts von alledem. Jeder Präsident verspricht, daß *sein* Vizepräsident, im Gegensatz zu dessen Vorgängern, ein aktiver Mann sein wird, ein »Macher«, aber die Natur der Stellung erlaubt es einfach nicht. Trotzdem gehören die Vizepräsidenten immer noch ins Spiel, sie sind immer noch »Gegenspieler«, und das ist für sie genug, um überleben und wirken zu können.

Tabelle 2.7

Alter, in dem die Vizepräsidenten bis 1968 starben

Alter	Anzahl
50–59	5
60–69	12
70–79	8
80–89	5
90–99	3

Durchschnittsalter bei Ableben: 71,2.

Für die Tabelle 2.8 haben wir die 24 verstorbenen Vizepräsidenten herausgenommen, die nicht Präsident wurden. Auch hier ist das Durchschnittsalter bei Eintritt des Todes 71, das gleiche wie bei den Kongreßmitgliedern und den Präsidenten. Die Gleichförmigkeit der Zahlen in den Tabellen 2.4 bis 2.8 beweist eine gute Gesundheit, Kraft und Unternehmungslust, die im Vergleich zur übrigen Bevölkerung eindrucksvoll sind.

Tabelle 2.8

Alter, in dem bis 1968 jene Vizepräsidenten starben, die nicht Präsident wurden

Alter	Anzahl
50–59	4
60–69	9
70–79	6
80–89	3
90–99	2

Durchschnittsalter bei Ableben: 71,0.

Nun wollen wir den 94. mit dem 81. Kongreß vergleichen, um uns eine Vorstellung zu machen, was wir in den nächsten drei Jahrzehnten erwarten können. Hier müssen zwei Tatsachen festgehalten werden: 1. 90 % der Kongreßmitglieder werden immer wiedergewählt; sie sind der »Stamm«, steigen zu Stellungen mit Autorität auf und »schmeißen den Laden«. Nur 10 % der Abgeordneten werden neu gewählt, kommen und gehen. 2. Der 94. Kongreß ist der jüngste der Geschichte, das Durchschnittsalter bei der Wahl ist 50 Jahre. Wir können deswegen annehmen, daß die meisten der Mitglieder für den Rest dieses Jahrhunderts und weit in das einundzwanzigste hinein aktiv bleiben werden, genauso wie viele ihrer Kollegen vom 81. Kongreß noch heute aktiv sind. Trotz des intensiven Konkurrenzkampfes arbeiten diese Männer sozusagen innerhalb einer Gemeinschaft alter Kumpel, die ihnen Sicherheit und Schutz gewährt. Der Kongreß vermittelt ein Gefühl der Stabilität und der Zuversicht, daß man nach Erreichen eines gewissen Dienstalters noch eine Zeitlang dabei bleiben wird.

Die Tabelle 2.9 zeigt das Alter und das Durchschnittsalter der Mitglieder des 81. Kongresses auf.

Obwohl der 94. Kongreß jünger ist, sind in ihm viele altbekannte Namen und vertraute Gesichter vertreten. Noch ist das Stehvermögen jener jungen Abgeordneten zu beobachten, die 1974 in den Kongreß einzogen, fest entschlossen, »aufzuräumen« und Reformen einzuführen, die die alte Garde und ihren Mißbrauch der Macht hinwegfegen sollten. Der Faktor, der sich am hartnäckigsten den Chancen einer jeden Reformbewegung entgegenstellt, ist das Senioritätssystem, wonach man eine Reihe von Kongreßsitzungen überlebt haben muß, bevor man genügend Macht erlangt hat, um irgendeinen Wechsel herbeizuführen. Die hauptsächliche Zielscheibe der frisch gewählten

Abgeordneten war derjenige Kollege, der in der schlimmsten und verschlagensten Weise die Macht mißbrauchte: Wayne Hays; aber es fehlte ihnen entweder der Wille oder die Kraft, sich ihm entgegenzustellen. Es waren gerade diese Neulinge, die Hays 1974–1975 im Parteigremium der Demokraten unterstützten, während die älteren Mitglieder danach trachteten, ihm den Vorsitz zu entziehen. Als es zum Skandal kam, stand die Gesamtheit der neugewählten Abgeordneten viel länger hinter Hays als irgendwelche von der alten Garde, die ihm jahrelang die Stange gehalten hatte. Es mußte erst eine Frau kommen, die mit den neuen Kräften des allem nachspürenden Journalismus zusammenarbeitete, um ihn zu Fall zu bringen.

Wenn wir den Kongreß der Vereinigten Staaten mit den gesetzgebenden Körperschaften anderer Länder vergleichen, so ist der auffallendste Unterschied die undisziplinierte Individualität unserer Gesetzgeber. Sie bilden eine völlig unabhängige Körperschaft, die selbstbewußt ihre Ideen vorbringt und allem und jedem ihren Stempel aufdrückt, von Problemen der Farmer bis zur Außenpolitik. Sie halten an ihren Überzeugungen fest und besitzen die Ausdauer und die Charakterstärke, sie durchzukämpfen. Parlamente, die dem englischen Modell nachgebildet sind, ähneln Gummistempeln. Die wichtigen Entscheidungen werden im geheimen vom Kabinett getroffen, zu dem die Führer einer jeden Partei hinzukommen, und dessen Befehle die Parlamentsmitglieder befolgen müssen, wenn sie abstimmen. Die Parteidisziplin ist so streng, daß für gewöhnlich Fraktionszwang besteht. Nur gelegentlich können die Abgeordneten nach ihrer persönlichen Meinung abstimmen. Ein solcher Fall trat 1967 ein, als das Parlament darüber debattierte, ob die Homosexualität zwischen in Einverständnis handelnden Erwachsenen auch weiterhin als kriminelle Handlung betrachtet werden sollte. Bei dieser Gelegenheit wurde der Fraktionszwang aufgehoben, weil keine Partei in dieser Sache einen klaren Standpunkt einnehmen wollte.

Das japanische Parlament und die israelische Knesset folgen dem britischen parlamentarischen System, wie die meisten gesetzgebenden Körperschaften in der freien Welt.

Diktaturen erlauben natürlich nur die geringste Äußerung des persönlichen Willens der Gesetzgeber. Was das Präsidium des Zentralkomitees der Sowjetunion beschließt, wird vom Obersten Sowjet *en bloc* genehmigt: Ein Parteikongreß stimmt üblicherweise mit 99 % im Sinne des Präsidiums. Im Sowjetsystem gibt es keinen rebellischen oder bilderstürmenden Gesetzgeber.

Deshalb ist unser System der drei Regierungsgewalten – der legislativen, der exekutiven und der judiziellen –, die voneinander unabhängig sind und aus Körperschaften von Männern bestehen, die ihre eigenen unabhängigen Meinungen und Anschauungen vertreten, einzigartig. Die meisten Menschen neigen dazu zu glauben, daß das Repräsentantenhaus die liberalere und der Senat die konservativere Körperschaft des Kongresses ist. Das ganze Repräsentantenhaus wird alle zwei Jahre neugewählt, wogegen nur ein Drittel des Senats im Abstand von zwei Jahren neugewählt wird; um den gesamten Senat auszuwechseln, wären sechs Jahre erforderlich. Man kann deshalb annehmen, daß das Repräsentantenhaus empfindlicher auf Schwankungen im Verhalten der Bevölkerung reagiert, während der Senat – der oft als Klub der reichen alten Männer bezeichnet wird – das fest verankerte Establishment darstellen könnte.

Das entspricht jedoch nicht den Tatsachen. Wenn das Repräsentantenhaus und der Senat gleichzeitig über Gesetze abstimmen, so tut das Haus das für gewöhnlich in einer konservativeren Weise. Ein Beispiel aus jüngerer Zeit ist die Revision des Lebensmittelmarkenprogramms. Das Gesetz des Senats schränkte die Zahl der Leute, die Lebensmittelmarken erhalten würden, leicht ein, erhöhte jedoch den dafür aufzuwendenden Betrag; das Repräsentantenhaus strich eine halbe Million Personen von den Listen (Streikende und Studenten). Dem Senioritätssystem entsprechend wird das Haus wieder trachten, den Status quo einzuhalten.

Bei den Wahlen des Jahres 1974 fand die in der Geschichte des Hauses umfassendste Erneuerung statt: 96 neue Mitglieder, etwa 22 % der Gesamtheit. Das übliche Verhältnis ist 10 % neue Mitglieder zu 90 % Wiedergewählten. Von diesen 90 % behält eine große Anzahl ihre Sitze jahrzehntelang. Die Jüngeren scheinen schneller zu ermüden, in Schwierigkeiten zu geraten oder daran zu verzweifeln, das System ändern zu können. Dieses System gewährleistet, daß, wenn zehn neue Abgeordnete gewählt werden, diese durch eine Verteilung auf zehn verschiedene Ausschüsse leicht isoliert werden können. So wird ihre Kraft zersplittert, wogegen die alte Garde die Kontrolle behält. Auf den Senat trifft das weniger zu, weil es nicht genug Senatoren gibt, um sie verteilen zu können; Senatoren nehmen an drei- oder viermal mehr Ausschüssen teil als Abgeordnete.

Und da es nur zwei Senatoren pro Bundesstaat gibt, können sie mit einer stärkeren Berichterstattung durch die Presse rechnen. Die Leute kennen Senatoren von einem halben Dutzend Staaten, oft aber nicht einmal ihren eigenen Abgeordneten. Die Publizität, die Senatoren erfahren, ermuntert sie, sich mehr als nationale Figuren und nicht nur als einfache Vertreter eines Gebiets zu betrachten, und als Gesetzgeber, die für die Interessen des gesamten Landes zuständig sind.

Die amerikanischen Politiker hängen theoretisch von den Wünschen ihrer Wähler ab, tatsächlich aber hören sie nie von mehr als ungefähr 2 % von ihnen. Die kürzlich stattgefundene außergewöhnlich niedrige Wahlbeteiligung ist nicht so sehr ein Zeichen von Gleichgültigkeit den Angelegenheiten gegenüber, sondern des Eindrucks eines Teils der Wählerschaft, daß ihre Abgeordneten sie nicht richtiggehend vertreten. Bei einer unlängst veranstalteten Umfrage des Gallup-Instituts[16] wurden mehr als 1500 Personen aufgefordert, die Ehrenhaftigkeit und das moralische Niveau von elf Berufen zu bewerten. Die nachfolgenden Zahlen geben die Prozentsätze derjenigen wieder, die die einzelnen Kategorien mit »hoch« oder »sehr hoch« bewertet hatten:

Ärzte	55
Ingenieure	48
Lehrer	44
Journalisten	33
Rechtsanwälte	25
Bauunternehmer	22
Geschäftsführer	19
Senatoren	19
Abgeordnete	14
Gewerkschaftsführer	13
Werbeleiter	11

Die Befragten schätzten nur Gewerkschaftsführer und Werbeleiter als weniger anständig ein als die gewählten Volksvertreter.

Im Jahr 1974 wurden 75 Neulinge der Demokratischen Partei in Repräsentantenhaus und Senat gewählt, was eine frische Reformbrise erwarten ließ. Eines ihrer Hauptanliegen war die Beseitigung der Hegemonie der Parteibosse: »Wir wollen Schluß machen mit dem alten Glauben, daß man, um weiterzukommen, einfach mitlaufen muß«; als es aber so weit war, stimmten sie noch mehr im Einklang mit der Partei als es die alten Demokraten taten. Die Neulinge fanden es

16 Siehe Bericht der *New York Times* vom 22. August 1976.

unrealistisch, sich der alten Führerschicht widersetzen zu wollen; wenn sie es taten, fanden sie sich zum Beispiel in einem Landwirtschaftsausschuß versetzt, obwohl sie sich für Haushalts- oder städtische Angelegenheiten interessierten.

Deshalb neigt sogar in den Vereinigten Staaten das Senioritätssystem dazu, das Individuum zu erdrücken, obwohl die Parteiführung immerhin selbst den neuesten Kongreßmitgliedern Konzessionen machen muß. Im britischen System jedoch, mit seiner strengeren Parteidisziplin, können neue Abgeordnete glatt ignoriert werden. Seltsamerweise existieren die Demokratische und die Republikanische Partei auf nationaler Ebene überhaupt nicht; nur alle vier Jahre treten sie bei der Präsidentschaftswahl in Erscheinung. In der Zwischenzeit übernehmen die Parteien auf bundesstaatlicher und lokaler Ebene die Kontrolle. Wenn beispielsweise dem Vorsitzenden der demokratischen Fraktion im Senat die Art, in der Senator Sparkman von Alabama stimmt, nicht gefällt, so kann er nichts dagegen tun. Der Senator bekommt von der höchsten Parteileitung weder Geld noch Unterstützung; er muß selber das nötige Geld aufbringen und gewinnt die Wahl ganz allein.

So sehr sich die Wähler der Distanz zu ihren Vertretern bewußt sein mögen, so genießen sie doch sozusagen stellvertretend die Macht und die Berühmtheit dieser Gesetzgeber; bis zu einem gewissen Grad bewundern sie sogar einen Mißbrauch der Macht, den sie für ein Zeichen von Männlichkeit und Potenz halten. Kein Politiker wurde nicht wiedergewählt, nur weil er in einen Sexskandal verwickelt war. Sogar Wilbur Mills, der einen Bezirk in Arkansas vertritt, wo man so streng bibelgläubig ist, daß eine Wahlveranstaltung am Sonntag Mißfallen erregt, wurde von seinen Wählern nicht abgelehnt, nachdem seine Affäre mit Fanne Foxe Schlagzeilen gemacht hatte. Es brauchte schon den gemeinsamen Beschluß seiner Kollegen, die sahen, wie unberechenbar er geworden war (die Diagnose lautete schließlich auf akuten Alkoholismus), um ihn seiner Macht zu berauben.

Die Anstrengungen nationaler Politiker, lokale Wahlen zu beeinflussen, pflegen zu scheitern; die Amerikaner sind in dieser Hinsicht immer noch sehr auf ihre Unabhängigkeit erpicht und dulden kein Diktat, wenn es darum geht, denjenigen auszuwählen, der sie vertreten soll. Sie mögen es nicht, wenn jemand von auswärts kommt und ihnen sagt wie sie wählen sollen. Ein berühmtes Beispiel ist das Scheitern von Franklin Delano Roosevelt, der 1938 bei den Zwischenwahlen den Versuch einer Säuberungsaktion unternahm. Er trachtete danach, alle alten Demokraten loszuwerden, die sich weigerten, seine Politik zu unterstützen; aber außer einem wurden alle wiedergewählt.

Es ist somit nicht die Partei per se, die den einzelnen Gesetzgeber beherrscht, sondern das System selbst, eine Bürokratie, die über beide Parteien hinausgreift. Die Männer, die die Ausschüsse kontrollieren, sind sowohl die demokratische Koalition des Südens als auch die republikanischen Konservativen des Nordens, die ihren beherrschenden Einfluß einfach dadurch aufrechterhalten, daß sie es verstehen, dauernd wiedergewählt zu werden. Infolgedessen kämpfen die Kongreßmitglieder ständig um ihre Wiederwahl und widmen mehr als die Hälfte ihrer Zeit Dingen, die mit der Arbeit der Gesetzgebung nichts zu tun haben: sie unternehmen Tourneen mit ihren Wählern, halten Reden im Rotary Club oder nehmen an Dinners teil, bei denen Mittel beschafft werden sollen. Abgesehen vom Bestreben, ihre bereits errungene Stellung zu stärken, werfen Kongreßmitglieder häufig ein Auge auf die nächsthöhere Stufe, einen Sitz im Senat, der wiederum ein traditionelles Sprungbrett zur Erlangung der Präsidentschaft ist.

Bei einer Umfrage, aus der hervorgehen sollte, wie die Gesetzgeber ihre Zeit verbringen, gaben diese an, daß sie während der Sitzungsperioden des Kongresses im Durchschnitt 59,3 Stunden pro Woche ihrer Arbeit widmeten. Die durchschnittliche Arbeitswoche setzte sich folgendermaßen zusammen:[17]

15,3 Stunden im Parlament (25,8 %)
7,2 Stunden Gesetzesstudium und Lesen (12,1 %)
7,2 Stunden Beantwortung von Briefen (12,1 %)
7,1 Stunden in Ausschüssen (12,0 %)
5,1 Stunden Befassung mit Wählerproblemen (8,6 %)
4,4 Stunden in Gesellschaft von Wählern, die Washington besuchen (7,4 %)
3,5 Stunden Ausschußarbeit außerhalb der Ausschußsitzungen (5,9 %)
2,7 Stunden Schreiben von Abhandlungen, Reden, Zeitschriftenartikeln, usw. (4,6 %)
2,4 Stunden bei Verpflichtungen für die Partei und deren Führer (4,0 %)

17 Aus Anhang 3, *The Job of the Congressman,* von Tacheron und Udall (Indianapolis: Bobbs-Merrill Co., Inc., 1966). Die Umfrage wurde ursprünglich von John S. Saloma von MIT betreffend den 89. Kongreß durchgeführt.

2,3 Stunden mit Lobbyisten und Lobbygruppen (3,9 %)
2,1 Stunden Arbeit für Presse, Rundfunk und Fernsehen (3,5 %)

Das durchschnittliche Kongreßmitglied verbrachte während der Sitzungsperioden des Kongresses 5,6 Tage im Monat in seinem Wahlbezirk und mußte an durchschnittlich 2,1 Tagen im Monat Reden außerhalb Washingtons (und seines Bezirks) halten. Während der Kongreß tagte, erschien er im Durchschnitt an 7,3 Tagen im Monat im Rundfunk und an 3,5 Tagen im Fernsehen.

Die Wirkung aller dieser Aktivitäten auf sein Familienleben ist vorhersehbar. Mrs. Phyllis Buzick, die Ex-Gattin von Senator Robert Dole, dem republikanischen Kandidaten auf die Vizepräsidentschaft im Jahr 1976, gab der *New York Times* ein aufschlußreiches Interview:[18]

»Ich fürchte, er wäre ein lästiger Vizepräsident geworden«, sagte sie von ihrem Ex-Gatten, »weil er so ehrgeizig und aggressiv war. Er ist ein ausgesprochener Perfektionist, ein Arbeitstier. Man könnte ihn sogar einen total politischen Menschen nennen. Das war unser Hauptproblem. Wir trennten uns in aller Freundschaft, mehr wegen des Mangels an Kommunikation als weil wir wenig gemein gehabt hätten... Es gab keinen anderen Mann und keine andere Frau, nur die harte Tatsache, daß 24 Stunden Politik und unsere Ehe sich nicht vertrugen... Als junger Mann war er ein guter Athlet und es schmerzte ihn, daß er nach dem Krieg nicht mehr imstande war, in physischen Dingen wettbewerbsfähig zu sein (Die Wunden, die Dole im Zweiten Weltkrieg abbekommen hatte, machten ihn zum Krüppel). Er ist so sehr auf den Konkurrenzkampf versessen, daß er diese Sucht vom Sport auf die Politik übertrug.«

Unter der Annahme, daß die Einstellung eines Menschen und seine Interessen seine Stimmenabgabe beeinflussen, beschlossen wir, die Ergebnisse von Abstimmungen über zwei Fragen zu untersuchen, die mit Sex zu tun haben: die Bundeshilfe für Abtreibung und die Unterstützung des Bundes für das Programm des gemeinsamen Turnunterrichts, die beide im Jahr 1976 beschlossen wurden. Betrachten wir zuerst die Abstimmung über die Abtreibung mit den Prozentzahlen nach Zugehörigkeit zu einer religiösen Gemeinschaft (Tabelle 2.10).

18 *New York Times,* 22. August 1976.

Tabelle 2.10

Abstimmung über die Bundeshilfe für Abtreibung, aufgeschlüsselt nach Religionszugehörigkeit

Religion	*Ja*-Stimmen in %	Anzahl	*Nein*-Stimmen in %	Anzahl
Methodisten	28,3	17	71,7	43
Presbyterianer	28,1	16	71,9	41
Kirche Christi	20,0	1	80,0	4
Baptisten	31,0	13	69,0	29
Katholiken	23,4	18	76,6	59
Episkopalier	37,8	17	62,2	28
Lutheraner	38,5	5	61,5	8
Kirche der Heiligen des Letzten Tages	28,6	2	71,4	5
Kongregationalisten	66,7	4	33,3	2
Unitarier	80,0	4	20,0	1
Juden	69,2	9	30,8	4
Protestanten, nicht spezifiziert	53,3	8	46,7	7
Christliche Wissenschaft	50,0	1	50,0	1
Andere	22,2	4	77,8	14
Keine Antwort	42,9	12	57,1	16

Wie vorauszusehen war, wurde über diese hochemotionale Frage nach dem Diktat des Gewissens abgestimmt, aber auch, und vielleicht in einem noch höheren Maße, in Übereinstimmung mit den Forderungen der verschiedenen religiösen Gruppen, die einen Druck ausüben. Der höchste Prozentsatz von Nein-Stimmen kam von Mitgliedern der Kirche Christi, der Katholiken und »anderer« (80, 76,6 bzw. 77,8 %). Die Bundeshilfe für Abtreibung wurde kräftig von den Kongregationalisten, den Unitariern und den Juden unterstützt (66,7, 80 bzw. 69,2 %). (Die Stimmen der Juden sollten jedoch nicht als repräsentativ für die Einstellung von jüdischen Amerikanern zu dieser Frage eingeschätzt werden, da die Gemeinschaft der Orthodoxen Juden heftig gegen die Abtreibung eintritt. Die 69,2 % jüdischer Stimmen zugunsten der Abtreibungshilfe sind irreführend; im 94. Kongreß saßen nur 13 Juden.) Die Tabelle 2.11 gibt ein Bild, das der Wahrheit näherkommt.

Tabelle 2.11

Abstimmung über die Bundeshilfe für Abtreibung, nach Religionszugehörigkeit, in großen Gruppen

Religion	*Ja*-Stimmen in %	Anzahl	*Nein*-Stimmen in %	Anzahl
Protestanten	34,3	85	65,7	163
Katholiken	23,4	18	76,6	59
Juden	69,2	9	30,8	4
Andere	25,9	7	74,1	21

Schließlich wurde das Gesetz mit 246 gegen 194 Stimmen abgelehnt. Unter denen, die es überstimmten, befanden sich auch Wayne Hays und Wilbur Mills, was in Anbetracht von Fanne Foxe's späterer Behauptung, ihr sei ein von Mills gezeugtes Kind abgetrieben worden, interessant ist.[19] Außerdem fanden wir heraus, daß von den 56 Kongreßmitgliedern, die behaupteten, keine Wiederwahl anzustreben, 88 % gegen die Abtreibungshilfe stimmten. Wenn wir dem eine Liste von 48 Abgeordneten und Senatoren hinzufügen, die ständig hinter Frauen her waren, wie es uns im Verlauf unserer Untersuchung wiederholt von vielen Seiten bestätigt wurde, so kommen wir zu 92 % contra und nur 8 % pro.

Wir betrachten diese Statistik als einen Hinweis auf das Ausmaß der offenen oder versteckten Feindseligkeit gegen Frauen, die unter unseren Gesetzgebern vorherrscht. Die Abstimmung in Sachen Abtreibung, die das ungeborene Kind der Mutter gegenüber begünstigt, spiegelt eine Haltung wider, die einer harten Bestrafung der weiblichen Sexualität gleichkommt. Es wird von den Frauen erwartet, daß sie für ihre »Sünden« büßen. Im nächsten Kapitel, in dem wir die gegenwärtigen sexuellen Gewohnheiten der Politiker besprechen wollen, werden wir im einzelnen sehen, wie wenig ihre sexuelle Aktivität mit »make love« zu tun hat, und wie viel davon eine Entladung von Aggressionen ist.

Betrachten wir nun eine andere Abstimmung im Zusammenhang mit Sex, nämlich über die Bundeshilfe für den gemeinsamen Turnunterricht, und zwar wieder mit Bezug auf die Zugehörigkeit zu einer Religionsgemeinschaft (Tabelle 2.12).

19 Annabel Battistella mit Yvonne Dunleavy, *Fanne Foxe* (New York: Pinnacle Books, 1975) S. 141.

Tabelle 2.12

Religionszugehörigkeit der Kongreßmitglieder, die über die Bundeshilfe für den gemeinsamen Turnunterricht abgestimmt haben

Religion	*Ja*-Stimmen in %	*Nein*-Stimmen in %
Methodisten	25,9	74,1
Presbyterianer	24,5	75,5
Kirche Christi	0,0	100,0
Baptisten	24,2	75,8
Katholiken	31,6	68,4
Episkopalier	39,5	60,5
Lutheraner	20,0	80,0
Kirche der Heiligen des Letzten Tages	0,0	100,0
Kongregationalisten	100,0	0,0
Unitarier	83,3	16,7
Juden	84,6	15,4
Protestanten, nicht spezifiziert	57,1	42,9
Christliche Wissenschaft	0,0	100,0
Andere	29,4	70,6
Keine Antwort	58,0	42,0

Angeführt wurden hier die Nein-Stimmen von der Kirche Christi (100 %), den Mormonen (100 %), der Christlichen Wissenschaft (100 %), den Lutheranern (80 %) und den Presbyterianern (75,5 %). Zugunsten dieser liberalen Bewegung, die Geschlechter in der Turnhalle zusammenzubringen, sprachen sich die Kongregationalisten (100 %), die Juden (84,6 %) und die Unitarier (83,3 %) aus. Diejenigen, die nicht durch ihre Religion identifiziert wurden, neigten dazu, liberal abzustimmen. Die Katholiken waren liberaler als mehrere protestantische Gruppen.

Die Übersicht wird deutlicher, wenn man die verschiedenen protestantischen Untergruppen zusammenfaßt (Tabelle 2.13).
Das Gesetz wurde mit 225 gegen 109 Stimmen abgelehnt (67,4 % gegen 32,6 %); aber 82 % der 56 Kongreßmitglieder, die sich nicht um eine Wiederwahl bewarben, stimmten dagegen und nur 18 % dafür. Unsere eigene Liste der 48 Frauenhelden sprach sich noch heftiger dagegen aus; 90 % stimmten gegen das Gesetz.

Tabelle 2.13

Abstimmung über die Bundeshilfe für gemeinsamen Turnunterricht, nach größeren religiösen Gruppierungen

Religion	*Ja*-Stimmen in %	*Nein*-Stimmen in %
Protestanten	31,2	68,8
Katholiken	31,6	68,4
Juden	84,6	15,4
Andere	20,8	79,2

Dieses Ergebnis läßt stark vermuten, daß Politiker zwei verschiedene Einstellungen haben: eine für sich selber und eine andere für ihre Wähler.

Sie nehmen das Recht in Anspruch, Frauen sexuell zu gebrauchen und sogar zu mißbrauchen, aber die schlimmsten und selbstsüchtigsten Ausbeuter von Frauen unter ihnen sehen keinen Sinn in der Liberalisierung der strengen Trennung der Geschlechter auf dem Gebiet des Turnunterrichts, die zu einer gesünderen Einstellung der nächsten Generation hätten führen können. Ihr zügelloses Privatleben spiegelt sich nicht in der Politik, die sie unterstützen, sondern erzeugt vielmehr eine ausgesprochene Heuchelei.

Ein anderer Maßstab zur Feststellung sexbezogener Einstellungen (wenn er auch ursprünglich nicht als solcher beabsichtigt war), den wir brauchbar gefunden haben, sind die Einschätzungen der politischen Verantwortlichkeit durch die Liga Weiblicher Wähler.

Zu diesen Einschätzungen gelangt man, wenn man die Abstimmungen einzelner Kongreßmitglieder über gewisse Schlüsselangelegenheiten zusammenfaßt, die auf die Interessen der Konsumenten, die Rechte der Frauen, der Jugendlichen und der Armen Bezug haben. Im Jahr 1974 umfaßten sie soziale Wohlfahrtsgesetze, wie Entwicklungshilfe, Notprogramm für Wohnungsbeschaffung, die nationale Gesetzgebung über Frauenkonferenzen und das Lebensmittelmarkenprogramm.

Nachdem wir herausgefunden haben, daß die Einschätzungen der Liga Weiblicher Wähler ein ausgezeichnetes Instrument zum Messen der Feindseligkeit gegen Frauen in ihrem privaten und öffentlichen Leben ist, wollen wir die Untersuchungsergebnisse der Liga für den Kongreß von 1974 tabellarisch auswerten und den Durchschnitt mit dem der Frauenfresser unter ihnen vergleichen.

Tabelle 2.14

Einschätzungen der Liga weiblicher Wähler, 1974

Zahlenmäßige Einschätzung	Prozentsatz der betroffenen Kongreßmitglieder
0	3,0
8	0,9
9	1,4
10	0,5
11	0,2
14	0,2
17	2,8
18	2,8
20	0,7
22	0,9
25	2,8
27	1,6
29	0,2
30	1,4
33	3,5
36	1,4
40	2,6
41	0,2
42	3,0
43	0,2
44	0,9
45	1,9
50	4,2
55	1,9
56	0,2
57	0,2
58	2,3
60	2,8
63	0,2
64	1,6
67	4,4
70	0,7
71	0,5
73	2,8

Tabelle 2.14 (Fortsetzung)

Einschätzung der Liga weiblicher Wähler, 1974

Zahlenmäßige Einschätzung	Prozentsatz der betroffenen Kongreßmitglieder
75	5,4
78	1,4
80	2,3
82	1,9
83	6,1
86	0,2
88	0,99
89	0,5
90	3,7
91	3,3
92	6,3
100	12,4

Mittelwert: 62,2

Auf der Tabelle 2.14 würde eine Einschätzung von 90 bis 100 % einem A entsprechen; 80–89 einem B, 70–79 einem C, 60–69 einem D, und unter 60 einem F. Die Durchschnittsziffer für alle Kongreßmitglieder war 62,2, ein niedriges D. Somit erledigen unsere Gesetzgeber in ihrer Gesamtheit die Angelegenheiten des Staates in einer Art und Weise, die weit davon entfernt ist, zufriedenstellend zu sein. Als wir jedoch die Zahlen der Liga Weiblicher Wähler für unsere Gruppe von Frauenhelden zusammenfaßten, entdeckten wir einen jähen Abfall auf einen Durchschnitt von 39, ein sehr niedriges F.

Auch die Abwesenheitsliste dient dazu, unsere Feststellung zu untermauern, daß die Männer, die ihre Rechte als Politiker am meisten mißbrauchen, die ärgsten Verführer von Frauen sind und daß sie ihre Rechte gebrauchen, um sich einer Veränderung zu widersetzen. Die Bundeshilfe für den gemeinsamen Turnunterricht wurde mit 67,4 % Nein-Stimmen zu Fall gebracht, aber von den Kongreßmitgliedern mit der höchsten Abwesenheitszahl – das heißt eine 80–100 %ige Abwesenheit bei Abstimmungen mit Namensaufruf – stimmten 85,7 % gegen das Koedukationsgesetz. Das gleiche Verhältnis ergab sich bei der Abstimmung über die Abtreibung.

Die Tabelle 2.15 zeigt Abwesenheit in Repräsentantenhaus und

Senat für einen Zeitraum von fünf Wochen im Jahr 1976 auf. Die Ergebnisse stehen in der Tabelle 2.15.

Tabelle 2.15

Abwesenheit im 94. Kongreß, vom 8. März bis zum 10. April 1976.

Anzahl der Abwesenheiten	in %
0	18,4
1	8,0
2	7,1
3	9,2
4	8,0
5	7,1
6	4,8
7	3,6
8	2,3
9	2,5
10	1,7
11	5,0
12	2,3
13	1,0
14	1,5
15	1,3
16	1,0
17	1,3
18	0,8
19	0,8
20	1,3
21	0,6
22	1,0
23	0,4
24	0,0
25	1,0
26	0,8
27	1,0
28	0,2
29	0,6

Tabelle 2.15 (Fortsetzung)

Abwesenheit im 94. Kongreß, vom 8. März bis zum 10. April 1976.

Anzahl der Abwesenheiten	in %
30	0,2
31	0,6
32	0,2
33	0,0
34	0,0
35	0,2
36	0,4
37	0,8
38	0,4
39	0,4
40	0,2
41	0,2
42	0,6
43	0,0
51	0,2
52	0,2
56	0,2
57	0,2
58	0,2
65	0,4
67	0,2
68	0,2

Diese Tabelle zeigt die Prozentsätze der Abwesenheiten bei 68 Namensaufrufen im Kongreß. Die Senatoren schnitten etwas besser ab als die Abgeordneten; im Durchschnitt gab es im Senat 11,7 % Abwesenheiten, gegen 13,4 % im Repräsentantenhaus, was etwa zwei Stimmen weniger pro Woche und Senator, und 2½ Stimmen weniger pro Abgeordnetem ergibt.

Die Tabelle 2.16 enthält die Aufgliederung der Abwesenheit nach Altersstufen. Daraus ist ersichtlich, daß die ältesten Mitglieder (über 60) – jene, die, wie bereits gesagt, sich am zähesten an die Macht klammerten und ihre ganze Kraft bis ins hohe Alter behielten – die niedrigste Abwesenheitsziffer aufweisen.

Tabelle 2.16

Abwesenheit nach Altersstufen im 94. Kongreß

Alter	Prozentsatz der verlorenen Stimmen				
	0–19%	20–39%	40–59%	60–79%	80–100%
37–46	81,4	8,8	8,0	1,8	0,0
47–56	82,5	11,5	5,0	0,0	1,0
57–66	81,5	11,8	4,2	0,8	1,7
77–86	50,0	50,0	0,0	0,0	0,0

Es ist bemerkenswert, daß die ältesten Kongreßmitglieder zwischen 77 und 86 die niedrigste Abwesenheitsziffer haben. In den Abwesenheitsziffern über 20–39 % kommen diese Männer nicht vor. Dagegen weist eine jede der jüngeren Gruppen eine Abwesenheit zwischen 60 und 100 % auf. Um den Vergleich zwischen den Mitgliedern mittleren Alters und den ältesten Mitgliedern hervorzuheben, haben wir die Abwesenheitszahlen für die Altersstufen 27–36 und 67–76 ausgelassen.

Diese Männer stellen auch den größten Teil der Kundschaft der teuren Callgirls, eine Tatsache, die unsere Feststellung bestätigt, daß die hohen Anforderungen einer politischen Laufbahn die Energie nicht aufzehren, sondern eher verstärken und daß ein Mann mit der nötigen Vitalität und Tatkraft für die höchsten Stellen in der Politik auch ein aktiveres Geschlechtsleben führen wird als der Durchschnitt.

Das ergibt sich auch, wenn wir die Häufigkeit ihrer Besuche bei Prostituierten mit denen anderer Kunden vergleichen. Kinseys Untersuchung über das Sexualverhalten des amerikanischen Mannes, die Ende der 40er Jahre durchgeführt wurde, zeigte, daß mindestens zwei Drittel der amerikanischen Männer mindestens einen Kontakt mit einer Prostituierten gehabt haben, und daß 15–20 % mehrfache Kontakte hatten. Heute schätzt man, daß ungefähr derselbe Prozentsatz Prostituierte frequentiert, aber die Zahl der Kontakte pro Mann ist geringer geworden. In den 40er Jahren waren die Kunden einer Prostituierten hauptsächlich 18 bis 25 Jahre alt; heute sind 75 % über 40 und verheiratet. Da die Mädchen, die wir befragten, zu den kostspieligsten in ihrem Beruf gehörten, sind ihre Kunden auch vermögender.

Wir haben die Kunden in drei Kategorien eingeteilt: die gelegentlichen, die gewohnheitsmäßigen und die unter Zwang stehenden Kunden. Etwa 60 % der Kundschaft aller Prostituierten, von den Straßenmädchen bis zu den Callgirls, sind gelegentlich, inbegriffen die vereinzelten Kunden, für gewöhnlich Handlungsreisende, Seeleute im Hafen oder andere Durchreisende. Diese Gruppe umfaßt auch die verheirateten Männer, die ganz selten zur Abwechslung eine Prostituierte aufsuchen, ihre sexuelle Aktivität jedoch meistens auf ihre Frau oder Freundin(nen) beschränken.

Die gewohnheitsmäßigen Kunden sind jene Männer, die öfter zu Prostituierten gehen – jeden Monat, jede Woche oder zwei- bis dreimal in der Woche, aber nicht, um alle ihre sexuellen Bedürfnisse zu befriedigen. Diese Männer bilden den zuverlässigen Stamm der Kundschaft eines Callgirls. Die Verheirateten unter ihnen suchen entweder eine Form der sexuellen Entspannung, die sie von ihrer Frau nicht verlangen können (zu dieser Gruppe gehören die Politiker), oder sie möchten gewöhnlichen Geschlechtsverkehr öfter als ihre Frauen, oder aber sie fühlen sich zu Hause einfach vernachlässigt. Unter diese Kategorie fallen auch Männer, die aus dem einen oder dem anderen Grund längere Zeit ohne ihre eigenen Frauen sein müssen, wie wohlhabende Geschäftsleute und Berühmtheiten aus Showgeschäften und Sport. Aber die überwiegende Mehrheit der Kunden aus dieser Kategorie sind die Leute, die Macht ausüben, Männer der öffentlichen Versorgungsbetriebe, Wirtschaftsbosse und die Politiker mit ihrem außerordentlichen Bedarf an abwegigem Sex. Achtzig Prozent der eleganten Kundschaft der Callgirls gehören zu dieser Gruppe mit ihrem unersättlichen Geschlechtstrieb, zusammen mit Geschäftsfreunden, mit denen sie sich gut stellen wollen, indem sie sie mit Frauen versorgen.

Unter Zwang stehende Kunden sind jene Männer, für die die Prostituierten die einzige oder hauptsächliche Quelle sexueller Befriedigung darstellen. Sie sind vielleicht impotent bei anderen Frauen, weil sie dazu erzogen wurden, Sex mit Sünde zu assoziieren, und sind deshalb nur bei einem minderwertigen Liebesobjekt potent, bei einer Hure; oder sie sind physisch benachteiligt oder verkrüppelt und unfähig, eine gewöhnliche Frau für sich zu interessieren. Oder sie haben Bedürfnisse, die nur gegen Bezahlung befriedigt werden können. Letzteres gilt auch für manche gewohnheitsmäßige Kunden, insbesondere Politiker, mit dem Unterschied, daß der unter Zwang stehende Kunde ausschließlich bei bezahlten Partnerinnen Befriedigung findet, wogegen die meisten Politiker auch mit ihren Frauen und Mätressen schlafen.

(Als interessantes Streiflicht sollte gewertet werden, daß die meisten Männer, die heute Prostituierte frequentieren, es für oralen Sex oder für die milderen Formen von Abwegigkeit tun; von zehn Durchschnittskunden verlangen neun Fellatio. Dies kann als ein weiteres Symptom für die gegenwärtige Revolution der Moralbegriffe betrachtet werden; der Durchschnittsmann braucht heutzutage für normalen Geschlechtsverkehr nicht mehr zu zahlen, weder ein Verheirateter noch ein Junggeselle.)

Die Tabelle 2.17 enthält eine Aufgliederung in Prozenten von denjenigen Politikern, die Kunden von Callgirls sind und die wir in diese drei Kategorien eingeteilt haben. Daraus geht hervor, daß Beamte des Bundes und der Bundesstaaten meistens gewohnheitsmäßige Besucher sind, wie übrigens auch Gemeindebeamte und Machtmakler. Berühmte Männer, Geistliche und andere neigen dazu, gelegentliche, oder seltener, unter Zwang stehende Kunden zu sein, was nur 10–16 % der Politiker oder anderer mächtiger Männer sind.

Die Politiker, die in der Tabelle 2.17 unter den gewohnheitsmäßigen Kunden erscheinen, suchen im Durchschnitt zwei- bis dreimal in der Woche Callgirls auf und das häufig untertags. Bis zu welchem Grad dies mit dem chronischen Fehlen von Kongreßmitgliedern bei Abstimmungen mit Namensaufruf zusammenhängt, ist eine Frage, die nach den Sexskandalen von vielen ihrer Wähler aufgeworfen wurde. Die Abwesenheitsliste erzählt nicht die ganze Geschichte, denn die Männer an der Macht können sich ihre Zeit selber einteilen, und die älteren von ihnen, die die Ausschüsse kontrollieren und oft deren Vorsitzende sind, können die Namensaufrufe so festsetzen, daß sie nicht mit ihren Verabredungen kollidieren. Wenn man die Anzahl von Männern in Betracht zieht, die von ihrer militärischen Laufbahn unmittelbar in die politische Arena hinübergewechselt sind, ist es auffallend, wie viele von unseren Kongreßmitgliedern ihr ganzes Leben als Erwachsene im öffentlichen Dienst verbracht haben. Das Publikum bezahlt fraglos auch ihre sexuellen Vergnügungen, die, wie wir sehen werden, ebenso kompliziert wie kostspielig sind.

Die Einplanung des Sex als Routinesache ist für sie ganz natürlich, besonders, da sie es oft vorziehen, bei ihren Kontakten mit Frauen Gefühl und Intimität auszuschließen. Politiker sind wie kleine Kinder, deren Fütterung geplant ist; das Baby bekommt seine Flasche alle vier Stunden, ob es will oder nicht, und der Politiker hält die festen Verabredungen mit seinem Callgirl ein – sagen wir jeden Montag und Freitag um 7 Uhr abends –, ob ihm danach ist oder nicht. Es braucht

Zeit, bis er die Ausrüstung beisammen hat, die er für einige der ausgeklügeltsten Übungen braucht (die in den folgenden Kapiteln beschrieben werden sollen) und er kann für gewöhnlich darauf vertrauen, daß er das Verlangen rechtzeitig empfinden wird. Der zwanghafte Charakter eines großen Teils seiner sexuellen Energie läßt ihn sichergehen.

Tabelle 2.17

Politische Kunden von Callgirls

Kunden	gelegentlich	gewohnheitsmäßig	unter Zwang
Beamte des Bundes	40%	50%	10%
Beamte der Bundesstaaten	40%	50%	10%
Beamte der Gemeinden	24%	63%	16%
Machtmakler	16%	68%	16%
Andere	50%	20%	30%

Zu den *Beamten des Bundes* gehören: Abgeordnete, Senatoren, Richter, gewählte und ernannte Beamte und Abteilungschefs. Zu den *Beamten der Bundesstaaten* gehören: Gouverneure, Gesetzgeber eines Bundesstaates, Richter, Kommissare, gewählte und ernannte Beamte.

Zu den *Beamten der Gemeinden* gehören: Bürgermeister, deren Stellvertreter, Stadträte, Kommissare, Staatsanwälte und deren Vertreter, und andere gewählte und ernannte Beamte.

Zu den *Machtmaklern* gehören: Vorsitzende und Geschäftsführer von öffentlichen Monopolen, wie der Telefongesellschaft und der Elektrizitätsgesellschaften.

Zu *Anderen* gehören: Geistliche, Schauspieler, Sportler und Durchschnittsbürger.

Natürlich gibt es Ausnahmen von dieser Disziplinierung der Begierde; er mag gelegentlich »nach der Flasche verlangen« und seine regelmäßigen Besuche durch ein impulsives Verlangen nach einem solchen Dienst ergänzen, im Kongreß oder sogar in seinem Büro. Da diese Männer ihre Zeit und ihr Geld kontrollieren und nach Belieben ihr Büro oder den Sitzungssaal des Kongresses verlassen können, bleibt ihr Poussieren unbemerkt, es sei denn, eine daran interessierte Person plant eine Enthüllung.

Ein einziger Besuch in einem eleganten Call House kann 250 oder

300 Dollar kosten, je nach der »Abwegigkeit« und der Kompliziertheit der gewünschten Gefälligkeiten. Ein Mann, dessen sexuelle Bedürfnisse einen solchen Dienst zwei- oder dreimal wöchentlich erfordern – was bei der Mehrheit der gewohnheitsmäßigen Kunden der Fall ist –, wird gern 10 000 Dollar und mehr im Jahr für ihre Befriedigung bezahlen. Es läßt sich nicht genau feststellen, wie viel von diesem Geld vom Steuerzahler kommt, aber wir bieten statistische Daten über Einkommen von Kongreßmitgliedern, die aufschlußreich sind.[20]

Im Jahr 1974 erhielten Senatoren und Abgeordnete ein Grundgehalt von 42 500 Dollar. Die Gehälter werden regelmäßig durch Honorare für schriftstellerische Arbeiten, Vorträge und Teilnahme an öffentlichen Essen und Banketten ergänzt. Die Volksvertreter brauchen die Höhe dieser Honorare nicht anzugeben, aber sie müssen sagen, für welche Dienste sie bezahlt wurden und auch alle sonstigen geschäftlichen und beruflichen Einkünfte ausweisen; Senatoren brauchen dies nicht zu tun. Es muß auch bemerkt werden, daß die Gehälter im Repräsentantenhaus und im Senat durch jährliche Teuerungszulagen erhöht werden, die automatisch steigen, ohne beantragt werden zu müssen.

Senat – Zusätzliche Einkünfte
Grundgehalt: 42 500 Dollar.

Im Jahr 1974 erhielten siebenundsiebzig Senatoren insgesamt zusätzlich zu ihren Gehältern 939 619 Dollar. Zweiundzwanzig verdienten mehr als 15 000 pro Person, was 69 % der Gesamtheit ausmachte. Die meisten von ihnen waren Ausschußvorsitzende und Mitglieder der aufgelösten Sonderausschüsse, die den Watergate-Skandal untersuchten. Die 22 Senatoren, die die höchsten Honorare einstrichen, kamen auf einen Durchschnitt von 27 009 Dollar.

Die Tabelle 2.18 enthält die Einkünfte, die 77 Senatoren 1974 von Vorträgen und Vorlesungen bezogen.

Tabelle 2.18

Quellen von Honoraren, die Senatoren 1974 für Auftreten in der Öffentlichkeit erhielten

Quelle	Zahl der Senatoren	Ausgezahlter Betrag in $
Schulen, Universitäten	54	242 267

20 David Tarr, Herausgeber, »Current American Government«, *Congressional Quarterly,* Washington, Frühjahr 1976.

Tabelle 2.18 (Fortsetzung)

Quellen von Honoraren, die Senatoren 1974 für Auftreten in der Öffentlichkeit erhielten

Quelle	Zahl der Senatoren	Ausgezahlter Betrag in $
Jüdische Gruppen	13	55 741
Ärztliche, zahnärztliche, pharmazeutische Zentren	22	38 610
Arbeiterschaft	23	32 046
Wohnungsbau, Bauunternehmen	23	36 900
Parteien-Geldbeschaffung	9	15 056
Publizistik und Rundfunk	21	11 877
Banken und Finanzinstitute	28	70 388

Die Verwendung dieser Einkünfte war so verschieden wie die Beträge. Viele Senatoren legten überhaupt nicht Rechnung über deren Verbrauch, einige verwendeten sie für Bürobedarf, andere für Ausgaben, die mit ihren Pflichten als Senator verbunden waren, ihnen jedoch nicht vergütet wurden, und wieder andere gaben nicht näher bezeichnete Spenden an Wohlfahrtseinrichtungen an.

Repräsentantenhaus – Zusätzliche Einkünfte

Grundgehalt: 42 500 Dollar

Aus dem Finanzbericht 1974 betreffend 439 Abgeordnete und Delegierte ohne Stimmrecht ging hervor, daß 76 von ihnen Einkünfte aus ihrer Anwaltspraxis bezogen, 48 Aktien von Firmen besaßen, die zu den 100 größten Lieferanten für die Verteidigung gehörten, 38 Beteiligungen in Erdöl- und Gasunternehmen besaßen und 190 Honorare für Vorträge erhielten. Einhundertsiebzig gaben Einkünfte über 1000 Dollar oder finanzielle oder geschäftliche Vorteile über 5000 Dollar in Gesellschaften an, die umfangreiche Geschäfte mit der Bundesregierung machten oder den Vorschriften des Bundes unterworfen waren.

Tabelle 2.19

Quellen von Honoraren, die Abgeordnete 1974 erhielten

Quelle	Zahl der Abgeordneten	Ausbezahlter Betrag in $
Bankgeschäfte	86	Unbekannt

Tab. 2.19 (Fortsetzung)

Quellen von Honoraren, die Abgeordnete 1974 erhielten

Quelle	Zahl der Abgeordneten	Ausbezahlter Betrag in $
Anwälte des Repräsentantenhauses	76	Mindestens je 1000
Honorare (Reden, Schriften,	4	Über 5000 jeder
Medien)	190	Unbekannt
	59 (von 190)	240 607
Gesellschaften, die zu den 100 bedeutendsten Lieferanten der Verteidigung gehören	48	Nicht angegeben
Grundbesitz	53	Nicht angegeben
Erdöl- und Gasgesellschaften	38	Nicht angegeben
Landwirtschaft	25	Nicht angegeben
Kapitalerträge	54	Über 5000 jeder
Pharmazeutische Gesellschaften	18	Nicht angegeben
Versicherungsgesellschaften	25	Nicht angegeben

Der weitaus beträchtlichste Teil des Geldes der Steuerzahler, über das die Gesetzgeber verfügen, stammt jedoch aus den Unkostenpauschalen für die Gehälter des Personals und die Bürounkosten. Sie können 238 000 Dollar im Jahr für Abgeordnete und 844 600 für Senatoren erreichen, Beträge, über die sie nicht offiziell Rechnung zu legen brauchen. Der Mindestbetrag, den ein Mitglied des Repräsentantenhauses für Gehälter seines Stabes bekommt, sind 206 116 Dollar jährlich; wenn es Vorsitzender von einem oder mehreren Ausschüssen ist, erhält es zusätzlich 10 000 pro Ausschuß, die es nach seinem Ermessen verwenden kann. Je größer sein Einfluß im Repräsentantenhaus ist, desto zahlreicher ist im allgemeinen auch das Personal, auf das er Anspruch erhebt, und die Summe, die ihm für Gehälter und für nicht spezifizierte Ausgaben zugestanden wird. Carl Albert zum Beispiel bezieht ein Gehalt von 62 500 Dollar als Speaker des Hauses (Parlamentspräsident) und 10 000 zusätzlich als Ausschußvorsitzender.

Die Anzahl und die Gehälter des Personals eines Senators richten sich nach der Bevölkerungszahl des Bundesstaates, den er vertritt. Senator Edward Kennedy von Massachusetts zum Beispiel bekommt 498 904 Dollar für die Gehälter seiner Angestellten, sowie weitere

Beträge für zwölf Mitglieder seines Stabes, die nur für seine Senatsunterausschüsse arbeiten.[21]

Die Aussagen von Elizabeth Ray und Colleen Gardner vor dem Justizministerium im Juni 1976, wie auch jene von mehreren anderen Frauen, die angeblich als Mitarbeiterinnen oder Sekretärinnen von Kongreßmitgliedern arbeiteten, offenbarten eine beträchtliche Flexibilität bei der Definition ihrer Pflichten, die in einer Reihe von Fällen in wenig oder gar keiner Büroarbeit bestanden, wogegen sie nach Bedarf sexuell verfügbar sein mußten. Senatoren dürfen ihre Mitarbeiterinnen auch auf längere Dienstreisen mitnehmen und haben das Anrecht auf täglich 35 Dollar Aufwandsentschädigung je Mitarbeiterin. Viele der von uns interviewten Callgirls figurierten auf den Spesenabrechnungen des Kongresses als »Mitarbeiterinnen«, die ihre Kunden auf offiziellen Spritztouren begleiteten.

Außerdem erhält jedes Kongreßmitglied 6500 Dollar pro Jahr für Bürobedarf, die er nach Belieben für kleine Ausgaben verwenden kann, plus 2000 für Ausgaben für ein Büro in seinem Wahlbezirk, wenn er eines hat, und schließlich Geld, um in seinen Bundesstaat zu fahren und seine Wähler und seine Familie zu besuchen.

Wenn wir zu allen diesen Quellen die nicht deklarierten Einkünfte, die Abrechnungen und Bestechungsgelder in Millionenhöhe von Lobbyisten und Interessengruppen hinzuzählen (die als »diverse Ausgaben« abgeschrieben werden und mit denen das Publikum durch Regierungsverträge belastet wird, die diese Körperschaften erhalten), so ist es selbstverständlich fast unmöglich, zu klaren Zahlen bezüglich der dem freien Ermessen überlassenen Einkünfte der Kongreßmitglieder zu gelangen, noch auch zu sagen, wieviel davon für die Finanzierung von unerlaubtem Sex aufgewendet wird. Jedenfalls geht aus dem gesagten hervor, daß den Kongreßmitgliedern in der einen oder anderen Weise riesige Geldbeträge für ihren persönlichen Gebrauch zur Verfügung stehen; aufgrund der Einkommen der von uns befragten Callgirls und in Anbetracht des verhältnismäßig hohen Prozentsatzes von Kunden, die in der Bundesregierung arbeiten, sind wir der Ansicht, daß ein beträchtlicher Teil dieser Gelder seinen Weg in die Hände von Elite-Callgirls und Bordellmüttern im ganzen Lande findet.

21 Robert Langley, »Sex on Capitol Hill Costs the Taxpayer $ 5 Million a Year«, *The Star*, 20. Juli 1976.

Abwegiger Sex

Die Unbekümmertheit, die so viele unserer politischen Führer während der jüngstvergangenen Epidemie von Sexskandalen an den Tag legten, wirft bei vielen Menschen die folgende Frage auf: Ist das Liebesleben des Politikers wirklich von dem des Durchschnittsmannes verschieden, oder ist er ganz einfach ein Mann von mittlerer Sinnlichkeit, der durch die Heuchelei der Wählerschaft gezwungen wird, ein unrealistisches und veraltetes Bild von sexueller Reinheit vorzutäuschen, das von keinem anderen Bürger erwartet wird? Unsere Untersuchung zeigt, daß das sexuelle Verhalten von Politikern, wie es aus den spezifischen Praktiken hervorgeht, die wir in diesem Kapitel beleuchten wollen, tatsächlich dazu neigt, in Quantität und Art von dem ihrer Wähler verschieden zu sein, und daß das Bild eines soliden, bürgerlichen, den Idealen einer Mittelstandsmoral hingegebenen Familienvaters, das er so mühsam darstellt, eine Entstellung der Wahrheit ist. Wahrscheinlich könnte nur ein Verein von Puritanern ein solches Niveau erreichen, aber von allen Menschen sind die Politiker wohl die letzten, die dazu imstande sind.

Die Politik ist immer noch eine fast ausschließliche Männersache. Ihre Intrigen, Verschwörungen, Kniffe, Bündnisse, Siege, Niederlagen und Leidenschaften werden in intensiver und enger Kameradschaft mit anderen Männern erlebt. Das endlose Gerangel im Konkurrenzkampf um die Macht, die Wahlkämpfe, die Manöver, um die eigenen Interessen durchzusetzen und die Gegner zu schlagen, erzeugen einen unmäßigen Bedarf an sexuellem Kontakt mit Frauen, um das Gefühl der Männlichkeit wiederherzustellen. Der Widerstand gegen latente homosexuelle Empfindungen und Kastrationsängste wird in der zermürbenden, belastenden Atmosphäre des politischen Kampfes ständig gefährdet und macht es ihnen unmöglich, eine sexuelle Entschädigung dafür auf längere Zeit hinauszuschieben. Ebenso erzeugt die Notwendigkeit, die symbolische »Inferiorität des Geschlechtsorgans«, die durch die Überwältigung durch andere Männer entsteht, zu kompensieren, einen übermächtigen Sexualtrieb.

Um diesen Trieb zu befriedigen, wird ein Politiker eher zu einer Prostituierten, als zu seiner Frau oder einer Freundin Zuflucht nehmen. Einige der Gründe dafür sind einleuchtend: Bei einer Prostituierten kann er darauf vertrauen, daß sie den Mund hält; wenn sie lästig wird, kann er sie sogar verhaften lassen. Er braucht keine Vaterschaftsklage zu befürchten, noch muß er ihr Gesellschaft leisten; die gefühlsmäßige Bindung endet, wenn die Zeit, für die er bezahlt hat, um ist. Sie ist für gewöhnlich ein guter Zuhörer und kann die Flut von Ärger und Enttäuschung ertragen, die häufig das Nachlassen der sexuellen Spannung begleitet.

Ein nicht so offensichtlicher Grund für die Wahl einer Prostituierten ist die Tatsache, daß der Trieb des Politikers, zu beherrschen, von dem wir im 1. Kapitel gesprochen haben, sich gern in einem Verhalten ausdrückt, das weder eine Ehefrau, noch eine Mätresse oder eine Sekretärin hinnehmen wird. Bei den gründlichen Interviews, die wir mit 68 aktiven oder gewesenen Callgirls und 12 Bordellmüttern machten, entdeckten wir, daß 60 %, oder 4587, ihrer Kunden Politiker oder Machtmakler waren, von denen die überwiegende Mehrheit perversen oder abwegigen Sex verlangten. Von keiner gewöhnlichen Frau, die gefühlsmäßig ausreichend gefestigt ist, um ihr vertrauen zu können, kann die Erfüllung einiger dieser Wünsche verlangt werden; sie erfordern die Dienste einer »paraprofessionellen Sextherapeutin«, wie Margo St. James diese Schwesternschaft scherzhafterweise nannte, und viele der Mädchen sahen sich in dieser Rolle.

Die klassische Definition der Perversion ist ein Geschlechtsakt, der nicht mit einem mehrgeschlechtlichen Verkehr endet. Oder, wie kürzlich formuliert, ein sexuelles Verhalten, das gesellschaftlich unannehmbar ist. Nach Freuds Theorie sind Perversionen Teilinstinkte aus der frühen Kindheit, die nicht zur sexuellen Reife entwickelt wurden. Das Kind ist in vielgestaltiger Weise pervers; das heißt, es findet unterschiedlich und gleichmäßig Vergnügen in der erotischen Stimulierung, die ihm sein Mund, sein After oder seine Genitalien bieten. Auch der Erwachsene genießt alle diese Empfindungen, aber mit der Reife nehmen die Geschlechtsteile den ersten Platz ein. Die kindliche, auf den Genitalien basierende Erotik geht in das Vorspiel über, das normalerweise dem Koitus vorangeht und ihm untergeordnet ist. Wenn diese partiellen Instinkte zu einem Selbstzweck werden – das heißt, wenn der Orgasmus in erster Linie durch Handlungen erreicht wird, die nicht im Geschlechtsverkehr enden –, dann werden sie von den Freudianern als Perversionen betrachtet.

Manche Menschen machen nicht alle Phasen der sexuellen Entwicklung durch, finden jedoch vollen Genuß (Orgasmus) in der Befriedigung eines partiellen Instinkts. Zum Beispiel: Das Vergnügen, den Partner beim Auskleiden zu beobachten und seinen oder ihren nackten Körper anzuschauen, wirkt fast immer als sexuelles Stimulans und führt für gewöhnlich zum Geschlechtsverkehr. Wenn nicht, wenn das Anschauen als solches regelmäßig den Orgasmus erzeugt, dann wird es zur Perversion – in diesem Fall zum Voyeurismus. Nach Ansicht von Fenichel[1] kann es die Kastrationsangst sein, die die Entwicklung zur sexuellen Reife blockiert oder hemmt. Wenn das geschieht, wird man versuchen, zu jener Komponente der eigenen kindlichen sexuellen Erfahrung zurückzugehen, die einem in der Vergangenheit Sicherheit und Befriedigung geschenkt hat. Es ist charakteristisch, daß Perversionen zwanghaft sind; man fühlt sich gedrängt, sie gegen den eigenen bewußten Wunsch zu befriedigen.

Freuds Definition der Perversion ist die klarste und genaueste, wird aber nicht allgemein akzeptiert. Einige revisionistische Psychoanalytiker haben die Frage aufgeworfen, ob ein abwegiges Verhalten immer als krankhaft betrachtet werden muß. Wenn ja, wie läßt sich dann die Tatsache erklären, daß jede Gesellschaft Handlungen geduldet und sogar ermutigt hat, die Freud als pervers ansehen würde? Die bekannteste ist die weite Verbreitung der Homosexualität unter erwachsenen Männern im alten Griechenland. Und wie, wenn die »Perversion« egosynton ist, das heißt, wenn die Person, die sich ihr hingibt, nur Befriedigung und kein Unbehagen empfindet, noch unter seiner Verfolgung als »Perversem« durch die Gesellschaft leidet?

John Gagnon und William Simon[2] haben abwegige Sexualhandlungen in drei Kategorien eingeteilt: normale, abnorme und pathologische Abweichungen. Nach dieser Formulierung ist eine Handlung normal abweichend, wenn sie zwar gesellschaftlich einigermaßen abgelehnt wird, aber sehr häufig ist und auch nicht in offenem Konflikt zu den gesellschaftlichen Bräuchen steht, beispielsweise Masturbation, vorehelicher Verkehr, zweigeschlechtlicher oral-genitaler Kontakt, anales Vorspiel, Promiskuität, Sex in Gegenwart von anderen, usw.

Abnorm abweichende Handlungen sind solche, die zwar noch

1 Otto Fenichel, *The Psychoanalytic Theory of Neurosis,* New York: W. W. Norton, 1942.

2 J. Gagnon und W. Simon, Herausg. *Sexual Deviance,* New York: Harper and Row, 1967.

ziemlich üblich sind, aber stärker abgelehnt werden und die gesellschaftlichen Werte offen verletzen. Sie werden jedoch von so vielen Menschen praktiziert, daß sie immerhin eine anerkannte Subkultur darstellen. Beispiele dafür sind: Partnertausch, Gruppensex, weibliche Prostitution, männliche und weibliche Homosexualität.

Die pathologisch abweichenden Handlungen umfassen ein Verhalten, das der Gesellschaft so unerträglich erscheint, daß sie diejenigen, die es aufweisen, als gestört, als biologisch und psychologisch abweichend betrachtet und darin keine Subkultur sieht. Zum Beispiel: männliche Prostitution, Päderastie, Inzest, Pädophilie, Exhibitionismus, Voyeurismus, Notzucht, Sadomasochismus, Bestialität, Urolagnie (sexuelle Erregung durch Zusehen beim Harnen des Partners oder wenn der Partner über dem Betreffenden harnt), Koprophilie (das gleiche, jedoch bei Darmentleerung), Koprofagie (Verspeisen von Exkrementen), Transvestitentum, Transsexualismus und Nekrophilie (Totenschändung).

Freud beschrieb die Abwegigen als »arme Teufel, die einen hohen Preis für ihre begrenzten Vergnügen zu zahlen haben«. Die folgenden zwei Kapitel stellen einen Katalog einiger dieser Vergnügen dar, soweit sie von Männern im öffentlichen Leben betrieben werden, sowie Berichte aus erster Hand von Frauen, die am besten diese Seite von ihnen kennen, die dem großen Publikum nie bewußt wird.

Tabelle 3.1

Sexuelle Neigungen von Politikern und Machtmaklern

	Sehr häufig	Häufig	Selten
1. Normaler Geschlechtsverkehr			X
2. Fellatio	X		
3. Cunnilingus			X
4. Masturbation			X
5. Exhibitionismus	X		
6. Voyeurismus	X		
7. Transvestitismus	X		
8. Koprolalie		X	
9. Fetischismus	X		
10. Urolagnie		X	
11. Koprophilie			X
12. Nekrophilie			X
13. Pädophilie			X

Tabelle 3.1 (Fortsetzung)

Sexuelle Neigungen von Politikern und Machtmaklern

	Sehr häufig	Häufig	Selten
14. Sex zu dritt (1 Mann, 2 Frauen)	X		
15. Sex zu dritt (2 Männer, 1 Frau)		X	
16. Flagellation, aktiv			X
17. Flagellation, passiv	X		
18. Demütigung (durch Worte)	X		
19. Demütigung (physisch)	X		
20. Fesselung	X		
21. Machtkomplex	X		

Die Quelle dieser Berichte ist in der Einleitung erklärt worden, aber es mag angezeigt sein, hinzuzufügen, daß wir sie aus hunderten ähnlicher Berichte der von uns interviewten Callgirls ausgewählt haben, da sie für deren Erfahrungen mit Politikern bezeichnend waren. Es stellt sich die Frage, wie weit man diesen Angaben trauen kann. Wie können wir sicher sein, daß es sich nicht ganz einfach um Erfindungen der Mädchen handelt? Die Antwort ist, erstens, daß die meisten dieser Mädchen, die Subjekte dieser Studie waren, den Verfassern durch ihre Teilnahme an früheren Untersuchungen über die Prostitution persönlich bekannt sind; einige von ihnen sind auch unsere Patienten. Die Beziehung, die bereits zwischen uns bestand, setzte die Vorspiegelungen falscher Tatsachen, die in ihrem Arbeitsleben einen normalen Faktor darstellen, auf ein Mindestmaß herab und ermunterte zu einer auf Vertrauen beruhenden Zusammenarbeit.

Zweitens: jede Geschichte wurde bis ins einzelne durch mindestens zwei zusätzliche, unabhängige Quellen bestätigt. Alle hier enthaltenen Charakterskizzen wurden bei mindestens drei verschiedenen Gelegenheiten von Callgirls erhärtet, die die von anderen gemachten Aussagen nicht kannten. Berichte, die eine solche Bestätigung nicht fanden, wurden auch nicht in dieses Buch aufgenommen.

Drittens: für eine weitere Bekräftigung von vielen dieser Daten wurden noch weitere Quellen gesucht; dazu gehörten Helfer auf dem Gebiet der Legislative und Mitarbeiter der Forschung sowie politische Korrespondenten und Journalisten.

Die Tabelle 3.1 enthält, in der Reihenfolge, in der sie hier behandelt werden, die sexuellen Neigungen von Politikern und die Häufigkeit, in der sie von Prostituierten verlangt werden.

In diesem Kapitel wollen wir den ersten Teil dieser Liste behandeln; im nächsten Kapitel sollen Praktiken besprochen werden, die mit Züchtigung, Fesselung und Schmerzzufügung zu tun haben, jenen Arten von Perversion, die von Männern an der Macht am häufigsten und regelmäßigsten verlangt werden, wenn sie eine Prostituierte aufsuchen.

Normaler Geschlechtsverkehr

Sehr selten (etwa in 8 bis 10 % der aufgewandten Zeit) verlangt ein Politiker normalen Geschlechtsverkehr von einem Callgirl. Dafür ist die Ehefrau da; an ein Callgirl denkt er als an eine Spezialistin in verbotenen Spielen von Demütigung und Machtausübung, eine Komplizin und Zeugin seiner innersten schuldhaften Geheimnisse. Der seltene Politiker, der die einfache Vertraulichkeit eines normalen Geschlechtsverkehrs vorzieht, ist ein sehr geschätzter Kunde, der als »ein netter Bursche – freundlich und lieb« bezeichnet wird. Ein Mädchen würde sagen: »Oh, er ist ein richtiger Ficker, ein wundervoller Bursche«, als ob diese beiden Ausdrücke Synonyme wären.

Fellatio

Fünfundachtzig Prozent der großen Masse von Kunden verlangt nach Fellatio (Mundkoitus), den mit Abstand populärsten Dienst, den Callgirls leisten. Unter den Politikern ist der Prozentsatz ein wenig niedriger, 75 %, da die meisten von ihnen exotischere Wünsche haben und da sie, die im Durchschnitt älter als andere Kunden sind, es schwieriger finden, nur auf diese Art zum Orgasmus zu gelangen. Immerhin ist Fellatio ganz allgemein ein Teil des Vorspiels und wird von Politikern ganz besonders als ein Mittel geschätzt, um die Kastrationsangst zu überwinden. Sie mißtrauen den Frauen noch mehr als die meisten anderen Männer, und die Furcht, eine wütende Frau könnte ihnen den Penis abbeißen, ist ein wichtiges Element der Erregung. Sobald der Penis unversehrt wieder auftaucht, fühlen sie sich als Sieger.

Einige der aggressivsten Männer stoßen ihren Penis so heftig in den Mund des Mädchens oder drücken deren Kopf so hart auf ihn hinunter, daß sie einen Knebelreflex auslösen. Eine erfahrene Prostituierte wird den Penis nach dem Gaumen lenken, ihn mit einer Hand führen und im selben Rhythmus wie ihren Kopf bewegen. Sheila, das Mädchen, das wir durch Jean Powell kennenlernten, hatte ihr eigenes System: »Ich halte seinen Penis mit der einen Hand und seine Eier in der anderen. Wenn er roh wird, drücke ich seine Eier ganz fest. Natürlich entschuldige ich mich sofort und sage, ich sei so erregt, daß ich mich hätte hinreißen lassen. Sobald das ein paar Mal passiert ist, kapiert er, was los ist.«

Wir fragten sie, ob einige Männer nicht etwas dagegen hätten, daß sie das Zeug herunterschluckten.

»Nicht allzu viele«, sagte sie. »Einer oder zwei wollten sehen, wie ich es schlucke, als ob ich ihrem herrlichen Schwanz nicht widerstehen könne. Selbstverständlich erzähle ich ihnen dann, wie süß es schmeckt, daß es ein Jungbrunnen ist, und jeden Blödsinn, den ich nur erfinden kann, um ihnen zu schmeicheln. Wenn es ihnen kommt, wollen sie das alles hören, sie glauben alles, was man ihnen vorerzählt, und sie sind auch bereit, alles zu tun, und versprechen einem den Mond. Aber sobald es ihnen gekommen ist, ist alles vorbei.«

Cunnilingus

Während Fellatio ein Beweis für Männlichkeit ist, wurde Cunnilingus (Schlecken der weiblichen Scheide) zwar von jeher praktiziert, aber als für einen Mann entwürdigend betrachtet und bis vor etwa fünf Jahren nicht oft geübt. Dann aber richtete die Bewegung für die Emanzipation der Frau ihr Augenmerk auf die Tatsache, daß Frauen eine viel größere Fähigkeit für den Orgasmus haben, als der Mann, nach Masters und Johnson in fast unbegrenztem Ausmaß. Die Befriedigung des weiblichen Partners ist jetzt zu einer politischen Verpflichtung geworden, mit dem Ergebnis, daß immer mehr Männer bei den Callgirls »hinuntergehen« wollen – etwa 15 % der Kunden in Häusern mit »langsamem Geschäft« (das sind die teureren Etablissements, wo sich der Kunde Zeit lassen kann, 1 1/2 bis 2 Stunden, im Gegensatz zu den »rein und raus--Häusern, die ihm nur 10 bis 15 Minuten zugestehen).

Als interessante Variation verlangen einzelne Männer, daß Mädchen ihre Genitalien mit Schlagsahne oder Senf bestreichen, die sie dann abschlecken und das Mädchen buchstäblich »aufessen«. In den meisten Fällen muß ein Callgirl den Orgasmus vortäuschen, um den

Kunden zufriedenzustellen; ein gewisser Prozentsatz bringt es mit Cunnilingus zustande und behauptet, daß dies für sie die einzige Möglichkeit ist. Es gehört häufig zum Vorspiel, aber nur 3 % der Kunden sind allein damit zufrieden.

Masturbation

Die erste, letzte und ständige Lieblingsform der sexuellen Befreiung, die Masturbation, wird für gewöhnlich von mehr oder weniger ausgeklügelten Phantasien begleitet. Wenn eine Prostituierte die Führung übernimmt, sind der Gestaltung der Szene, die ausgearbeitet werden kann, nur durch den Einfallsreichtum der beiden Partner Grenzen gesetzt.

Gloria, das schwarze Mädchen, das uns von Xaviera Hollander vorgestellt wurde und dessen »Schwarzes Buch« über hundert prominente politische Kunden enthält, erzählte uns: »Ich hatte einmal einen Burschen, ein Kongreßmitglied vom Mittelwesten, Mitte sechzig, der ein Baby darstellen wollte, wobei ich seine Mutter sein mußte. Ein anderes Mädchen spielte die ältere Schwester und wir sollten ihm befehlen, seinen Pyjama anzuziehen – einen Flanellpyjama mit verstärktem Hosenboden, wie für einen kleinen Jungen – und ihn dann ins Bett bringen. Wir sollten ihn anhalten, sein Nachtgebet zu sprechen, und dann begann er, zu masturbieren. Ich mußte ihn ausschimpfen, ihn verdreschen und ihn anschreien: »Nein, nein, das ist ungezogen, du bist ein unartiger Junge.« Ich mußte ihm sagen, daß er blind oder gehirngeschädigt werden würde, wenn er so weitermachte. Dann mußte ich ihn liebkosen, während er in seinem Flanellpyjama auf meinem Schoß saß und mit meinen Brüsten spielte, bis es ihm kam.« Mädchen mit politischen Kunden erzählten sehr häufig solche Geschichten über die Bekundung eines extremen Bedürfnisses nach Abhängigkeit.

Exhibitionismus

Exhibitionismus ist die impulsive Zurschaustellung der Geschlechtsteile und geht auf die Kastrationsangst zurück. Die Befriedigung liegt in dem Schock, den der Zuschauer empfindet und der den Exhibitionisten darüber beruhigt, daß er tatsächlich einen Penis besitzt und daß dieser mächtig genug ist, um andere zu erschrecken. Der Orgasmus wird entweder durch diese Handlung selbst oder in Verbindung mit Masturbation erreicht.

Ein Mann, der mit exhibitionistischen Absichten zu einer Prostituierten kommt, leidet unter dem Gefühl, daß sein Penis der Sitz böser Begierden ist, der schlechte Teil eines sonst achtbaren Körpers. Die Rolle der Prostituierten besteht darin, daß sie schreien und Angst zeigen muß, und ihre Augen voll Entsetzen von »diesem häßlichen, widerlichen Ding« abwenden muß, »das du da zwischen deinen Beinen hängen hast«.Dieses Verteufeln seines Glieds erregt ihn, weil es ihm versichert, daß es mächtig und gefährlich ist; seine Befriedigung steigert sich im Verhältnis zu dem Schock, den das Mädchen zeigt.

Die meisten Jungen wachsen mit ernstlichen Zweifeln an ihrem Penis auf: an seiner Größe, seiner Form, seiner Eignung und Fähigkeit, einer Frau zu gefallen, aber im allgemeinen überwinden sie diese Sorgen, zumindest auf der Ebene des Bewußtseins. Diejenigen, denen es nicht gelingt, bleiben ein Opfer der Selbstverachtung und wenden ihre psychischen Energien in Phantasien auf, die eine übersteigerte Potenz als Waffe darstellt. Diese Zurschaustellung provoziert zumindest eine Reaktion, wenn auch eine negative. Die ärgste Demütigung empfindet ein Exhibitionist, wenn seinem Penis in der einen oder anderen Weise keine Aufmerksamkeit geschenkt wird; er betrachtet das als Leugnung seiner Existenz als Mann.

Der Reiz gemeinsamer Orgien, wie sie Berichten zufolge im Büro des Speakers Carl Albert auf dem Capitol Hill stattgefunden haben, liegt weitgehend in der Möglichkeit, seine Genitalien Männern und Frauen zeigen zu können. Hier überlappen sich offensichtlich Exhibitionismus und Voyeurismus, wobei eine Unsumme sexueller Energie und Angst in einer Gruppenatmosphäre freigesetzt wird.

Sheila erzählte uns von einem berühmten Politiker, einem erzkonservativen Senator eines kleinen Bundesstaats in New England, der jedesmal, wenn er sie besucht, ein kompliziertes Kostüm trägt. Es besteht aus einem langen Trenchcoat, an dem unterhalb der Knie die Unterhosen angenäht sind, so daß er sofort, wenn er bei der Tür hereinkommt, den Mantel aufreißen und ihr den Penis entgegenstrekken kann. Das ist so angeordnet, daß niemand, der ihn auf der Straße sieht, ahnen kann, daß er nichts darunter anhat, was seine Erregung auf dem Weg zu ihrem Apartment mächtig erhöht.

Sheila, die bei politischen Herrengesellschaften sehr begehrt ist, sagte, es gäbe dabei immer einzelne Männer, die darauf scharf seien, als Partner mitzumachen, und daß sich die anderen Männer stellvertretend mit ihnen identifizierten. »Ich war einmal im Ballsaal eines Hotels in Washington«, erzählte sie, »und lutschte am Penis von dem Kerl, während 35 andere Burschen zusahen. Plötzlich schrie einer ›ich möchte mich vergewissern, wann es ihm kommt, ich möchte mich vergewissern, wann es ihm kommt‹. Das war ein Bezirksrichter. ›Wenn dir so viel daran liegt‹, sagte ich, ›dann sage ich dir, was du machen mußt. Du kommst hier herunter und lutschst an seinem Schwanz, während ich seine Eier abschlecke. Dann wirst du sicher wissen, wann es ihm kommt.‹ Ich weiß nicht, wer mehr davon hatte, der Kerl, den ich schleckte, oder die, die zusahen. Männer können solche Tiere sein, wenn sie in einer großen Gruppe zusammen sind.«

Präsident Kennedy hatte starke exhibitionistische Neigungen, wie die nach seinem Tode durch alle Medien weitverbreiteten Geschichten über die Nacktschwimmpartys in Camp David oder sogar im Schwimmbecken des Weißen Hauses zeigten, an denen vier oder mehr Frauen teilnahmen.

Voyeurismus

Ein Voyeur ist jemand, der hauptsächlich durch die Beobachtung von anderen, die sich auskleiden oder sexuelle Handlungen vollführen, Erregung und Befriedigung empfindet. Nach Hamilton[3] haben 65 % der Männer und 20 % der Frauen jemanden verstohlen beobachtet. Auch hier ist die Kastrationsangst die Ursache.

Der Voyeurismus steht in Zusammenhang mit Kindheitserinnerungen an den Anblick des Aktes und ist mit einem schweren Schuldgefühl beladen. Sogar beim normalen erwachsenen Mann ist das visuelle Element beim sexuellen Genuß sehr stark, was deutlich aus dem anscheinend unersättlichen Interesse an Magazinen mit Mädchen, an bestimmten Filmen und an pornographischen Publikationen hervorgeht, die nach der sexuellen Liberalisierung der 70er Jahre ins Kraut geschossen sind.

Eine ewige Quelle der Lust ist für einen Voyeur die Beobachtung einer Frau, die sich allein auszieht. Schlüssellochgucken und durch-

3 G. V. Hamilton und K. McCowan, *What Is Wrong With Marriage?* (New York: Albert and Charles Boni, 1929), S. 319. Zitiert in Kinsey, A. C. u. a. *Sexual Behaviour in the Human Female,* Philadelphia: Saunders, 1953.

sichtige Spiegel sind beliebte Attraktionen von Freudenhäusern; der Reiz liegt darin, daß der Kunde glaubt, das Mädchen wisse nichts von der Beobachtung. Eine geübte Prostituierte kann einen einsamen Striptease absolut überzeugend ausführen, indem sie die süße Unschuld spielt, wenn sie langsam ihren BH und ihren Schlüpfer auszieht und ihre Strümpfe mit schmeichelnden Bewegungen aufrollt. Die Befriedigung des Voyeurs liegt in der Macht, die er in magischer Weise über ihren Körper erlangt zu haben glaubt, indem er ihn ohne ihr Wissen (oder ihre Erlaubnis) kennenlernt.

So harmlos diese Perversion für die Frau ist, so kann sie für einen Mann, der im öffentlichen Leben steht, höchst gefährlich werden, sobald sie zu einem Zwang wird und er sie dadurch befriedigen muß, daß er in die Schlafzimmerfenster unschuldiger Frauen schaut. Er wird mit größter Wahrscheinlichkeit dabei erwischt und die Folgen für seine Laufbahn sind katastrophal. Glücklicherweise können die meisten Politiker diesen Zwang einigermaßen unter Kontrolle halten und sind für gewöhnlich imstande, ihn nur in der Sicherheit der Wohnung eines Callgirls oder eines Bordells auszuleben.

Die meisten Freudenhäuser besitzen einige Schlafzimmer, deren Wände und Decke mit Spiegeln ausgestattet sind, aber nur wenige können mit den Einrichtungen von San Simeon, William Randolph Hearsts Lustschloß in Kalifornien, wetteifern. Er baute ein Haus mit einer Hängedecke über den Schlafzimmern und oberhalb derselben einen Korridor, der mit durchsichtigen Spiegeln versehen ist, so daß er ungehindert alles sehen konnte, was darunter vorging. Die Gäste, die er einlud, dort zu übernachten, wurden nach der Virtuosität ihrer Schlafzimmerleistungen ausgewählt. Was er sah, befreite Hearst offensichtlich von seinen Hemmungen und machte es ihm möglich, selber eine Frau zu nehmen, wozu er sonst außerstande war. San Simeon war auch mit einem Fernsehkamerasystem ausgerüstet, um diese Vorgänge aufzunehmen und Hearst Material für Erpressungen zu liefern, das er gelegentlich seinen Gästen gegenüber verwenden konnte.

Transvestitismus

Im Transvestitentum wird Befriedigung oder Orgasmus dadurch erreicht, daß die Kleider des anderen Geschlechts getragen werden und seine Rolle gespielt wird. In einigen Fällen hängt es eng mit Fetischismus zusammen. Sein Ursprung liegt in der Kastrationsangst; der Transvestit hängt dem Glauben an, daß die Frau den Penis besitzt und daß er ihn wiedererlangt, wenn er sich wie eine Frau kleidet und benimmt. Er hat auch eine tiefverwurzelte Angst, von seiner Mutter verstoßen zu werden; das Tragen von Frauenkleidern macht es ihm möglich, seine Mutter durch Identifizierung mit ihr zu besitzen.

Transvestitismus ist sowohl aktiv als auch passiv: Der Transvestit genießt das passive Vergnügen, sich in Frauenunterwäsche im Spiegel zu betrachten, erfährt aber auch eine aktive Erregung, wenn er sich anderen in BH und duftigen Höschen zeigt. Dies ist eine bei Politikern, die sonst in jeder Hinsicht sehr aggressiv heterosexuell sein können, außerordentlich beliebte Perversion. Viele Transvestiten sind glücklich verheiratete Männer, deren Frauen empört und verblüfft sind, wenn sie unerwartet nach Hause kommen und ihre Männer dabei ertappen wie sie sich in Frauenkleidern vor dem Schlafzimmerspiegel wenden und drehen. Ist diese Schwäche des Ehemanns einmal entdeckt, dann zeigt es sich, daß erstaunlich viele Frauen verständnisvoll und mitfühlend sind – wie Frauen von Politikern es in so vieler Weise sein müssen – und ihren Männern sogar eine Verlegenheit ersparen, indem sie die Kleider für sie kaufen.

Es gibt drei Arten von Transvestiten: komplette, partielle und sporadische. Die ersteren verkleiden sich vollständig als weibliche Wesen und zeigen sich öffentlich, nachdem sie gepolsterte BHs, Schlüpfer, Strümpfe, Bluse, Rock und Schuhe mit hohen Hacken angezogen, sich geschminkt und eine weibliche Frisur zugelegt haben. Das sind die »Königinnen« unter den Transvestiten. Die zweite Kategorie trägt zwar BH und Höschen, darüber jedoch eine Unisex-Kleidung, eine Damenbluse oder ein Herrenhemd. Unisexhosen und ein Kopftuch, um die Perücke zu bedecken. Schließlich gibt es noch die sporadischen Transvestiten, die nur zu Hause Frauenkleidung tragen und die Klimax erreichen, wenn sie sich im Spiegel ansehen.

Politiker, die es sich nicht leisten können, öffentlich in Frauenkleidern erkannt zu werden, genießen mitunter die Irreführung des Publikums, indem sie unter einem vollständigen Männeranzug weibliche Reizwäsche tragen und insgeheim das Gefühl von Seide auf ihrer Haut auskosten. Es wurden schon bedeutende politische Reden vor dem Repräsentantenhaus und dem Senat von derart bekleideten Kongreßmitgliedern gehalten, wie aus mehreren unserer Quellen hervorgeht. Solche Männer ziehen es im allgemeinen vor, ihre Neigung sogar vor ihren Frauen geheimzuhalten.

Die meisten Politiker beschränken jedoch ihr Auftreten in Verkleidung auf tolerante Bordelle, die ihnen auch einen Raum zur Aufbewahrung ihrer Kleider zur Verfügung stellen. Ein Kongreßmann aus New England, der eine Leuchte im Zivilrecht und stark an männlichen Sportarten interessiert ist, bewahrt in seinem Lieblingspuff eine vollständige Garderobe von festlichen Abendkleidern auf. Bevor der Sturm der Sexskandale über Capitol Hill hereinbrach, verwahrte er sie in seinem Büro in einem versperrten Köfferchen, das er immer bei sich trug. Die Furcht vor Entdeckung machte ihn vorsichtiger, wenn auch nicht genug, um sein Hobby aufzugeben. Er liebt es, ein richtiges Abendkleid anzuziehen, komplett mit Schmuck und Perücke, unter dem Namen »Barbie« im Haus herumzugehen und sich mit den anderen männlichen Kunden zu unterhalten, als ob er eine Frau wäre; sie sind nie hinter seine Verkleidung gekommen. Wenn er Sex will, muß die Prostituierte ihn verführen, während er das spröde, kokette Mädchen spielt; sie entkleidet ihn, lockt ihn ins Bett und überredet ihn endlich zum Geschlechtsverkehr, bei dem er immer die weibliche Stellung einnimmt. Seltsamerweise muß auch das Mädchen sehr weibliche, affige Kleider tragen.

Manche Männer finden, daß die Gefahr einer Entdeckung die Erregung außerordentlich steigert. Ein Abgeordneter eines Staates der Westküste pflegt das Haus der Callgirls fertig angezogen aufzusuchen, in weiblicher Unterwäsche, Strümpfen, einem Cocktailkleid, einer Perücke und allen Accessoires. Das Callgirl schminkt ihn und dann gehen beide zusammen aus, erst zum Abendessen in ein Restaurant, nachher in ein Theater oder in ein Konzert. Die Spannung wird erhöht, wenn das Mädchen einen Freund trifft, dem sie dann ihren Kunden unbedingt als ihre »Freundin« oder Kusine vorstellt. Über den Erfolg ihrer Komödie kichernd fahren sie schnell ins Haus zurück, wo er endlich imstande ist, den Orgasmus zu erreichen.

Manchmal wird die Kluft zwischen Illusion und Wirklichkeit sogar für den eifrigsten Transvestiten zu tief. Gloria erzählte uns von einem Mitglied des Erziehungsausschusses eines Staates im Mittelwesten, der nach zwanzig Jahren begeisterter Verkleidung plötzlich damit aufhörte. Als sie ihn anrief, um zu erfahren, was geschehen sei, antwortete er, es erscheine ihm zu widersinnig, da er in seinem anderen Leben beschlossen habe, sich einen Bart wachsen zu lassen. Er gefiel sich nicht mehr, wenn er sich im Spiegel in einem kurzen Seidenkleid und mit Vollbart sah. Er erschien erst drei Jahre später wieder auf der Bildfläche, nachdem er sich den Bart abgenommen hatte.

Koprolalie

Koprolalie ist die Besessenheit, obszöne Ausdrücke zu gebrauchen, der Zwang zum Fluchen. Sie wird zur Perversion, wenn Sex nur bei Begleitung oder Vorbereitung durch mündliche pornographische Erregung möglich ist.

Normalerweise kann ein Mann seiner Frau aus der mittleren oder höheren Gesellschaftsschicht nicht sagen »Liebling, ich bin so geil, heute abend will ich diesen großen Schwanz so hoch in deine Fotz hinaufstoßen, daß er dir beim Mund herauskommt«, oder während des Akts »deine Titten sind so toll, ich möchte sie am liebsten auffressen«, oder »dein Ding ist so naß, daß es sich wie eine Skipiste anfühlt – ich werde so tief hineingleiten, daß man mich nicht wieder rauskriegt.«

Für diese Art von Zwiegespräch wird er sich eine Prostituierte nehmen, die oft außerordentlich redegewandt ist und die das mündliche Zwischenspiel jedem anderen Aspekt ihrer Arbeit vorzieht. Von ihr wird erwartet, daß sie ihren Partner ermuntert, indem sie ihm Dinge sagt wie »komm, nimm doch meine Fotze, Liebling, ach fick mich, du Mordskerl, fick mich, fick mich« und dann ihre Nägel in ihn vergräbt und mit schriller Stimme schreit »oh, ich komme, ich komme, fick mich schneller, schneller, härter, mehr, mehr, mehr, stoß deinen Schwanz in mich hinein, oh, oh, ooooh!«

Fetischismus

Beim Fetischismus wird der Orgasmus durch einen nicht sexuellen Teil des Körpers, wie Haare oder Füße, oder ein Kleidungsstück, wie Strümpfe oder Unterwäsche, die ein Ersatz für die ganze Person sind, erreicht. Um wirksam zu sein, muß das Kleidungsstück von der Frau getragen worden sein und noch ihren Körpergeruch haben. Der Fetischist kann sich ohne Koitus in den Orgasmus hineinsteigern, indem er einfach am Schlüpfer riecht oder an einem Fuß oder einem Zeh lutscht. Es scheint, als hätte er seine ganze Libido in seinen Geruchssinn verlagert. Auch Leder besitzt einen intensiven erotischen Reiz für Fetischisten. Kinsey hat diese Vorliebe als Symptom sadomasochistischer Neigungen ausgelegt, aber die Anziehungskraft kann einfach im Wildgeruch liegen. Fetischismus kommt für gewöhnlich nur bei Männern vor; in seiner Untersuchung hat Kinsey nur drei Beispiele von weiblichen Fetischisten angeführt.

Es ist nicht bekannt, ob Hitler so weit ging, sich der Hunde zu bedienen, aber nach Langers *The Mind of Adolph Hitler*, dem psychologischen Bericht, der im Krieg unter der Leitung des OSS zusammengestellt wurde, war er ein Liebhaber von menschlichen Ausscheidungen. »Viele glauben, daß (Hitler) völlig impotent ist. Andere ... meinen, daß er homosexuell ist ... Seine Abartigkeit ist von ganz anderer Art, die nur wenige erraten haben. Es ist eine extreme Form des Masochismus, bei der das Individuum sexuelle Befriedigung empfindet, wenn eine Frau auf ihn uriniert oder ihren Darm entleert.«[4]

»Es hat immer interessante Geschichten darüber gegeben«, sagte Sheila. »Der erste Politiker, den ich kennenlernte, war ein Nachlaßrichter, der in mein Apartment durch eine gemeinsame Freundin kam, Melanie, ein sehr großes schwarzes Mädchen, mit ihrer Afrofrisur einen Meter neunundachtzig groß, sehr attraktiv. Sie war ein Modell gewesen – sie sah wie eine Suaheli aus, sehr exotisch – und während ihrer Tätigkeit als Modell war sie ein in der ganzen Stadt recht gut bekanntes Partygirl geworden und hatte Eingang in politische Kreise gefunden.«

»Nachdem ich mich mit ihr angefreundet hatte, begann sie, einige ihrer besonderen Freunde in meine Wohnung zu bringen, denn eine Menge Richter und Politiker und Leute von der UNO wollten nicht in ihr Apartment gehen; sie meinten, es sei sicherer, sie anderswo zu treffen. So kam dieser Richter eines Nachmittags in mein Apartment und war anfangs sehr ruhig und würdig. Er bat mich nur, ihm einen netten Jungen zu beschaffen. Er wollte, daß ich meine Bücher durchsehe, um ihm einen männlichen Burschen zu finden, keinen hübschen Jungen. So rief ich diesen Italiener an, den ich kannte und der nach Dynamit aussieht; er war damals männliches Modell und Barmann.«

»Als er hereinkam, wußte ich nicht, was mich erwartete; während wir drei auf ihn warteten, stand der Richter einfach mit einem Glas in der Hand da und machte höflich Konversation, wie auf einer Cocktailparty. Was er wollte, war, daß der Bursche sich mit ihm befasse, während Melanie in sein Gesicht urinieren sollte. Mir blieb die Spucke weg. Ich hatte das von diesem würdigen Mann einfach nicht erwartet – er legte sich glatt auf den Fußboden und los ging es.«

»Er kam öfters wieder, zu demselben Zweck. Melanie mußte für gewöhnlich ungefähr fünfzehn Glas Wasser trinken, um es tun zu können. Sie pflegte bei seinem Kopf anzufangen und von da weiter

4 Walter C. Langer, *The Mind of Adolph Hitler* (New York: Basic Books, 1972), S. 134.

nach unten zu pinkeln; sie lenkte den Strahl, er machte den Mund auf, um ihn zu trinken, und ließ seinen ganzen Körper begießen, während der Italiener unten am Werk war.«

Joy (das Mädchen aus Kalifornien, das bei Valerie arbeitete) erzählte uns folgendes: »In Los Angeles hatte ich einen Burschen aus dem Büro des Sheriff, der rief mich immer an und sagte, er würde in einer halben Stunde da sein. Das war für mich das Signal, um in den Laden zu laufen, eine Sechserpackung Bier zu kaufen und so viel davon zu trinken, wie ich nur konnte. Dann kam er herein, legte sich hin, und dann pißte ich auf ihn. Eine »goldene Dusche« über seinen ganzen Körper – den Kopf ausgenommen. Ich weiß nicht, was er davon hatte, aber er zappelte, während ich auf ihn pinkelte und dann kam es ihm.«

Koprophilie

Der Anhänger der Koprophilie gelangt zum Orgasmus, wenn jemand seinen Darm auf ihn entleert. Die Psychodynamik ist ähnlich wie bei der Urolagnie und bedeutet einen Rückfall in das Stadium, als das Kind lernte, seinen Afterschließmuskel zu kontrollieren.

Diese Perversion tritt am seltensten auf und wird am wenigsten besprochen. Vielen Männern macht es großen Spaß, über ihre abstoßenden Neigungen zu reden, aber sehr wenige erwähnen die Koprophilie, obwohl sich die meisten der von uns befragten Callgirls an mindestens einen Kunden erinnerten, der danach verlangt hatte. Abgesehen von Homosexuellen wird wohl niemand ein solches Gefühl der Selbstverachtung zugeben. Da sie dem After und dem Mastdarm so viel mehr Aufmerksamkeit schenken und infolgedessen den Abfallprodukten gegenüber toleranter sind, neigen Homosexuelle viel mehr als andere zu der »braune Dusche« genannten Praktik.

Nicht viele Freudenhäuser bieten ihren Kunden Koprophilie, einmal wegen der erforderlichen besonderen Ausstattung, dann wegen des Geruchs – der andere Kunden stören könnte – und wegen des Widerwillens, den die Prostituierten selbst empfinden. Die Mädchen fühlen sich schon genug von der Gesellschaft gebrandmarkt und müssen irgendwo eine Grenze ziehen, insbesondere da dies ein Akt ist, der ihnen überhaupt keinen Genuß bietet. Im Gegensatz zu Fellatio und Cunnilingus findet kein unmittelbarer Kontakt zwischen Mund und Körper statt; einziger Zweck ist die Übermittlung von Fäkalien.

»Ich kann mich an ein paar Kerle erinnern«, sagte Suzy, »einer von ihnen war ein Bezirksleiter, die auf ihrem Kopf eine tragbare Toilette aufbauten und sich auf Plastiktücher in eine Badewanne legten. Es war richtig scheußlich. Die anderen Sklaven – ich nenne die Kunden, die herkommen, ›die Sklaven‹, weil so viele von ihnen so behandelt werden wollen – kamen vorbei, wenn sie in der Nähe waren, und gaben auch etwas von sich. Tiger, mein Lieblingssklave, gehörte zu denen. Er wollte nicht, daß jemand auf ihn scheiße, aber jedesmal, wenn er zur gleichen Zeit mit einem dieser Burschen im Hause war, machte er ihm einen Besuch. Sie essen das auch – schlucken richtiggehend die Scheiße herunter. Sie zahlten dafür 175 und 200 Dollar –, können Sie sich das vorstellen?«

Nekrophilie

Der Nekrophile gerät durch Leichen in sexuelle Erregung. Diese Perversion ist viel zu abstoßend, um öffentlich als ein annehmbares erotisches Stimulans anerkannt zu werden. Viele Tabus finden einen kulturellen Ausdruck durch so abwegige Dinge wie die schwarze Komödie oder das makabre Theater, aber bis vor kurzem war die Nekrophilie nicht einmal in diesen toleranten Milieus akzeptabel, in denen die Zügellosigkeit die Regel ist. In den letzten zwei Jahren jedoch hat sich eine gewisse Pornofilmproduktion damit gebrüstet, den dokumentarischen Realismus bis zum äußersten getrieben zu haben, indem sie ein Mädchen zeigte, das erst gefoltert, dann vergewaltigt und schließlich regelrecht umgebracht wurde. Diese Filme sollen in Argentinien hergestellt worden sein, wo Menschenleben offensichtlich billiger sind. Es wurde nie bewiesen, daß ein derartiges Menschenopfer tatsächlich stattgefunden hatte – es konnte ebensogut überzeugend vorgetäuscht worden sein, aber die Anziehungskraft solcher Filme beruht auf dem Glauben des Publikums, daß das, was es auf der Leinwand sieht, eine echte Leiche ist.

Hier sprechen wir freilich von simulierter Nekrophilie, zu deren Anhängern in Berufsleben und Politik stehende Kunden der von uns befragten Mädchen gehören. Nicht jedes Bordell kann es sich leisten, diesen »speziellen Geschmack« zu befriedigen; es erfordert einen eigens für diesen Zweck eingerichteten Raum, der wie eine Leichenkapelle ausgestattet ist, mit farbigen Kirchenfenstern, Kerzen, Särgen in verschiedenen Größen, Leichentüchern, Weihrauch und Orgelmusik auf Band. Die Gebühr für diese Dienstleistung schwankt zwischen 125 und 200 Dollar, je nach der Anzahl der »Trauergäste« und der ausgestellten Leichen.

Das Callgirl spielt für gewöhnlich die Leiche. Es muß völlig bewegungslos daliegen, ihren Atem in der Gewalt haben, so daß er möglichst flach und unauffällig ist, und darf während des ganzen erotischen Spiels kein Lebenszeichen von sich geben; ihre Aufgabe ist es, dem Kunden zur Illusion zu verhelfen, daß er Geschlechtsverkehr mit einem toten Körper hat.

Den Politikern dient die Nekrophilie dazu, die Angst vor einem zukünftigen Abstieg zu nehmen, indem sie sich mit einem Leichnam identifizieren. Dies ist einer der vielen von Furcht befreienden Mechanismen, die die Politiker sexualisieren, indem sie sie ausspielen. Die Fähigkeit, das unausdenkbare zu denken, das unsagbare zu sagen und die Demütigung durch den Tod sowie die Todesangst zu überleben, ist wie eine Läuterung, eine seelische Wiedergeburt. Die Befähigung, eine Niederlage in einen Sieg zu verwandeln und unverletzt aus einer solchen albtraumähnlichen Erfahrung hervorzugehen, ist typisch – fast stereotypisch – für das Männlichkeitsideal, dem nachzuleben sich die Politiker gezwungen fühlen.

Pädophilie

Ein Pädophile empfindet Befriedigung, wenn er ein Kind als sexuelles Objekt gebraucht: das »Lolita-Syndrom«. Im Altertum wurde dies allgemein geübt, insbesondere zwischen Männern und Knaben. Beim modernen Mann entsteht es aus der Kastrationsangst; eine reife Frau wird als Bedrohung empfunden, wogegen die vorgebliche Unschuld eines Kindes harmlos ist und seine Naivität beruhigend auf einen Mann wirkt, der sich davor fürchtet, daß seine Leistung durch einen erfahreneren Partner kritisch beurteilt und für unbefriedigend erachtet wird.

Da in den letzten Jahren das Alter, in dem Kinder die Geschlechtsreife erlangen, ständig zurückgegangen ist, besteht jetzt einige Unklarheit darüber, was eigentlich genau einen Akt pädophilischer Perversion darstellt. Es gibt eine ständig zunehmende Zahl von »Baby-Prostituierten«, Mädchen, die schon mit 11 oder 12 Prostituierte werden und die den älteren Frauen einen großen Teil ihres Geschäfts weggenommen haben; heute können diese schon mit 19

»aus dem Spiel« sein. Diese kindlichen Prostituierten sind nicht nur ein Symptom der zusammenbrechenden Familienstruktur, die sie in einem so zarten Alter auf die Straße treibt, sie spiegeln auch die enorme Erhöhung der Nachfrage nach unreifen Mädchen wider.

Mitunter wird der Bewegung für Frauenemanzipation die Schuld daran gegeben. Während ein hoher Prozentsatz der Kongreßmitglieder über sechzig und siebzig ist, beträgt das Durchschnittsalter der Sekretärinnen oder Mitarbeiterinnen 24, und solche im Außendienst sowie Helferinnen bei Wahlkampagnen sind noch jünger, im Mittelschulalter oder darunter. Fast alle diese Mädchen fühlen sich unwiderstehlich zur Quelle der Macht hingezogen, aber ein vorsichtiger Mann wird ihrer Bereitwilligkeit besser aus dem Weg gehen. Eine Affäre mit einer von ihnen mag vorübergehend die Illusion der wiedergefundenen Jugend und der wiedererlangten Potenz verleihen, wird aber mehr Unannehmlichkeiten nach sich ziehen, als sie wert ist. Abgesehen von der Gefahr eines Skandals können die gefühlsmäßige Unausgeglichenheit eines sehr jungen Mädchens und das größere Risiko einer Schwangerschaft zu ärgerlichen Komplikationen führen.

Bei einer Prostituierten kann der Politiker mit Takt und Diskretion rechnen und die Wirklichkeit braucht nie auf die Phantasie überzugreifen. Ingrid, die ehemalige Madame aus Washington, die später eine aktive Frauenrechtlerin wurde, hatte einen Kunden, einen früheren Abgeordneten, der jetzt Senator ist; er nahm ihre Hilfe in Anspruch, um die Vergangenheit wiederaufleben zu lassen. »Zuerst mußte ich ausgehen und ein kleines Dirndlkostüm mit rosa Tupfen, einem kleinen weißen Kragen und Puffärmeln besorgen, dann mußte ich mein Haar in Zöpfe flechten, mit zwei rosa Schleifen an ihren Enden. Ich dachte, er wolle etwas ähnliches wie die Verführung eines Kindes in Szene setzen, aber dann kam er mit einem Lollipop herein, einem dieser riesigen Lutschbonbons. Das brachte mich richtig aus der Fassung. Es stellte sich heraus, daß er nichts anderes tun wollte, als mich ficken, während ich dieses Kleid anhatte. Er versuchte, sein erstes Erlebnis zu rekonstruieren und ich nehme an, daß die betreffende Sie ein kleines Mädchen war. Er lag auf mir drauf und sagte mir was ich sagen sollte: ›Oh, Liebster, was machst du da mit mir? Was wird Mami dazu sagen? Ooh, wir sind so unartig, aber es ist sooo gut!‹, und ähnliches Zeug, alles mit einer hohen Kinderstimme. Er muß seine erste Eselei wirklich genossen haben.«

Elaine, die Madame des Hauses, in dem Suzy arbeitet, zeigte sich verbittert: »Ich war 15 Jahre alt, als ich in diesem Geschäft anfing und ich wollte auf niemanden hören. Ich dachte, ich wüßte alles, aber natürlich wußte ich überhaupt nichts. Das ist das Alter, in dem man wirklich Hilfe und Rat braucht, aber man kann nicht darum bitten und es gibt verdammt wenige, die sie einem geben würden, wenn man darum bäte. Wenn jetzt so ein Kerl anruft und ein ganz junges Mädchen verlangt – vor ein paar Tagen war erst einer von der Sittenpolizei hier, der sagte, das Mädchen dürfe nicht älter als 14 sein –, dann würde ich ihm am liebsten ins Gesicht spucken. ›Du widerlicher Schweinehund, warum gehst du nicht nach Hause und verführst deine eigene Tochter?‹ Das ist meine Einstellung.«

Sex zu Dritt (ein Mann mit zwei Frauen)

Ein deutliches Ergebnis der sexuellen Revolution war die weitverbreitete Billigung durch Leute, die im übrigen konventionell waren, des Sex zu dritt, auch bekannt als *ménage à trois* oder Trio. (Wir sprechen hier über »normalen« Sex zu dritt, das heißt, ein Mann mit zwei Frauen; zwei Männer und eine Frau werden im nächsten Abschnitt behandelt werden.) Kleinbürgerliche Ehepaare in mittlerem Alter putschen ihre nachlassende Libido oft dadurch auf, daß sie eine andere Frau auffordern, mitzumachen, und solche Dreiecke sind eine beliebte Form von »offenen« Ehen.

Viele Männer pflegen ein sexuelles Image, bei dem sie fähig sind, zwei oder sogar mehr Frauen gleichzeitig zu befriedigen. Der kraftstrotzende amerikanische Mann, der von einer Schar schöner, sich um seine Gunst bewerbender Frauen umringt ist, wurde durch James Bond und *Playboy* zu einem Teil der Folklore. Ein Kunde, der sich mit zwei Prostituierten gleichzeitig abgibt, wird für gewöhnlich die Mädchen bitten, sich auch untereinander zu lieben, wobei er zusieht. Das ist oft das interessanteste daran; die meisten pornographischen Filme enthalten zumindest eine derartige Szene.

Das Bordell wird je nach der Anzahl der dabei beschäftigten Mädchen 100 bis 350 Dollar berechnen, eine Taxe, die noch höher wird, wenn die Madame selber daran teilnimmt. Für manche Männer ist es ein besonderer Genuß, die Madame zusammen mit einem ihrer Mädchen zu haben, was symbolisch einer Verwirklichung der beliebten Vorstellung entspricht, Mutter und Tochter zur gleichen Zeit zu besitzen.

Politiker genießen dieses Vergnügen ziemlich häufig. Selbst wenn sie es sich nicht leisten können, ist es doch eine der beliebtesten Formen von Bestechung, die von Lobbyisten und anderen Einflußsuchenden angewandt werden. Elizabeth Ray gehörte zu einem Ring von Semi-Prostituierten um Washington, die regelmäßig zu solchen Diensten verpflichtet wurden, um den Wunsch ihrer Auftraggeber nach Durchsetzung eines Gesetzes kräftig zu unterstützen.

Manchmal bringt ein Politiker seine eigene Frau mit. Anfangs widerstrebt es ihr, mitzutun, sei es aus Furcht, bei sich selber eine latente lesbische Neigung zu entdecken, oder aus Besorgnis, daß die romantische Vorstellung von ihrer Ehe durch eine orgiastische Szene in einem Bordell zerstört werden könnte. Aber sobald sie sich einmal in ein solches Abenteuer gestürzt hat, genießt sie es fast immer mehr als er, und das in einem Ausmaß, daß er seinerseits nervös wird, insbesondere wenn sich die beiden Frauen immer mehr aufeinander konzentrieren und sich immer weniger um ihn kümmern.

Obwohl das emotionale Gleichgewicht zwischen drei Menschen schwerer zu halten ist, werden die sexuellen Variationen nur durch die Einbildungskraft und das akrobatische Geschick der Teilnehmer begrenzt. Während er mit dem einen Mädchen verkehrt, kann der Mann mit dem anderen Cunnilingus betreiben, oder es leckt seine Hoden oder steckt ihm einen Finger in den After. Mitunter genießt er das Vorspiel mit der einen Frau bis zum Augenblick des Orgasmus und ejakuliert dann in die zweite.

Wenn seine Frau mitmacht, hebt er seinen Orgasmus für gewöhnlich für sie auf; es ist allgemein üblich, daß die bevorzugte Frau den Orgasmus teilt. So spielen die drei eine kleine allegorische Szene um einen Mann, der vorübergehend auf Abwege gerät, aber am Ende immer wieder nach Hause zurückfindet. Oder die zwei Prostituierten (seine Frau nur selten) liefern ein Scheingefecht, bei dem sich beide gegen den Mann zusammentun, ihn knechten und demütigen.

Sheila erklärte es folgendermaßen: »Es waren entweder zwei Mädchen und ein Bursche oder zwei Burschen und ein Mädchen, je nach der Szene, die sie darstellen wollten. Ich mochte es nie mit zwei Burschen; in einer solchen Lage fühlte ich mich immer bedroht. Ich konnte mich nie wirklich gehen lassen, denn bei zwei Burschen bestand immer die Möglichkeit, daß sie gewalttätig würden. Mit einem anderen Mädchen zusammen, würde ich den Burschen schlecken, oder das Mädchen, während sie es beim Burschen tat. Drei von uns pflegten zusammen zu arbeiten: ein schwarzes Mädchen, ich und eine blonde Schwedin. Die Blonde machte eine Menge Geld mit Shows und

Vorstellungen für Gruppen von Politikern. Jetzt ist sie beim Fernsehen und hat viel beim Film zu tun.«

»Wir hatten oft Sex zu dritt mit den Ehefrauen«, fuhr Ingrid fort. »Ja, wir hatten sogar eine Frau, die zu uns kam, um Stunden zu nehmen. Sie wollte, daß wir ihr zeigten, wie sie es mit ihrem Mann machen sollte. Er war ein U.S.-Senator – er ist noch im Amt – in den Fünfzigern und sie war einige dreißig. Sie war seine zweite Frau und hatte irgendwie herausgefunden, daß er zu einer Hure ging. Eines Tages rief er uns an und sagte ›Meine Frau möchte zu euch kommen‹. Wir waren ein wenig nervös, weil wir nicht so recht wußten, wozu sie kam, aber wir sagten ja und meine Freundin und ich setzten uns mit ihr und ihrem Mann zusammen.«

»›Sie möchte lernen, wie sie es bei mir anstellen soll‹, sagte er. ›Ich brauche das‹ – er war ein schwerer Fall von Masochismus – ›und wenn ich ausgehen muß und jemanden dafür bezahlen, fühlt sie, daß sie mich enttäuscht. Sie möchte, daß ihr ihr beibringt, wie sie es machen muß.‹«

»Es machte ihr nicht das geringste aus, daß er zu einer Hure ging; es ist schließlich nicht dasselbe, wie wenn einer eine Freundin oder eine Mätresse hat. Sie fühlte nur, daß er von uns etwas bekam, was sie ihm nicht bieten konnte, und war bereit, es zu lernen. Vor der nehme ich den Hut ab. Sie setzte sich hin und hörte uns aufmerksam zu, wie jemand, der bei einem Fachmann Unterricht in einer Sache nimmt, von der er gar nichts versteht. Wie wenn man Makramee lernen will, zu einer Lehrerin geht und zuhört, was sie einem zu sagen hat.«

»Wir hatten mehrere Sitzungen mit ihr, denn es braucht seine Zeit, zu lernen, wie man eine Peitsche gebraucht. Wir mußten ihr zeigen, was sie damit tun soll und welche Worte sie sagen muß, und dann mußte sie üben, während wir zusahen. Wir mußten ihr auch erklären, was sie zu tragen hatte, daß er hohe Absätze und schwarze Netzstrümpfe liebte. Die meisten Burschen, die bestraft werden wollen, mögen es aus irgendeinem Grund, wenn man schwarze Sachen trägt. Sie war uns aufrichtig dankbar und wir freundeten uns richtiggehend an.«

Glorias Erfahrung war noch dramatischer: »Eines Tages bekam ich in meinem Apartment einen Anruf von einer Dame mit einem wunderschönen Akzent, die mir erzählte, sie suche ein besonders aufgewecktes Mädchen für einen Professor, mit dem sie und ihr Mann irgendwelche Geschäfte machten. Sie sollte so tun, als ob sie ein Modell wäre und mit ihm zum Dinner ausgehen. Ich lieferte das

Mädchen und sie waren sehr zufrieden mit ihr; sie sah genau wie Virginia Slims aus und tatsächlich gaben sie sie auch dafür aus.«

»Am nächsten Tag rief mich die Frau wieder an und sagte, sie wären mit dem Mädchen sehr zufrieden gewesen und fügte hinzu, ihr gefiele meine Stimme. Sie erzählte, daß sie noch andere Freunde mit sehr guten Beziehungen hätte, die ebenfalls ein Mädchen suchten. ›Hören Sie‹, sagte ich ihr, ›ich möchte lieber nicht am Telefon darüber sprechen. Können wir uns nicht irgendwo treffen?‹ Wir vereinbarten, uns am selben Nachmittag in der Bar des Sherry-Netherland zu treffen. Als ich hereinkam, saß da diese sehr kühle, kultivierte Blonde in einem tollen Platinnerzmantel. Sie war atemberaubend. Ich trug damals immer Leder, hatte ein Lederkostüm mit dazu passenden Stiefeln an, trug einen Lederhut, und meine Haare fielen mir bis zum Gürtel hinab.«

»Wir bestellten unsere Drinks und das erste, was ich fühlte, war eine Hand auf meinem Knie, während sie mir erzählte, daß sie und ihr Mann immer ein Mädchen gehabt hätten, das als ›Freundin‹ bei ihnen lebte, daß dies aber sehr diskret behandelt werden müßte, da sie im Rampenlicht stünden. Das Mädchen müsse einigermaßen intelligent sein, um in Gesellschaft bestehen zu können, und dürfe kein Hurentyp sein. ›Mein Mann wird entzückt sein von Ihnen‹, sagte sie, ›er ist sehr für Leder.‹ So hatte ich doch das richtige angehabt.«

»Dann nahm sie mich zu sich nach Hause mit. Ein Mädchen machte die Tür auf und wir betraten eine prächtige Wohnung, alles voller Spiegel und Möbel mit eisblauen Bezügen, und mit dem Blick auf den Central Park. Ein Mann saß da und wartete auf uns. ›Großartig‹, sagte er zu der Blonden, ›sie wird genau das richtige sein.‹ Er nahm mich ins Schlafzimmer mit und öffnete einen kleinen Kasten. Er war voll von ungefaßten Edelsteinen – ich meine, er quoll über, sie flossen nur so über, Rubine, Smaragde, Diamanten, Amethyste, Opale – und er sagte: ›Nimm einen.‹ Ich dumme Gans wollte nicht den größten nehmen und wählte einen mittleren Smaragd aus. ›Fein. Wir werden einen Ring daraus machen lassen, damit du dich an diesen Abend erinnerst‹, sagte er. ›Okay‹, dachte ich bei mir, ›dieses Lied kenne ich – es bleibt bei dem einen Mal und man sieht sich nie mehr wieder.‹«

»Dann hatten wir Pâté und Kaviar und Champagner und alles mögliche. Nachher gingen wir ins Bett, zu dritt, in dieses riesige Bett mit zwei Vibratoren. Erst hatten wir ›poppers‹ – sie waren in Amylnitrat und sie schnüffelten daran – und dann mußte ich an die Arbeit gehen. Es ist mühsam genug, eine einzige Person zufriedenzustellen, wissen Sie, aber bei zweien muß jede Hand etwas anderes tun und man muß immer achtgeben, daß man nicht einen von ihnen eifersüchtig macht. In diesem Fall wollte er sich zuerst mit dem fremden Mädchen befassen, dann sollte sie es mit seiner Frau tun, und am Schluß fickte er seine Frau. Das bedeutet, daß er sie liebt, darum ging es. Nachdem es ihm gekommen war, stand er auf, ging ins Badezimmer, putzte sich die Zähne, machte sich zum Schlafengehen fertig, kam zurück und sagte: ›Ich will euch nicht stören, meine Damen.‹ Dann ging er hinaus und setzte sich ins Wohnzimmer, um zu lesen.«

»Und dann kam sie – sie war die größte Sexbesessene, die ich jemals getroffen habe. Sie konnte praktisch die ganze Nacht weitermachen. Bei all dieser lesbischen Praxis und den Vibratoren dachte ich, mir fällt die Hand ab und die Zunge aus dem Mund, aber sie konnte nicht genug kriegen. Irgendwie hielt ich aber diese erste Nacht durch und ging dann nach Hause. Und das nächste, was ich sah, war der Smaragdring, der mit einer Karte bei mir abgegeben wurde.«

»Einige Tage darauf riefen sie mich an und wir trafen ein Abkommen. Ich sollte mit ihnen überallhin als ihre Privatsekretärin mitreisen. Ich sollte eine trauernde Witwe darstellen, die gerade ihren heißgeliebten Mann verloren hatte – dadurch wurde ich aus jeder sexuellen Situation herausgehalten – und sie nahmen mich überallhin mit, um mir zu helfen, über meinen Schmerz hinwegzukommen. Wir reisten durch das ganze Land, nach Mexiko und nach Puerto Rico. Sehr oft fuhren wir nach Las Vegas, in Geschäften, aber auch zum Vergnügen. Er war ein hoher Beamter im Nationalausschuß einer der größten politischen Parteien und sie war eine Geschäftsfrau, die sehr viel unterwegs war.«

»Sie arbeitete für irgendwelche große Firmen und hatte eine Menge Kunden. Eine Zeitlang mußte ich im selben Büro mit ihr arbeiten; sie machte mich zur Stellvertreterin des Präsidenten einer ihrer Gesellschaften, was in Wirklichkeit ein Versüßen der Pille war. Sie hatte einen echten Machtfimmel; sie pflegte mich in ihr Büro zu rufen, um mich zu bitten, ihr einen Milkshake zu bringen, obwohl es einfacher gewesen wäre, es mir durchs Telefon zu sagen. Aber sie wollte, daß ich zu ihr hineinkam und sagte ›Ja? Kann ich etwas für Sie tun? Wünschen Sie etwas?‹ und dann wieder den ganzen Weg in mein Büro zurückging, fast eine ganze Meile.«

»Er konnte auch sehr herrschsüchtig sein, aber er hatte eine Unmenge fixe Ideen. Er war sehr auf sein Gewicht bedacht und wollte, daß alle anderen auch Diät hielten. Ich verlor dabei 30 Pfund; normalerweise bin ich Größe zehn, aber er wollte mich auf fünf herunterbringen. Er erlaubte niemandem, zwischen den Mahlzeiten zu naschen, noch überhaupt Süßigkeiten, Kuchen oder Brot zu essen. Er hatte einen Kühlschrank voll Eiskrem und Schokoladekuchen, die er essen konnte, wann immer er Lust hatte, aber ich durfte nichts essen, außer dem, was er ganz sparsam ausgab. Auf diese Art kontrollierte er mich; es fehlte nur noch, daß er mir sagte, wie oft am Tage ich Verdauung haben sollte.«

»Aber sie bezahlten alle meine Ausgaben, sie kauften mir alle meine Kleider und gaben mir noch Taschengeld – es müssen 12 000 oder 14 000 Dollar im Jahr gewesen sein. Und er kaufte mir Schmuck; jedesmal, wenn er etwas für sie kaufte, bekam ich auch etwas. Wenn er ihr einen Diamanten kaufte, bekam ich auch einen Diamanten, obwohl wir nicht den gleichen Geschmack hatten. Sie war mehr für das Auffallende.«

»Ich hielt ungefähr zwei Jahre aus, dann wurde es ein Krampf. Sie entwickelte einen Komplex; er begann, mich lieber zu haben als sie und sie fühlte sich bedroht. Sie fürchtete, er würde sie hinauswerfen und mich heiraten, und fragte mich, ob ich mit ihm gehen würde, wenn er sie verließe. Ich hatte keine Lust, in eine solche Lage zu geraten, denn ich betrachtete das Ganze noch als ein Geschäft und wollte mich nicht auf etwas Persönliches einlassen. Geschäft ist Geschäft. Es wäre wahrscheinlich für mich günstig gewesen; wäre es aber zu einer Scheidung gekommen, hätte es nicht gut ausgehen können.«

»Aber sie fühlte sich so bedroht, daß sie anfing, mir das Leben unerträglich zu machen. Sie verübte schäbige kleine Streiche. Einmal machten wir Urlaub und ich sonnte mich auf einer Gummimatratze. Abends sollten wir zu einer großen Veranstaltung gehen und ich hatte mir gerade mein Haar gemacht. Da schwamm sie unter die Gummimatratze und ließ die ganze Luft heraus, so daß ich auf den Boden des Beckens sank und meine Frisur verdarb. Natürlich sah sie an diesem Abend fabelhaft aus und ich wie eine nasse Ratte.«

»An einem anderen Abend, als ich gerade unter der Dusche gewesen war, sagte sie mir, ich solle auf die Terrasse hinausgehen und den Mond und die Sterne ansehen, weil sie so schön seien. Ich ging hinaus, dann warf sie die Tür hinter mir zu, sperrte sie ab und ließ mich splitternackt draußen stehen. Lauter so kleine Sachen. Anfangs war sie wirklich reizend, aber nach einer Weile wurde sie schrecklich eifersüchtig. Wenn er mich zweimal mehr streichelte als sie, machte sie eine Szene. In Wirklichkeit mochte sie Männer gar nicht so sehr.«

Sex zu dritt (zwei Männer und eine Frau)

Bei diesen Spielen geht es um zwei Männer und eine Frau. Sie bieten Männern, die sonst ausgesprochen heterosexuell sind und nie daran denken würden, mit einem Mann allein Sex zu haben, die Möglichkeit, die vorübergehende Homosexualität ihrer Jugendjahre wiederaufleben zu lassen. Die Anwesenheit einer Frau macht es dem Mann möglich, die homosexuelle Komponente seines Interesses für den anderen Mann abzuleugnen und den Widerstand gegen das Auftauchen von homosexuellen Impulsen in seinem Bewußtsein aufrechtzuerhalten.

Wir haben schon erwähnt, daß der Ödipuskampf dazu neigt, in der Kindheit des Politikers mit ungewöhnlicher Wildheit geführt zu werden. Die Liebe der Mutter im Wettbewerb zu einem einschüchternden und herabwürdigenden Vater zu gewinnen, fordert einen sehr hohen Preis an Schuld und Angst, der nur dadurch gemildert werden kann, daß man immer mehr Siege in der Welt erringt. Im Trio mit einem anderen Mann bietet sich die Möglichkeit, uneingestandene homosexuelle Gefühle auszudrücken, und dazu noch das Vergnügen, den anderen im Kampf um die Frau auszustechen. Hier wird das ewige Dreieck von Vater, Mutter und Kind mit einem neuen Ende durchgespielt, und zwar zu gunsten des Kindes, das diese Schlacht gewinnen kann, wie es das bei seinen Eltern nie tun konnte.

Da ein Callgirl das Bild einer superfemininen Sexualität bietet, wird es als Partner bei solchen halbhomosexuellen Spielen vorgezogen. Auch wenn die beiden Männer vor ihren Augen analen Verkehr pflegen, fühlen sie sich durch ihre Gegenwart ihrer wesentlichen Heterosexualität sicher. Da mögen sie sich im Irrtum befinden, aber trotz einiger weniger Verhaftungen wegen homosexueller Belästigungen – von Walter Jenkins, einem Mitarbeiter des Weißen Hauses während der Johnson-Administration, und in jüngerer Vergangenheit von Richter Carswell und General Walker – ist die Anzahl homosexueller Politiker in den USA sehr gering.

Weitaus verbreiteter ist die Bisexualität, wie im Fall des berühmten Senators aus einer prominenten Familie, der einen eindrucksvollen Ruf als Frauenheld genießt, gleichzeitig aber stark homosexuell engagiert ist. »Lassen Sie es mich so sagen«, meinte Ingrid. »Es gibt hier in Washington eine sehr bekannte Bordellmutter, die sowohl Mädchen als auch Jungen liefert – wenn ich Jungen sage, spreche ich nicht von Kindern, sondern von jungen Leuten über 18. Die Männer verlangen für gewöhnlich dreierlei: eine Hure, einen Jungen und den Kunden. Ich würde sagen, mindestens 20 % der Politiker hier suchen eine zweigeschlechtliche Beziehung; sie finden das sehr genußreich. Ich glaube, die Mehrheit der Kongreßmitglieder liebt das Arschficken, und es ist nicht so wichtig, in was für einen Arsch sie hineinstoßen, in den eines Jungen oder eines Mädchens.«

Sheila sagte: »Ich lasse mich nie in den Arsch ficken; fast keine von uns läßt das zu. Aber sobald einer steif ist, kann das immer vorkommen. Die meisten Burschen, die einen in den Arsch ficken wollen, haben es noch nie versucht, so daß sie den Unterschied nicht kennen. Alles was man tun kann ist, sie richtig steif werden lassen, sie mit KY-Gelee, Mineralöl, Vaseline oder Albolene-Creme einschmieren, so weit es nur geht, und ihn dann schnell in die Fotze stecken. Man muß ihn die ganze Zeit fest drinhalten und für gewöhnlich sind sie doch so abgelenkt, daß sie gar nicht merken, was los ist.«

Valerie erinnerte sich an einen Polizeikommissar von außerhalb der Stadt, der ihr Haus regelmäßig aufsuchte: »Er kam erst ungefähr alle vierzehn Tage und dann immer öfter. Er hatte gern einen jungen Burschen um sich, aber nur zur Verzierung. Das äußerste, was er den Jungen machen ließ, war, sich mit seinem Glied zu befassen. Es ging ihm hauptsächlich darum, von einem Mädchen mit einem künstlichen Penis gefickt zu werden. Er hatte einen ganz speziellen, den das Mädchen nur für ihn verwahrte. Ich habe nie etwas ähnliches gesehen – er war gut vier Zoll dick. Ich weiß wirklich nicht, wie sie das in seinen Arsch bekam. Und sie mußte sehr heftig damit arbeiten – ich habe nie verstanden, wieso ihn das nicht zerrissen hat.«

»Er zahlte 100 Dollar, der Mindestpreis für so verrückte Sachen, aber er war immer sehr schnell, gerade nur rein und raus. Wenn wir einen Jungen lieferten, verlangten wir 50 Dollar mehr, aber das Mädchen berechnete nie etwas, wenn sie auf ihn urinierte; das war einfach eine Gefälligkeit.«

»Ich hatte nie viel Erfahrung mit latenten Homosexuellen«, sagte Joy, »außer den üblichen Dingen, wie einen Finger in den Arsch stecken und blasen, wenn man so etwas mitzählt. Aber ich erinnere mich an einen Burschen, einen Diplomaten von der UNO, der sich immer auf den Rücken legte, die Beine hoch wie ein Mädchen, in der Steigbügelstellung, wobei er seine Knie mit den Händen hochhielt. Dann mußte ich mich mit dem Gesicht zu ihm da hineinlegen und ihn ficken als ob ich der Mann wäre.«

»Ich hatte einmal einen Kerl«, sagte Candy, »einen Richter vom

Appellationsgericht, der sich immer mit den Füßen in der Luft hinlegte, wie bei dieser Tretgymnastik. Ich mußte schwarze Seidenstrümpfe und Schuhe mit Spikes an den Sohlen tragen – drei Zoll lange Dorne – sonst nichts. Er verlangte, daß ich über ihm stehe, ihm mit dem Absatz meiner Schuhe in den Arsch trete und die Sohle hart gegen seine Eier presse, wobei er sich einen herunterriß und sich wie verrückt ins Fleisch biß. Als es ihm schließlich kam, spritzte er die ganze Ladung über sein Gesicht und das regte ihn mehr auf als alles andere. Er wollte immer, daß ich es ihm abschlecke, aber wenn ich das tat, dann schröpfte ich ihn auch tüchtig.«

Suzy erzählte uns: »Zu uns kommen eine Menge Burschen, die wir ›Samennarren‹ nennen, vor allem während der Kongreß tagte, aber auch das ganze Jahr durch. Ein Samennarr ist ein Mann, der hereinkommt und nur dasitzt und wartet bis jemand anderer ein Mädchen aussucht, das ihm gefällt. Dann sagt er dem Dienstmädchen ›die will ich haben,‹ und sie geht und sagt es dem Mädchen. Wenn das Mädchen mit dem Burschen fertig ist, steht sie nicht auf, sondern bleibt im Bett liegen und hält den Samen zurück. Sobald sich der Bursche angekleidet hat und fortgegangen ist, geht der Samennarr hinein und lutscht das Sperma heraus.«

»Wenn ein Samennarr zu einer Zeit kommt, wo das Geschäft flau und nichts los ist, kann man das Ganze vortäuschen. Man nimmt das Eiweiß von einem Ei, ein wenig Salz und einen Tropfen Clorox und gibt es mit einer Pipette hinein; das schmeckt genau wie Sperma. Ich selber kann Samennarren nicht ausstehen – das erste Mal, als ich mit einem zu tun hatte, machte es mich ganz krank.«

»Ich kann mich noch gut an den Richter mit seinem künstlichen Penis erinnern«, sagte Gloria. »Er war einer meiner besten Kunden, ein Mann in den sechzigern, der während der Gerichtsferien zwei oder dreimal die Woche in mein Haus zu kommen pflegte. Er wollte ›Hündchen spielen‹, das heißt analen Verkehr, aber da gab es noch ein Vorspiel. Das war der Teil, den ich nicht mochte, aber die Bezahlung war großzügig«.

»Zuerst band er mich am Bett fest, richtig straff, so daß ich mich nicht rühren konnte, und dann begann er, mich in den Arsch zu ficken. Aber es war schmerzhaft, weil ich fest angebunden war und er mir keine Erleichterung gewährte; ich bin sicher nicht scharf aufs Arschficken, aber er ließ mich weder KY-Gelee, noch Vaseline oder sonstwas verwenden. Er wollte ganz einfach seinen Schwanz in mich hineinschieben und stoßen und stoßen. Ich empfand nichts dabei, aber er wollte mich schreien hören. Es tat höllisch weh. Dann fing er an, zu fluchen und mich zu beschimpfen. Er nannte mich Dirne, Hure, Schlampe und Drecksweib; ich war ganz einfach eine Nutte und verdiene es, gezüchtigt zu werden, er wolle mich bestrafen, wie es mir zukam, alle Frauen seien Huren und ich müsse einen ordentlichen Arschfick verpaßt bekommen.«

»Ob Sie es glauben oder nicht, es fängt an, mich in Erregung zu versetzen. Er wird nie physisch gewalttätig, aber er schlägt mich auf den Hintern und stößt sehr heftig. Er hat einen riesigen Schwanz und mächtige Eier, die tief herunterhängen, die größten, die ich jemals gesehen habe, und er prahlt dauernd mit ihnen. ›Hast du schon mal so große Eier gesehen, die größten, was, Baby?‹ sagt er immer. Dann sagt er, er könnte mir mit seinem Schwanz die Eingeweide herausreißen, und ich wette, er könnte das, aber dann werde ich auch schon naß und mein Schließmuskel gibt nach.«

»Nun, das alles regt mich auf – das Reden, nicht das Arschficken – ich bin bereit, und dann kommt es ihm. Nachher biete ich ihm immer an, ihn abzuwaschen, aber er läßt mich nicht, er mag es, wenn die ganze Scheiße dran bleibt. Dann kommt der künstliche Penis. Ich besitze so einen riesigen, etwas Besonderes, größer als sein Schwanz, lang und rund. Ich habe ihn eigens für ihn machen lassen. Er ist aus ganz hartem Gummi. Ich muß ihn gut einfetten, sonst bekomme ich ihn nie hinein; dann muß ich ihn tief in seinen Arsch stecken und mit Leukoplast festmachen.«

»Wenn ich ihn hineinschiebe, gerät er in Erregung und es kommt ihm wieder. Dann geht er zurück in den Gerichtssaal – er ist im Obersten Landesgericht – setzt sich auf seinen Platz und hört sich den Rest der Fälle mit dem Ding in seinem Arsch an – deswegen muß ich es ja festkleben, damit er es den ganzen Nachmittag drin behalten kann. Natürlich ist sein Arsch von all den Sitzungen, die wir hatten, schon sehr gedehnt, aber man muß sich immer noch sehr anstrengen, es so hoch hineinzuschieben, daß es auch drinbleibt.«

»Abends kommt er für gewöhnlich zurück, um es sich herausnehmen zu lassen, und dann heben wir es bis zum nächsten Mal für ihn auf; es sei denn, er will nicht lästig fallen, nimmt es selber heraus und bringt es bei seinem nächsten Besuch wieder mit. Ich bekomme dafür 100 Dollar, plus weitere 25, wenn er wiederkommt, um es sich herausnehmen zu lassen.«

Knechtung, Demütigung und Machtspiele

Jetzt kommen wir zu einigen der anstrengendsten Perversionen, in denen Demütigung und Leiden vorherrschen. Warum nur unterwerfen sich Männer, die ihr Leben mit der Jagd nach der Macht verbringen, sexuellen Machtspielen, bei denen sie zu Züchtigung und sogar zu richtiggehender Tortur auffordern? Die Antwort liegt in der traurigen Tatsache, daß der Politiker das ganze Leben als eine Ausübung von Macht und Bestrafung ansieht. Bestrafung ist der gemeinsame Nenner seiner Erfahrungen und entweder gegen andere gerichtet, wenn er stärker ist als sie, oder gegen sich selbst, aus Wut darüber, daß er nicht imstande ist, andere zu überwältigen.

In seinem zwanghaften Wiederauflebenlassen von Szenen, in denen er Leiden ausgesetzt ist, empfängt sein neurotisches Machtsystem bestimmte psychische Belohnungen:

1. Seine männliche Überlegenheit wird bestätigt; er hat bewiesen, daß »er wirklich etwas einstecken kann«, mehr als der gewöhnliche Mann.

2. Er glaubt, daß die Prostituierte, genau wie seine Mutter, nur einen starken Mann respektiert und daß diese Erprobung seiner Widerstandskraft ihm eine Chance bietet, ihren Respekt zu gewinnen (als Ersatz für den der Mutter).

3. Bei heftigen Schmerzen und Züchtigungen kann er sich vorstellen, daß er die Folterung eines Märtyrers erleidet. Er kann sich durch Leiden und Demütigung mit Jesus identifizieren und am Ende, wie Jesus, von aller Welt als jemand Besonderes betrachtet werden. Es kommt sehr häufig vor, daß Männer, die ein hohes Amt erreicht haben, von sich selber als von Auserwählten sprechen, die von einer übernatürlichen Kraft dazu bestimmt sind, den Willen Gottes zu erfüllen.

4. Es ist ein weitverbreiteter Glaube, daß Leid läutert. Das Erdulden der Qualen von Knechtung und Züchtigung ist eine reinigende Prüfung, die ihn vorübergehend von seiner Schuld befreit.

5. In diesen Männern findet sich ein überentwickeltes Super-Ich (Bewußtsein) mit einem ebenso starken Es (Machtgier) in krankhafter

Weise verbunden; die Ansprüche von beiden können durch sadomasochistische Machtspiele befriedigt werden.

6. Infolge ihrer Pathologie ziehen sie einen Lustgewinn aus schmerzhaften Erfahrungen. Psychoanalytisch gesehen ist das ein Rückfall in jenes Lebensstadium, in dem die Vergebung der Sünden durch Bestrafung erlangt werden kann. Wenn ein kleines Kind, das »schlimm« war, von seiner Mutter bestraft wird, dann wird dadurch das »schlimme Ich« ausgetrieben und das Kind verdient wieder, geliebt zu werden. Manche kleine Kinder sind sogar absichtlich »schlimm«, um eine Bestrafung herauszufordern, nur wegen des köstlichen Gefühls der engen Zugehörigkeit zu ihrer Mutter, das darauf folgt.

Das ist eine oft unerkannte Ursache des Masochismus von Erwachsenen und kann dazu beitragen, den Grund zu einem »Madonna-Hure«-Komplex im späteren Leben zu legen, in dem alle Frauen entweder als Jungfrauen oder als Huren betrachtet werden. Die reine, liebe Mutter, die den Gegenpol zu dem »schmutzigen« Sex bildet, bestraft den »schlimmen Jungen«, der vom rechten Weg abweicht; aber die Bestrafung an sich wird auf der Ebene der Erkenntnis als eine sexuelle Erfahrung gewertet. Deshalb braucht er eine schmutzige Frau, eine Hure, die in diesem obszönen Szenarium seine Mutter, die Madonna, spielt.

Der große Unterschied zu seiner hilflosen Kindheit besteht in dem Wissen, daß er die Lage vollständig beherrscht, da er die ganze Sache leitet, spielt und dafür bezahlt. Gerade durch diese perverse Logik wird alles hoffnungslos und er wird allem Anschein nach jeglicher Macht beraubt, die er innehat. Alle diese Frauen, die ihm so schreckliche Dinge antun, werden schließlich seine Sklavinnen, und je versklavter er zu sein scheint, desto unmißverständlicher beweist er allen Beteiligten, daß er der Boß ist.

Flagellation, aktiv

Die folgenden Perversionen fallen alle unter die Kategorie Sadomasochismus, bei dem die Erregung und die Befriedigung mit dem Zufügen oder dem Erleiden von Schmerzen verbunden sind (mitunter empfindet dieselbe Person beide Bedürfnisse). Krafft-Ebing prägte den Begriff »Sadismus« nach dem französischen Sexrevolutionär und Romanschriftsteller Marquis Alphonse-François de Sade, aus dem

18. Jahrhundert. »Masochismus« ist von Leopold von Sacher-Masoch abgeleitet, einem österreichischen Romanschriftsteller des 19. Jahrhunderts, der das klassische erotische Buch *Venus im Pelz* schrieb.

Auch Sadomasochismus ist ein Versuch, die Kastrationsangst zu überwinden. Der Sadist tut anderen an, was er glaubt, das ihm geschehen wird, wenn er nicht schneller ist. Der Masochist hofft, die Kastration dadurch zu verhindern, daß er sie sich symbolisch selber zufügt. Freud behauptete, daß der primäre Impuls sadistisch ist, da der Masochist diesen Trieb nicht selber akzeptieren kann und ihn dafür gegen seinen eigenen Körper richtet. Der Sadist identifiziert sich mit dem Angreifer und beweist sich selber, daß er nicht kastriert worden ist, indem er die Rolle des Kastrierenden übernimmt.

Sadismus ist eine Perversion, die eine besondere Anziehungskraft auf Politiker ausübt, die ständig die Versicherung brauchen, daß ihre Herrschafts- und Überlegenheitsgefühle berechtigt sind. Das launische Auf und Ab einer Laufbahn als Politiker kann die Selbstachtung eines Mannes verletzen, dessen Unsicherheit es war, die ihn auf den ersten Platz in der Arena getrieben hat. Im geschützten Rahmen des Apartments eines Callgirls oder eines Bordells kann er sein eigenes Drehbuch schreiben und der Körper einer Prostituierten ist der geeignete Platz, auf dem er den aufgestauten Ärger abladen kann, wenn die Welt seinen Ehrgeiz frustriert.

Wir kennen zumindest drei Männer, in der Politik der Union wohlbekannte Namen, die zusammen innerhalb von zehn Jahren zwanzig Mädchen ins Krankenhaus gebracht haben. Es war ihr Glück, daß sie alle reich genug waren, um für die Spitalskosten aufzukommen und die Mädchen für die Zeit zu entschädigen, die sie als Rekonvaleszentinnen nicht arbeiten konnten (in manchen Fällen wochenlang, wenn ihre Körper fast bis zur Bewußtlosigkeit geprügelt wurden), und mächtig genug, um die Presse von solchen Vorkommnissen fernzuhalten. Einer von diesen Männern, ein führender Kopf in seiner Partei, hatte jahrelang hohe Stellungen in der Bundes- und Landesregierung inne – bis vor kurzem war er ein ständiger Anwärter auf das Amt des Präsidenten – und alle drei erschienen häufig mit ihren Frauen und Kindern auf den Fernsehschirmen. Anfangs neigten wir dazu, diese Geschichten melodramatischen Übertreibungen zuzuschreiben, sie wurden jedoch von einer ganzen Anzahl der verschiedenartigsten Quellen bestätigt. Ein jedes Mädchen, mit dem wir sprachen, wußte von diesen Männern und fürchtete sie, und mehrere hatten unter ihren Händen gelitten.

Elizabeth Ray, die eine Freundin als »ein Mädchen, deren Zunge an beiden Enden lose ist« beschrieb, erzählte einem jeden, der es hören wollte, von Wayne Hays Vorliebe für Fesselung und Züchtigung, und unsere eigenen Quellen in Washington hatten uns berichtet, was nicht in die Zeitungen kam: Wenn Wilbur Mills betrunken war, hatte er einen alkoholbedingten Gedächtnisschwund, während dem er mit äußerster Brutalität vorging und mitunter eine unschuldige Frau schlug bis sie bewußtlos wurde. Wenn er nachher dem gegenübergestellt wurde, was er getan hatte, empfand er Reue und entschuldigte sich, aber seine Macht bewahrte ihn vor den Folgen, bis er etwas unverzeihliches tat: Er setzte den Kongreß selber der Lächerlichkeit aus. Eine Frau zu schlagen, scheint in ihren Augen keine so ernste Sache zu sein, wie mit ihr auf der Bühne eines Kabaretts zu erscheinen.

Alkohol kann für die tieferliegenden unbewußten Gefühle ein gefährlicher Auslöser sein. Wenn ein Mann, der eine Prostituierte für eine sadomasochistische Routineszene verpflichtet hat, betrunken wird, kann dem Mädchen die Kontrolle über die Situation entgleiten, was mitunter zu tragischen Ergebnissen führt. Ein gutgeführtes Freudenhaus wird in seinem Personal oft einen Rausschmeißer haben, der in solchen Fällen eingreift, oder wird, wenn bekannt ist, daß sich der Kunde mitunter hinreißen läßt, eines der anderen Mädchen draußen vor die Tür stellen, damit sie einschreitet, wenn das Spiel droht, zur Wirklichkeit zu werden. Dr. Harold Greenwald sagt in seinem Buch *The Call Girl,* es würden so viele Männer die Mädchen schlagen wollen, daß die Prostituierten die Gewohnheit angenommen hätten, Stoffgürtel zu tragen, die sie den Kunden statt Ledergürteln anbieten, in der Hoffnung, daß sie sich mit einem symbolischen, schmerzlosen Schlagen zufrieden geben. Oft genug ist das auch der Fall.

Mitunter geschieht es jedoch, daß ein Kunde das Mädchen am Ende tötet, wenn es allein und schutzlos ist. Erst kürzlich wurde Karen Baxter, eine 15 Jahre alte »Baby-Prostituierte«, in einem billigen Hotelzimmer tot aufgefunden, geschlagen und erwürgt von einem Kunden, der nie gefaßt wurde. Und viele Verletzungen mit fast tödlichem Ausgang werden nicht gemeldet, aus Angst, der Kunde könnte verhaftet oder gefährdet werden; denn wenn er ein Politiker ist, kann er sich mit harten Vergeltungsmaßnahmen rächen.

Joy erinnerte sich an eine Begegnung aus ihrer kurzen Laufbahn als Straßenmädchen. »Es war eine eiskalte Winternacht und der Bursche fuhr in seinem Volkswagen immer wieder um den Häuserblock herum. Eine jede ließ ihn abblitzen, denn er wollte gleich da im Volkswagen ficken, was ein bißchen schwierig gewesen wäre. Aber es war spät und das Geschäft flau, so dachte ich ›Hols der Teufel, ich zittere vor Kälte, da steige ich lieber ein‹. Das tat ich, und er fuhr in eine Seitengasse, wo es dunkel war, parkte und drehte sich herum, als versuche er, es sich bequem zu machen. Auch ich drehte mich um und sagte ›Wie wollen wir das machen?‹ ›Ich werde es dir zeigen‹, sagte er, fummelte an meinem Hals und knurrte ›Ah, ihr Huren, ich hasse euch alle‹, als er anfing, mich zu würgen. Ich versuchte, seine Hand von meiner Kehle fortzuziehen und ihn zu stoßen, aber auf dem Vordersitz eines Volkswagens ist einfach kein Platz, um jemanden zu schlagen. Die ganze Zeit sagte er in einem jammernden Ton ›Ihr seid alle Huren, alle miteinander, Frauen sind nichts anderes als Nutten, sie sind der Abschaum der Menschheit‹, und so weiter. Ich war fast am Ende, als es mir endlich gelang, sein Haar zu packen und so heftig daran zu ziehen, wie ich nur konnte. Nicht sehr arg, weil ich schon sehr schwach war, aber er mußte einen empfindlichen Kopf haben, denn er begann zu schreien, ich täte ihm weh, als wäre er erstaunt, jemand könne versuchen, *ihn* zu verletzen, auch wenn er sie würgte. Schließlich ließ er ein wenig nach. Ich sprang zur Tür hinaus, und er fuhr sofort weg. Ich habe mir nie die Mühe gemacht, es jemandem zu erzählen. Ich hätte tot sein können, aber ich war es nicht, noch nicht, warum sollte ich mich selber in Schwierigkeiten bringen. Immerhin dauerte es lange, bis die Spuren seiner Finger an meinem Hals verschwunden waren.«

Mehrere Monate später erkannte Joy den Mann auf einem Foto in der Zeitung. Er war gerade in den Stadtrat gewählt worden.

Das Mädchen, das wir durch Olga kennengelernt hatten, Candy, die immer zwischen New York und Washington hin und her pendelt, hatte einen Riecher für die Art Amateurtheater, das eine Prostituierte häufig mitspielen muß.

»Ich lernte diesen Burschen durch eine Freundin kennen. Ich ging abends mit ihm essen und nahm ihn dann wieder in meine Wohnung mit. Er war damals stellvertretender Staatsanwalt; jetzt ist er ein sehr, sehr mächtiger Rechtsanwalt mit einer Privatpraxis – er stand erst neulich auf den Titelseiten der Zeitungen, wegen ein paar sehr großen Prozessen, die er führte. Jedenfalls gingen wir in mein Apartment zurück – nun, er ist ein dicker Mann und es stellte sich heraus, daß er einen winzigen Schwanz hatte. Er war so klein, daß ich ihn kaum finden konnte und das Problem war natürlich, herauszufinden, was ich damit anfangen sollte. In diesem Geschäft muß man lernen, worin ihre Macke besteht – dann ist die Schlacht schon halb gewonnen. Hat man einmal den Schlüssel gefunden, dann steht der Schwanz auch. Zuerst wußte ich nicht, was es war, aber es mußte etwas komisches sein, das merkte ich schon an der Art wie er mich ansah, als ich mich auszog. Er liebte es, mich in Reizwäsche zu sehen und die Seide anzufühlen, aber ich wußte, da war noch etwas anderes.«

»Nachdem ich ein paar Verabredungen mit – nennen wir ihn Herbie – gehabt hatte, sagte er eines Tages ›Ich möchte, daß du eine Freundin von mir kennenlernst‹. Er brachte mich in seine sehr elegante Wohnung in den East Sixties. Als die Tür aufging, stand eine tolle Rothaarige da, aber ich konnte ihr Gesicht nicht sehen, weil sie ihren Kopf abwandte. Herbie sagte mir, sie heiße Tanja. Sobald wir hereingekommen waren, ließ sich Tanja auf ihre Hände und Knie nieder – sie hatte noch kein Wort gesprochen – und begann, im Wohnzimmer herumzukriechen. Sie trug keine Unterwäsche und Herbie folgte ihr und leckte ihren nackten Arsch. Dann befahl er ihr, das Gesicht auf den Boden zu pressen und den Hintern in die Luft zu strecken, holte seinen Schwanz heraus und fing an, sie in den Arsch zu ficken, wobei er sie die ganze Zeit schlug.«

»Er beherrscht sie vollkommen; was immer er ihr befiehlt, das tut sie und darf nicht sprechen, es sei denn, sie wird angesprochen. Jetzt baut Herbie diesen Akt aus, indem er mich einbezieht. Tanja muß meine bedingungslose Sklavin sein. Ich muß sie ständig beschimpfen und sie darf mich nie ansehen, aber alles für mich tun, mich vorne und hinten bedienen, mich sogar baden.«

»Das war es, was er von dem Tag an vorhatte, als er mir begegnete; er suchte eine Frau, die bei diesen Spielen mitmachte, so konnte er zusehen, wie sie meine Sklavin wurde. Tanja hält sich auch einen großen deutschen Schäferhund – Sie können sich denken, wofür.«

Flagellation, passiv

Weitaus am häufigsten verlangen Politiker von den Callgirls, geschlagen zu werden. Die Anzahl von Männern, die sexuelle Befriedigung nur empfinden, wenn sie Flagellation erleiden, steigt ständig an und ein unverhältnismäßig hoher Prozentsatz davon sind Politiker. Es trifft sich gut für die Mädchen, daß das Verhältnis zwischen Empfängern und Verabreichern von Flagellation unter ihren Kunden etwa acht zu eins beträgt.

Die Honorare bewegen sich zwischen einem Minimum von 50 und

250 Dollar, je nach der Kompliziertheit des Programms und der aufgewandten Zeit. Die grundlegende Ausstattung umfaßt eine Anzahl von Peitschen von verschiedenen Größen und Gewichten, eine neunschwänzige Katze (eine Peitsche mit neun geknoteten Schnüren) und Ketten und Handschellen (einige Männer nehmen ihre Medizin sofort, andere ziehen es vor, dazu gezwungen zu werden). Die Spuren, die die Peitschenhiebe hinterlassen, sind ebenso geschätzt wie das Schlagen selber, sowohl als Wunden aus der Schlacht, wie auch wegen der anhaltenden Schmerzen, die noch tagelang ein Stimulans für die Masturbation darstellen.

Es gibt mehrere Faktoren in der Psychodynamik dieser Perversion. Der erste ist das kindliche Bedürfnis, auf eine konkrete, physische Art gezüchtigt zu werden, die Strafe unmittelbar auf dem Körper zu empfangen, statt nur die rein symbolische oder gesellschaftliche Mißbilligung durch die Welt der Erwachsenen zu erfahren. Zweitens führt die strenge Unterdrückung der Sexualität in der Kindheit und Jugend häufig zu einer untrennbaren Assoziierung von Sex mit Leiden im späteren Leben; die Qual der unterdrückten Erektionen in der Kindheit oder die Pein der »unanständigen Eier« in der Jugend müssen ein empfindsames männliches Wesen dazu bringen, zu fühlen, daß Sex Schmerz bedeutet. Und drittens rühmte eine Reihe der von uns interviewten Männer die reinigende Wirkung eines »guten Auspeitschens«. Es ist ihnen wohl bewußt, daß viele Prostituierte tiefe Befriedigung empfinden, wenn sie ihre Kunden auspeitschen, wobei sie ihren Haß auf die Männer abreagieren, und die Fähigkeit, die von einer bezahlten Hure ausgeführte »Bestrafung« auszuhalten, stärkt ihr Zutrauen in ihre Männlichkeit.

Trotzdem besteht, insbesondere bei Politikern, die ernste Gefahr, daß die durch die Flagellation hervorgerufene Erregung zu einem Schlaganfall oder einem Herzversagen führen kann. Die meisten dieser Männer sind weit über 60 und waren viele Jahre lang am Schalthebel der Macht, so daß die Entspannung durch die Flagellation ein gewohnheitsmäßiges Bedürfnis geworden ist. Wenn sie älter werden, wirkt das steigende Risiko des Todes oder der Paralyse als zusätzliches Stimulans und erhöht den Genuß. Die Gefahr ist größer als bei den meisten anderen anstrengenden Perversionen, da Schreie und Flehen um Gnade Teile der Handlung sind und das Mädchen dafür bezahlt wird, daß es auf die dringenden Bitten des Mannes hin mit erhöhter Heftigkeit der Bestrafung antwortet. Wenn sie nicht ständig auf Anzeichen einer wirklichen Not achtet und erkennen kann, wann er tatsächlich genug hat, kann sie am Schluß eine Leiche in den Händen haben, insbesondere, da die Bewußtlosigkeit beim Klimax ein üblicher Schlußpunkt solcher Szenen ist.

Joy erzählte uns von einem prominenten Beamten der New Yorker Gemeindeverwaltung, dessen Name dem Publikum in Verbindung mit Wohlfahrtsprogrammen geläufig ist: »Er (wir wollen ihn George nennen) pflegte Valerie ständig anzurufen. Er wollte ein Mädchen haben, das ihn bestrafte, aber es mußte jedes Mal ein anderes Mädchen sein; deshalb sagte mir Valerie, ich solle hingehen. ›Alles, was du zu tun hast ist, ihn prügeln, dann ist er glücklich‹, sagte sie; ich antwortete ›gut‹ und ging zu George in seine Wohnung. Er schleppte mich sofort ins Badezimmer und ich dachte ›Mensch, was ist das für ein verrückter Kerl!‹ Er ließ seine Hosen herunter und wimmerte ›es tut mir leid, Mami‹ und ich sagte ›du weißt, daß du ungezogen warst und schlechte Worte gebraucht hast, und ich weiß, daß du mit einer anderen Frau ausgegangen bist, die dir schlimme Sachen erzählt hat und daß du so ungezogen warst, auf sie zu hören‹. ›Oh, Mami, es tut mir so leid, es tut mir so leid‹, sagte er weinerlich und ganz zerknirscht, während er sich einen herunterriß.«

»Ich ergriff seinen Gürtel und schlug ihn ganz ruhig auf die Hinterbacken, bis sie so rot wie rote Bete waren. Ich mußte für ihn Sünden erfinden, wie Frauen auf der Straße ansprechen, und ihm sagen, er dürfe niemals Frauen ansprechen, weil sie böse seien und ihn in Schwierigkeiten bringen würden. George schnüffelte und jammerte weiter ›ich will es nicht wieder tun, ich bin so ein unartiger Junge, es tut mir leid, kannst du mir jemals verzeihen?‹, wobei ich ihn immer weiter schlug.«

»Ich möchte sie zu gern bluten sehen, aber ich habe es noch nie so weit getrieben, ich warte noch auf eine Gelegenheit. Ich glaube, ich muß selber ein wenig verrückt sein, denn ich genieße es richtiggehend, ihn zu schlagen – vielleicht ist es nur Frustrierung oder ich habe an ihm alles abreagiert, was mir geschehen war.«

Sheila erzählte uns: »Ich fühle mich dabei wie befreit, besonders wenn ich zu Hause einen schweren Tag gehabt habe. Dann möchte ich die Scheiße aus ihnen herausprügeln. Ich sage immer den anderen Mädchen ›wenn ihr jemanden bekommt, der beherrscht werden will, schickt ihn zu mir‹. Es gibt Zeiten, wo ich unbedingt jemanden schlagen muß und bereit wäre, zu töten. Ich kann sehr, sehr streng sein; ich habe bisher noch niemanden ins Krankenhaus gebracht, aber ich war nahe daran. Einen dieser Burschen habe ich ernstlich verletzt.«

Wir fragten Ingrid, ob ihre Kunden damit einverstanden waren, denn wir wußten, daß ihr Bordell in Washington ausschließlich Regierungsbeamten zur Verfügung stand.

»Oh ja«, sagte sie, »unser größtes Geschäft war Fesselung und Züchtigung. Wir hatten eine wunderschöne Kollektion von neunschwänzigen Katzen, aber ein kleineres Modell als das echte, das in der britischen Marine verwendet wurde. Wir konnten es nicht nehmen, weil die Zimmer nicht groß genug waren – für die großen braucht man so viel Platz wie für ein parkendes Auto.«

»Wir hinterließen immer große braune Flecken auf dem ganzen Körper der Burschen – wir hatten Richter, Senatoren, und noch größere Tiere –, denn darum geht es ja gerade. Sie wollen diese Male haben, besonders wenn es zum Höhepunkt kommt. Dann schreien sie ›mehr, mehr, fester, fester!‹ Aber dann, wenn alles vorbei ist, haben sie Angst, jemand könnte sie sehen, obwohl wir immer acht geben, sie nicht ins Gesicht zu schlagen. Die Burschen, die es sich leisten können, sich auspeitschen zu lassen, lassen für gewöhnlich ihre Frauen zu Hause. Sehen Sie, das öffentliche Schulsystem hier ist schrecklich und die Privatschulen sind abscheulich, deshalb bleiben eine Menge Familien während des Schuljahrs an ihrem Wohnort. Deshalb sind die Narben kein so großes Problem, besonders da wir oft Fälle haben, bei denen die Frauen bei der Fesselung und Züchtigung mitmachen.«

Sprachliche Demütigung

Die sprachliche Demütigung muß von der Koprolalie, dem zwanghaften Fluchen, unterschieden werden, das häufig während des Vorspiels in Form obszöner Aufforderungen zum Geschlechtsverkehr auftritt. Zweck der sprachlichen Demütigung ist die Herabsetzung des Partners, weil er vor allem anderen Sex haben will. Sie ist ein Rückfall in das frühjugendliche Stadium der sexuellen Entwicklung, in dem Kinder ihr intensives Interesse an Sex und ihre Neugier durch Beleidigungen und vorgebliche Geringschätzung ausdrücken, wie wenn ein Junge zu einem anderen sagt: »Hätte deine Mutter einen Taler wechseln können, wäre ich dein Vater geworden.«

Als Teil des Repertoires einer erfahrenen und talentierten Prostituierten, ist die sprachliche Demütigung oft eine hochentwickelte Fähigkeit, die ein intuitives Verständnis für die besondere emotionelle Fixierung des Kunden erfordert. Ein Mann, der von dieser Perversion beherrscht wird, neigt dazu, einer bestimmten Prostituierten treu zu sein, da es Zeit und eine genaue Kenntnis der individuellen Psyche des Kunden, seiner besonderen Verwundbarkeit und der privaten Quellen seiner Schuldgefühle braucht, bis beide den Akt zu seiner Zufriedenheit vollführen.

Sprachliche Demütigung wird häufig von Fesselung, Flagellation und anderen Formen physischer Mißhandlung begleitet und ist, wie diese, ein symbolischer Test der Wünsche. Politiker sind besonders empfindlich gegen brutale Angriffe auf ihr Ego; sie werden ständig gequält und geschmäht und damit bedroht, daß sie bei ihren Wählern oder vor der ganzen Welt in Ungnade fallen könnten. Ein ganzer Beruf von privaten »Forschern« ist nur entstanden, um das Skelett im Wandschrank eines jeden Einzelnen zu entdecken, der die politische Laufbahn einschlägt, und die ungesetzliche Verwendung der Hilfsquellen von CIA und FBI für diesen Zweck ist allbekannt.

Während der Präsidentschaftskampagne im Jahr 1976 mußten sich die Kräfte des demokratischen Kandidaten Jimmy Carter gegen die heftigen Angriffe der Schnüffler wehren, die die Republikaner gedungen hatten. Unter anderen unbedeutenden Dingen gelang es ihnen, die Tatsache ans Licht zu bringen, daß ein Neffe von Carter eine lange Gefängnisstrafe wegen Raubüberfall mit bewaffneter Hand verbüßte. Dann war da der Versuch, den Präsident Nixons Abteilung für »schmutzige Tricks« unternahm, den Senator Edward Muskie während der direkten Kandidatenwahl in New Hampshire 1972 fertigzumachen. Die absurden und grundlosen Anklagen versetzten ihn in solche Angst und Sorge, daß er vor aller Öffentlichkeit in Tränen ausbrach, und obwohl es sich herausstellte, daß sie unbegründet waren, verzieh man ihm nie diese Zurschaustellung der Schwäche.

In Anbetracht ihrer außergewöhnlichen Verletzlichkeit ist es verständlich, daß eine Reihe von Politikern die Gelegenheit sucht, solche beschämende Szenen durch eine von ihnen selbst ausgedachte und kontrollierte Phantasie vorwegzunehmen. Sie können einen solchen Schluß herbeiführen, daß sie als Sieger daraus hervorgehen. Diese Männer behaupten, sie empfänden eine so erfreuliche moralische Überlegenheit, wenn sie sich selber bewiesen, daß sie ihren Kopf (und ihre Erektion) hochhalten können, während alle um sie herum – das Personal des Bordells – ihr möglichstes tun, um sie in den Schmutz zu ziehen.

Valerie erzählte uns: »Eines Tages rief mich ein Kunde an, um mich zu fragen, ob ich einen Freund von ihm, einen komischen Kauz, sehen könnte – er hatte einen hohen Posten in der Bezirksverwaltung, ich erkannte ihn ein paar Wochen später im Fernsehen, als er in die Enthüllung eines politischen Korruptionsfalls im Landesinnern verwickelt war. Ich sagte ›hols der Teufel, das Geschäft geht schlecht, okay, schick' ihn rüber‹. Er war ein sehr netter Bursche, sehr gut angezogen, und alles was er verlangte, war Demütigung, er wollte nur mit Worten gedemütigt werden. Drei Mädchen waren schon an der Arbeit, sonst war niemand da, so übernahm ich es selber. Ich mußte Dinge sagen, wie ›du brauchst mir nicht zu glauben, aber du wirst verdroschen werden. Du möchtest hier dein Glück versuchen, aber wir werden dich festbinden. Willst du noch immer nicht auf mich hören? Hier, lutsch an diesem künstlichen Schwanz – ich will nichts aus deinem Scheißmund hören, und ich werde die Scheiße aus dir herauspeitschen, denn du bist ein ganz mieser Perverser. Ich weiß verdammt gut, wenn ich das nicht tue, dann läufst du gleich hinaus und verführst irgendein kleines Mädchen, du mieser Hurensohn, du Schweinehund. Reiß' dir selber einen runter, du verdienst es nicht, mich anzurühren.‹«

»Er war hingerissen und ich fing selber an, mich dafür zu begeistern. Ich dachte ›he, wenn das alles ist, dann steige ich in dieses Geschäft ein. Kein direkter sexueller Kontakt, bessere Bezahlung, praktisch keine Arbeit, höher geht's nicht‹. So fing ich an, mich zu spezialisieren. Der ›Pleasure Chest‹[1] war eben eröffnet worden und ich rannte hinüber und kaufte alle diese Köstlichkeiten – Peitschen und Ketten und neunschwänzige Katzen und Handschellen und einen schwarzen Lederdreß und Strumpfgürtel und Stiefel mit hohen Absätzen. Ich haute richtig auf die Pauke. Ich hatte junge, weiße, attraktive Mädchen und Sonderhonorare: 50 Dollar für eine schnelle, kurze, nur verbale Demütigung; 65 für Demütigung und ein bißchen Züchtigung; 75 für Fesselung und Züchtigung; und 100 für irgend etwas, wie eine ›goldene Dusche‹. Ich scheffelte Geld, ich machte ein Vermögen und ich *genoß* es, ich *genoß* alles dabei.«

»Ich fand heraus, daß die meisten Männer, die sich dafür interessierten, sehr freundliche, außergewöhnlich wohlerzogene Burschen in guten Berufen waren – junge Anwälte, Doktoren, einige Kongreßmitglieder für New York, New Jersey, Connecticut, und einige Bürgermeister aus New England. Das Durchschnittsalter war um 40 herum. Sie waren meistens an etwas Besonderem interessiert. Einige von

1 Eine Boutique in Manhattan, die auf Ausrüstung und Accessoires für Fesselung und Züchtigung spezialisiert ist.

ihnen wollten nur abwegigen Sex, aber sie waren nicht in der Mehrheit. Die meisten wollten irgend etwas erfinden, von dem sie wußten, daß sie es anderswo nicht bekommen konnten. Ich glaube, das waren Männer, die es zu Hause schwer hatten; wenn sie ihren Frauen gesagt hätten ›Liebling, ich möchte mich als Frau anziehen‹, wären die ohnmächtig umgefallen. So dachten sie, ›gehen wir in einen Puff und versuchen wir's‹; und die, die es mochten, blieben natürlich dabei.«

»Dann waren da einige, die hatten etwas darüber gelesen und dachten ›das muß ich einmal versuchen‹, und ein paar, die einen Schrecken bekamen, als sie merkten, wie gut es ihnen gefiel – sie fühlten, wie es sie immer weiter und weiter in die Abwegigkeit hineintrieb, und fürchteten, sie würden nie wieder imstande sein, es aufzugeben und zu normalem Sex zurückzukehren. Aber die meisten von ihnen kamen wieder und verlangten nach mehr.«

»Ich kann meistens schon nach den ersten fünf Minuten sagen, wie arg sie es haben wollen. Ich beginne mit so etwas wie ›komm' nur her, du Mutterficker, und küß meinen Fuß – nein, nicht so, du blöder Schwanzlutscher‹. Wenn ihn das schockiert, werde ich ein wenig sanfter. Vielleicht war das nicht das, was er wollte; vielleicht will er physische Gewalt. Ich greife zur Peitsche und drohe, ihn zu schlagen. Wenn er sagt ›nein, ich darf keine Stellen haben‹, dann weiß ich, daß er sich eigentlich nicht dafür interessiert. Der Bursche, der das mag, will mit seinen Malen nach Hause gehen und eine Woche lang onanieren. Dann sage ich ›okay, komm, wir wollen dir ein Halsband ummachen‹, lasse ihn auf seine Hände und Knie heruntergehen und bellen, wie ein Hund. Eine ganze Menge von denen liebt das; ich habe einen Bürgermeister aus Connecticut, der kommt einmal in der Woche, nur um so zu tun, als ob er ein Hund wäre. Er will eine vollkommene Herr-und-Sklave-Beziehung haben und läuft zwei Stunden lang auf allen vieren herum, mit hängender Zunge, und keucht, während ich mit einer Peitsche über ihm stehe. Ich gebrauche sie nicht, er will nur, daß ich ihm damit drohe, weil er so ein schmutziger Perversling ist, ein verkommenes, widerliches Tier, und ähnliches in der Art.«

»Ich habe einen Burschen«, erzählte uns Suzy, »sehr blond und slawisch aussehend (er ist der Polizeichef einer großen Stadt an der Ostküste), der kommt jede Woche, um die gleiche kleine Szene zu spielen. Er kommt herein und sagt ›Weißt du etwas über die Nazis?‹ ›Ja, das tu' ich‹, sage ich. ›Natürlich tu' ich das, und wir wissen genau, was ihr schmutzigen Polacken braucht.‹ Dann legt er seine Kleider ab und ich hole die Peitsche heraus – manchmal will er eine neunschwänzige Katze haben, dann wieder eine leichtere – und prügle ihn, als Begleitung zu einer Art Singsang, der so geht: ›Die SS weiß, was sie mit euch tun muß, jawohl, ihr dreckigen Polackenschweine. Wir haben die Endlösung für euch bereit, ihr Rotzfresser, ihr kotzeschleckenden Scheißkerle. Es ist entwürdigend für mich, dich auch nur mit dem Ende der Peitsche zu berühren, du stinkst ärger als eine Kloake, ich halte es nicht aus, im selben Zimmer mit dir zu sein, du fauliger Abschaum.‹ Sie verstehen jetzt, wie das geht. Er braucht die Peitsche, aber die Hauptsache sind die Worte. Ich darf sie weder ändern noch abwandeln; wenn ich eines davon überspringe oder durch ein anderes ersetze, wird er wütend und ich muß wieder von vorn anfangen.«

Physische Demütigung

Im Gegensatz zur einfachen Flagellation ist die physische Demütigung komplex, einfallsreich und hochgradig auf die betreffende Person abgestimmt. Hier ist die Prostituierte eine Zeremonienmeisterin, die immer neue Überraschungen erfinden und unerwartete Variationen des Themas ausdenken muß. Die Befriedigung des Kunden basiert nicht nur auf seiner Fähigkeit, Schmerzen auszuhalten und zu meistern, sondern auch mitzugehen und Genuß aus der schrecklichen Ungewißheit zu ziehen, was als nächstes kommen wird.

Auch hier neigt er zur Treue und unterhält manchmal jahrelang Beziehungen zu demselben Mädchen. Er hat ihr nicht nur die verborgensten Geheimnisse seines gequälten innersten Ichs erzählt, sondern vertraut ihr auch sein Leben an, wie wir an den folgenden Beispielen sehen werden. Seine Anhänglichkeit an sie beruht auf einer tiefen und zwanghaften Mitwisserschaft und ist oft so beständig wie eine Ehe. In den letzten Jahren sind die Bordelle, die als »Häuser der Züchtigung« bekannt und in physischer Demütigung spezialisiert sind, wie Pilze aus dem Boden geschossen. Ihre Madames haben eine große Gefolgschaft unter den Politikern und anderen Spesenmachern. Früher mußten die sowohl einfallsreichen als auch teuren Instrumente von jeder Prostituierten individuell gestaltet werden. Jetzt hat die Nachfrage derartige Ausmaße angenommen, daß sich jede größere Stadt rühmt, mindestens einen Sex-Shop zu besitzen, wo man jedes nur vorstellbare Werkzeug für Sexualtortur fertig kaufen kann; durch Anzeigen in mehreren Sexjournalen hat sich auch ein lebhaftes Versandgeschäft entwickelt.

Das Angebot umfaßt Gegenstände wie Henkerschlingen, scharfe Nadeln. Wäscheklammern, Fleischspieße, Vibratoren und sogar Apparate für Kreuzigungen. Ingrid, Frauenrechtlerin und Callgirl, die Capitol Hill bediente, ließ ihre Geräte nach Maß anfertigen.

»Es wurden so viele strenge Verfahren verlangt«, sagte sie, »daß ich spezielle Schwanzringe machen ließ. Das sind Lederreifen, die an der Innenseite spitze Nägel haben – so scharf, daß man blutet, wenn man sie nur berührt. Der Mann legt ihn um seinen Schwanz und sobald der anschwillt, stechen die Nägel ins Fleisch. Das erzeugt unglaubliche Schmerzen. Viele tragen einen solchen Ring während sie geschlagen werden. Es ist manchmal schwierig, sich Dinge auszudenken, die sie schwer genug verletzen, um sie glücklich zu machen.«

Die Honorare für diese Dienste gehen von einem Minimum von 50 bis zu 500 oder mehr Dollar pro Sitzung; das hängt von der Phantasie der Ausführung und der Anzahl der Beteiligten ab. In jedem Haus gibt es einzelne Mädchen, die mehr verlangen als andere, weil sie einen besonders schrecklichen Ruf als *Dominatrices* erworben haben, was sie zu den höchsten Honoraren berechtigt. Da das Bedürfnis nach physischer Demütigung sowohl zwanghaft als auch andauernd ist und zumindest einen Besuch in der Woche im Bordell erfordert, kann es eine bedeutende Auslage mit sich bringen: 200 bis 1000 Dollar pro Woche, Monat um Monat. Deshalb bleibt es in der Regel erfolgreichen Geschäftsleuten, freien Berufen und Politikern vorbehalten, die an den Perversionen der oberen Gesellschaftsschicht Gefallen gefunden haben.

Suzy erzählte uns von einem ihrer regelmäßigen Kunden, einem Abgeordneten des Staates New Jersey: »Ich habe drei Lieblingssklaven, und Tiger – so nenne ich ihn – ist einer davon. Er gibt mir jedesmal 75 oder 100 Dollar. Wenn Tiger kommt, dann behüte Gott, wenn noch jemand anderer da ist. Er regt sich sogar auf, wenn ein anderes Mädchen da ist. Er kommt immer mit allen möglichen Geschenken für seine Herrin und tut genau, was ich ihm sage.«

»Wenn ich Tiger sage: ›Ich will, daß du ein Gummiband um deine Eier tust, bevor du zu mir kommst, und ich will dich purpurrot sehen, und wenn du nicht purpurrot bist, bemühe dich gar nicht erst hierher, oder ich verpasse dir eine Tracht Prügel; und ich will auch, daß du ein Pompon draufsteckst, und wenn du herkommst, will ich, daß du dich ausziehst und mir einen kleinen Tanz um das Haus herum vorführst, mit Glöckchen behängt‹, nun, dann frißt er das eben. Er kann gar nicht genug bekommen.«

»Ich schlage ihn wirklich eine ganze Menge und habe ihm massenhaft Male beigebracht. Ich habe eine lange geflochtene Lederpeitsche. Sie ist so schwer, daß ich einmal fast gestorben bin, als ich sie mir auf den Fuß fallen ließ. Können Sie sich vorstellen, was das heißt, so ein Ding mit aller Kraft zu schwingen? Ich tat es, auf Tiger, und er war begeistert: ›Mehr, mehr‹, immer nur mehr. Wenn er vor Schmerzen schreit, sage ich nur, ›Halt' den Mund. Wenn ich noch einen Piepser von dir höre, dann schlage ich dich, daß du nie wieder aufstehen kannst.‹ Manchmal will er angebunden werden, dann wieder nicht, und wenn nicht, habe ich immer Dobermanns oder deutsche Schäferhunde um mich. Und Tiger kommt Woche um Woche wieder und will immer mehr davon haben.«

Elaine, die eines der berühmtesten Züchtigungshäuser in Manhattan betreibt, sagte: »Ich habe einige sehr interessante Erfahrungen mit - - - gemacht, der - - -minister in der Regierung von - - - war. Er liebte es, gefoltert zu werden und ich mußte mir jedesmal eine neue Geschichte ausdenken. Er behauptete meistens, er sei ein Fallschirmjäger oder ein Gefangener der Nazis und ich sollte den Gestapofolterer spielen. Es mußte immer Blut fließen; er liebte es, mit Rasierklingen geschnitten zu werden.«

»Sein Lieblingsspiel war die Darstellung eines abgeschossenen Piloten in einem Hospital. Ich war die Ärztin und mußte ihm sagen: ›Okay, ich bin Dr. Schweinehund und ich werde Sie verhören. Wenn Sie meine Fragen nicht beantworten, wird es Ihnen sehr, sehr leid tun.‹ Er bat dann die Krankenschwester, meine Gehilfin: ›Bitte, bitte, lassen Sie nicht zu, daß sie mir etwas tut.‹ Aber ich war erbarmungslos und wir banden ihn fest, denn wenn man jemanden foltert, schlägt er natürlich um sich und ich wollte nicht getroffen werden. Wir banden ihn so fest, daß er sich nicht rühren konnte und dann wickelte ich Klebeband um seinen ganzen Körper und riß es wieder ab, oder ich steckte Nadeln in seine Eier, ganz durch, bis sie bluteten, oder ich klemmte Wäscheklammern an seine Brustwarzen. Aber er wollte nie mit einer Peitsche geschlagen werden. Wir schoben Eiswürfel in seinen Arsch und stießen einen künstlichen Penis nach und ließen ihn drin, und einmal nahmen wir eine elektrische Zahnbürste und stellten sie an als sie drin war. Alles, was mir nur so einfiel. Jeden Tag mußte ich mir etwas neues ausdenken und ich saß tatsächlich jeden Morgen da und überlegte mir, was ich ihm an diesem Tag antun könnte. Einmal ließ ich einen Schneebesen auf ihm laufen. Alles was nur Schmerzen bereiten konnte.«

»Wir hatten noch einen anderen, einen Abgeordneten aus Pennsylvania, der sich auf seine Hände und Knie niederließ; wir jagten ihn durch das ganze Zimmer und schlugen auf seinen nackten Hintern. Dann war da noch ein Staatsanwalt, der sich selber zum Geburtstag einen Besuch bei uns schenkte. Er zog Gummihandschuhe an und wir banden ihn ans Bett und schlugen ihn, bis sein Arsch blutete, dann kam es ihm. Er brachte immer seine eigene Peitschensammlung mit – er muß zwanzig oder dreißig davon gehabt haben. Ich habe nur eine einzige; in meinem Haus wird das nicht oft verlangt, sondern eher künstliche Penisse. Eine Menge Burschen wollen, daß man ihnen einen in den Arsch steckt, aber sie wollen nicht, daß ein anderer Mann das tut, sie wollen, daß ein Mädchen es tut. Das wird natürlich eigens berechnet.«

»Eine Zeitlang kam ein Polizeikommissar zu mir, der vorgab, ein Mädchen zu sein. Er schlang seine Beine um mich und sagte ›Fick mich, Baby, fick mich, oh, es kommt, es kommt‹ in einer dünnen, hohen Babystimme, und ich sagte dann, ›Ich werde meinen großen Schwanz in deinen Bauch hineinstoßen, ich werde dich aufreißen‹, Ich versuchte, alles zu übertreiben, was Burschen zu mir gesagt hatten. Es war richtig toll.«

Aus irgendeinem Grund ist der hilflose Patient in den Händen eines sadistischen Arztes eine Lieblingsimprovisation von Politikern. Valerie erzählte uns von einem New Yorker Abgeordneten: »Seine Masche ist, daß er behauptet, das Haus sei ein Krankenhaus. Seit drei Jahren kommt er routinemäßig alle zwei Wochen zu uns. Er ändert sich nie. Er kommt und setzt sich hin, als ob er in einem Wartezimmer wäre. Zwei von uns Mädchen spielen ihre Rollen, die Ärztin und die Krankenschwester. Zuerst gibt ihm die Schwester eine Zeitschrift und er liest sie eine Weile, um seine Angst zu steigern. Dann kommt sie heraus und sagt ›Die Frau Doktor möchte Sie jetzt sehen?‹ und führt ihn in ein anderes Zimmer, wo ich in einem weißen Kittel hinter einem Schreibtisch sitze. ›Also, Herr - - -‹, sage ich, ›ich fürchte, es ist etwas Ernstes. Wir werden versuchsweise eine Operation vornehmen müssen.‹ Ich sage ihm, daß er sehr böse gewesen ist, daß er gesündigt hat und daß Gott Vater ihn zu dieser schrecklichen Operation verurteilt hat: daß er kastriert werden muß.«

»Dann lege ich ihn auf den Untersuchungstisch und beginne, seine Schamhaare mit einer Pinzette auszureißen. Manchmal binde ich ihn an und bringe ihm mit Messern, die wie Skalpelle sind, am ganzen Körper kleine Schnitte bei. Einmal hatte ich sehr schlechte Laune und sagte zu einem meiner Mädchen, ›Ich gehe jetzt hinein und trete ihn in die Eier, mal sehen, ob er das mag‹. Ich war in der richtigen Laune dafür, ging hinein und sagte, ›Ich lasse dich jetzt den Arsch meines Hundes lecken‹, aber dann sah ich ihn an und merkte, was für ein Stück Scheiße er war, und sagte, ›Nein, du bist nicht gut genug dafür‹.«

Einer von Suzys ständigen Kunden war ein Richter vom Appellationsgericht, der verlangte, daß sie zu ihm ins Haus kam. »Ich pflegte einmal im Monat ein Taxi zu nehmen und zu seinem Haus auf Long Island zu fahren. Das war herrlich, denn ich brauchte mich nicht auszuziehen, noch sonst etwas. Er brachte seine Samtschatulle und 50 Dollar herein. In der Schatulle waren drei sterilisierte Nadeln. Zwei davon mußte ich in seinen Penis stecken, durch das ganze Fleisch, von einer Seite zur andern. Dann mußte ich die dritte ganz gerade bei der Spitze hineintreiben, so weit es ging, und dann kam es ihm.«

Sheila erzählte uns von einem Mitglied des Erziehungsausschusses, der sie regelmäßig zweimal im Monat besuchte: »Dieser Verrückte verlangt, daß ich ihn anbinde und einen Strick ganz eng um seine Eier schlinge. Dann muß ich eine Zigarre anzünden, die Haare rund um seinen Schwanz und seine Eier absengen und dann – bist du bereit? – dann berühre ich mit dem brennenden Ende der Zigarre die ganze Innenseite seiner Schenkel und beschreibe einen kleinen Kreis von Brandstellen rund um sein Arschloch. Die ganze Zeit gibt er keinen Ton von sich, er beißt nur die Zähne zusammen, wenn ich die Spitze der Zigarre zu lang auf seinem Arsch lasse. Sobald die Brandwunden zu heilen beginnen, kommt er und verlangt mehr. Ich weiß nicht, wie er überhaupt sitzen kann – sein Hinterteil ist fürchterlich anzusehen.«

»Ich brauche ihm wenigstens nichts zu sagen; ich habe einen Bezirksleiter, der mich eine ganze Schau abziehen läßt. Ich ziehe ihn aus, stelle ihn auf einen Hocker, binde ihn an das Wasserrohr an, so daß er an seinen Handgelenken baumelt, stoße den Hocker weg und beginne, ihn mit der neunschwänzigen Katze zu peitschen, bis er blutüberströmt ist. Während ich das tue, muß ich ihn anschreien, ›Du kommst hier nicht lebend heraus, du dreckiger Perversling, du bleibst hier hängen, bis du vermoderst. Niemand wird es erfahren, bis die Nachbarn deinen zerfallenden Kadaver riechen und die Polizei rufen. Die wird dich abschneiden, stinkend und aufgebläht, wie du dann bist, und wird dich mit den Füßen voraus hinaustragen; sie werden dich nicht finden, bevor du nicht ganz grün und schleimig bist, du Schwein.‹ ›Mehr, mehr, hör' nicht auf‹, schreit er mich dann an, während ihm das Blut den Rücken hinunterläuft.«

Ingrid hält etwas von einleitenden diagnostischen Interviews: »Wir setzen uns gewöhnlich viermal mit ihnen zusammen, bevor sie bedient werden. Wir unterhalten uns über ihre Kindheit. Schließlich sind wir diejenigen, die ihnen diese harten Schläge und Folterungen verpassen, und wir müssen wissen, wozu wir es tun und in was für einem Geisteszustand sie sich befinden, denn wenn man zu weit geht, kann man einen Kunden zerstören. Wir müssen herausfinden, was sie sich vorstellen, was für eine Illusion sie sich schaffen wollen und was für eine Schuld sie dazu treibt, eine Bestrafung zu suchen.«

»Ich erinnere mich an ein Kongreßmitglied, der verlangte, daß wir eine Vergewaltigungsszene spielen. Wir waren zu zweit, zwei Mädchen, und wir mußten ihn glauben machen, daß wir entsetzt waren, als er uns packte und uns die Kleider herabriß. Dann nahm er uns und schlug uns, nicht arg, weil wir ihm erlaubten, uns zu vergewaltigen. Wir berechneten 600 Dollar dafür – aber das richtet sich nach den ortsüblichen Honoraren.«

»Ich sollte Ihnen erzählen, was Maggie passiert ist. Sie war mit uns auf Tournee durch Maryland – Sie werden bemerkt haben, daß dort jetzt die meisten Kongreßmitglieder leben. Aber der eine war kein Kongreßmann; es war (sie nannte einen Mann, der in der Regierung Nixon einen hohen Posten hatte, der während der Watergate-Affäre monatelang fast jeden Tag auf der Titelseite der Zeitungen stand und sich jetzt von der Politik zurückgezogen hat, in Ungnade). Er kam zu Maggie in die Wohnung und nachdem sie ihn, wie üblich, ausgepeitscht hatte, wollte er, daß sie ein Messer in ihn stößt. Er war sehr pervers und sehr, sehr abwegig, und sie wollte es nicht tun. Aber sie hatte ein Messer aus Gummi, das nur ganz wenig weh tat, und mit dem stieß sie ein paar mal auf ihn ein. Das war nicht genug, und er bearbeitete sie mit den Fäusten und verletzte sie.«

»Dann drehte er vollständig durch. Er rannte in die Küche, ergriff ein Fleischermesser, legte ihre beiden Hände um den Griff und begann, das Messer in seine Brust zu stoßen. Sie konnte überhaupt nichts tun – in diesem Augenblick hatte er übermenschliche Kräfte –, und wenn nicht zufällig ihr Freund hereingekommen wäre, hätte er sich sicher umgebracht. Natürlich wären auf dem Messer ihre Fingerabdrücke gewesen und nicht seine. Können Sie sich vorstellen, daß man so etwas die Geschworenen glauben machen kann?«

Candys Erfahrung war vielleicht die seltsamste von allen: »Ich hatte einmal einen Herrn, der war ein großer politischer Führer aus New York. Ich sage nie ›Kunde‹, das klingt so unwürdig, und dieser Mann war sehr würdig. Er hatte den Einfall, mich in sein Büro kommen zu lassen. An den Tagen, wenn ich zu ihm kam, richtete er seinen Arbeitsplan nach meinem Besuch ein. Ich zog mich nie aus und hatte auch keinen Geschlechtsverkehr mit ihm, ich mußte nur bei ihm im Büro sein, während er andere Politiker, Journalisten und Geschäftsleute anrief; und ich mußte ihm so viel Schmerzen wie ich nur konnte zufügen, während er telefonierte. Dabei war er bestrebt, eine ganz ruhige und geschäftsmäßige Stimme zu bewahren, während ich ihm diese unglaublichen Dinge antat. Ich brachte immer meine kleine Tasche mit allen meinen Instrumenten mit und zerbrach mir den Kopf, was ich als nächstes erfinden könnte.«

»Ich stach Nadeln in seine Eier. Er hatte es gern, wenn man ihm eine Zahnbürste in seinen Penis schob und ich hatte eine elektrische Zahnbürste, die ich ihm in den Arsch steckte und dann anstellte; auch das mochte er sehr. Aber es mußte jedesmal anders sein; einmal waren es kleine Kuchenformen, dann Wäscheklammern an seinen Brustwarzen, oder ich mußte zehn Wäscheklammern nehmen und sie überall an seine Eier klemmen und Gummibänder wie eine Aderpresse um seinen Penis binden, bis er purpurrot wurde. Und die ganze Zeit sagte er am Telefon: ›Oh, ja, Jack, ich glaube, du hast da eine sehr gute Entscheidung getroffen. Ich bin sicher, daß auch Dave und Barney einverstanden sein werden, und hast du mit Lou gesprochen?‹ Er konnte ganz sachlich und kühl so weiter machen und es war ein Wettkampf zwischen uns beiden; ich versuchte, ihn fertig zu machen, und er trachtete, keine Miene zu verziehen und sich der Person am anderen Ende des Drahts gegenüber nichts anmerken zu lassen.«

»Er erreichte nie eine Befriedigung, während ich bei ihm war. Es kam ihm nicht – was ja auch kaum möglich war, mit der Aderpresse um seinen Penis –, aber für ihn war es jedenfalls eine Genugtuung, die Schmerzen meistern zu können, während er mit seinen Freunden am Telefon Geschäfte abwickelte.«

»Ich hatte noch einen anderen – sein Name steht oft in den Zeitungen, weil er in mehreren großen Senatsausschüssen sitzt –, der mich eine Nazi-Krankenschwester darstellen ließ. Ich mußte einen weißen Kittel mit einem breiten, dicken Ledergürtel anziehen, dazu ein weißes Kopftuch und glänzende hohe schwarze Stiefel; ich marschierte immer herein und rief ›Achtung!‹ Er spielte einen amerikanischen Piloten, der über Deutschland abgeschossen worden war, und wir spielten diese Szene zusammen. Der Dialog mußte jedesmal genau der gleiche sein; wenn ich ein paar Zeilen ausließ oder änderte, wurde er wütend. Ich sollte Sexexperimente an ihm ausführen und schließlich mit seiner Kastrierung drohen.«

»Er sah gern Blut fließen; ich mußte immer vorgeben, ihn aufzuschneiden. Er liebte die Chirurgie, weshalb ich zehn oder zwölf riesige Küchenmesser mitnahm und auf dem Tisch auslegte. Dieser Aufbau war sehr wichtig und sollte die Drohung beinhalten, daß ich ihn wirklich aufschneiden würde. Dann nahm ich das Messer und führte es auf seinem Leib entlang, bis ein feiner roter Strich von seinem Schlüsselbein bis zu seinem Penis zu sehen war. Wissen Sie, wenn er mir genug gezahlt hätte und ich dafür nicht ins Gefängnis gemußt hätte, würde ich seine ganzen Eingeweide herausgeschnitten haben, was machte mir das schon aus? Ich verstand es auch, Wunden zu nähen. (Damals verwendete Candy ihre Ersparnisse als Callgirl dazu, sich als Krankenschwester ausbilden zu lassen.) Aber er liebte es, Blut zu sehen, und mir war es zuwider, ihn zu schneiden, so entnahm ich ihm Blut mit einer Spritze und benetzte damit seinen ganzen Körper, bis es ihm kam. Das war leichter, als ihn jede Woche zu zerschnitzeln.«

Fesselung

Fesselung wird definiert als Freiheitsentzug während eines sexuellen Akts. Obwohl dieser Freiheitsentzug für manche Männer erregend genug ist, um damit allein zum Höhepunkt zu gelangen – sie erreichen den Orgasmus, wenn sie gegen die Fesseln ankämpfen –, so wird er doch für gewöhnlich mit anderen Formen der »Züchtigung« kombiniert. Er wird aber so häufig von Politikern verlangt, daß er es verdient, gesondert besprochen zu werden.

Es wird so ziemlich alles verwendet, von Ketten, Stricken, Lederstreifen und Seidenstrümpfen bis zu Handschellen, Gurten und Fesseln. Die meisten Mädchen lehnen es ab, selber gebunden zu werden; wie bei der Flagellation besteht auch hier immer die Gefahr, daß der Kunde die Selbstbeherrschung verliert und sie verletzt, wenn sie nicht imstande ist, sich zu verteidigen. Und ebenso wie bei der Flagellation zieht die überwiegende Mehrheit der Männer die Rolle des Opfers vor.

Fast alle Mädchen, die wir interviewten, sagten uns, sie hätten sich, als sie anfingen, als Prostituierte zu arbeiten, nur mit normalem Geschlechtsverkehr oder Fellatio befaßt. Der Gedanke an Fesselung oder andere sadomasochistische Handlungen stieß sie ab. Aber 75 % derjenigen, die es schließlich doch versuchten – verführt durch ein so hohes Honorar, daß sie es einfach nicht ablehnen konnten –, berichteten, daß sie dann immer mehr Geschmack daran fanden und es die einzige Möglichkeit bot, zu ihren Kunden in eine gefühlsmäßige Beziehung zu treten. Daß sie Politiker vorzogen, beruhte darauf, daß diese Männer so oft nach Fesselung und Demütigung verlangten.

Ingrid erzählte uns: »Fesselung ist nicht so ein schnelles Freizeitvergnügen, das man in einem Büro erledigen kann. Schon das Fesseln allein erfordert zu viel Zeit. Das ist nichts, mit dem man spielen kann. Am Schluß kommt es für gewöhnlich zu einem heftigen Schlagen und man kann das Werkzeug nicht auf der Straße mit sich herumtragen.«

»Wir verwenden Ketten und Streckstangen und Lederknüppel und Gummitücher. Und dann gibt es eine besondere Art von Pferdegeschirr, das ich in einem Ledergeschäft habe machen lassen. Es sitzt am Kopf wie ein Zaumzeug, mit einem langen Riemen, das es mit einem anderen Geschirr um den ganzen Körper verbindet. Das sieht nicht nach viel aus, gibt einem aber die Möglichkeit, die Stellung des Kopfes zu kontrollieren. Es gehört zur Züchtigung und man kann dem Betreffenden zum Beispiel sagen, er soll den Boden mit der Zunge reinigen, weil er dort Schmutz hinterlassen hat, den er aufschlecken soll; man kann dabei den Kopf herum- und zurückdrehen, und das ist sehr schmerzhaft. Diese Dinge macht man gewöhnlich in der eigenen Wohnung. Wir bekamen eine Menge Anrufe von Burschen, zu denen wir in ihr Büro im Kapitolgebäude gehen mußten, als wir uns jedoch auf Fesselung und Züchtigung spezialisierten, mußten sie zu uns kommen.«

»Einmal entführten zwei von uns einen amerikanischen Senator. Wir lauerten ihm an einer Straßenecke auf, ließen den Wagen halten, sprangen heraus, packten ihn, legten ihm Handschellen und eine Augenbinde an und fuhren so lange im Kreis herum, bis er nicht mehr wissen konnte, wo er war. Dann brachten wir ihn in das Apartment eines anderen Mädchens, banden ihn und steckten ihn in eine Zelle, in der nichts anderes war als ein Telefon, das er nur mit den Zähnen abheben konnte. Schließlich gingen wir fort und ließen ihn allein in der Zelle; ungefähr jede Stunde riefen wir ihn an und sagten ihm, wir würden ihn nie wieder freilassen und er müsse allein in der Zelle bleiben, bis er sterbe. Erst nach acht Stunden kamen wir zurück und banden ihn los. Ich weiß nicht, wieviele Namensaufrufe er an diesem Tag versäumt hat. Um elf Uhr abends ließen wir ihn endlich laufen und er ging nach Hause zu seiner Frau. Der ganze Spaß kostete ihn 500 Dollar.«

»Die sind alle verrückt in Washington«, sagte Sheila. »Einige von ihnen verlangen die merkwürdigsten Sachen. Ein Kunde, der im Pentagon ist, bat mich, ihn auf dem Rücken liegend und mit ausgebreiteten Armen festzubinden, fortzugehen und ihn so zwei oder drei Stunden liegenzulassen. Dann mußte ich zurückkommen, ihn auslachen, weil er so hilflos dalag, und ihn treten und stechen. Ob Sie es glauben oder nicht, dann kam es ihm.«

»Elaine erzählte uns von einem älteren Kongreßmitglied, dem Mitglied einer bedeutenden Untersuchungskommission, von dem man damals fast täglich in den Nachrichten hörte, der gefesselt und stehend mit ausgebreiteten Armen an der Wand befestigt werden wollte, als ob er gekreuzigt sei. Die Fesseln mußten so stramm sein, daß sie in die Arme und Beine schnitten. Eines Tages mußte ein neues Mädchen diese Aufgabe übernehmen. Er tat ihr leid – so ein alter Mann – und sie band ihn nicht stramm genug fest, weil sie nicht begriff, daß gerade der Schmerz der Fesseln, die in sein Fleisch schnitten und das Gefühl der völligen Machtlosigkeit das Ausschlaggebende waren. Wütend sprang er trotz der Fesseln mit Gebrüll auf sie zu und schlug ihr drei Zähne aus. Er war so zornig, weil sie ihm das Vergnügen verdorben hatte, daß er es ablehnte, für ihre Zähne und die erwiesenen Dienste zu zahlen, und nie wieder zu Elaine kam.«

Die beunruhigendste und gefährlichste Form der Fesselung ist das Aufhängen in einer Schlinge. Die Spannung beruht auf der dünnen Linie zwischen dem blau anlaufen und nach Atem ringen und der Strangulierung. Genau in diesem Augenblick kommt es spontan zur Erektion und zum Orgasmus. Ein Mann, der gehenkt wird, kommt immer im Augenblick des Todes zum Orgasmus. Kenner bezeichnen dieses Vergnügen als hervorragend, aber es ist so riskant, daß nur sehr wenige Prostituierte bereit sind, diese Perversion zu befriedigen.

Machtkomplex

Bisher haben wir die Herrschsucht von Männern des öffentlichen Lebens besprochen, sofern sie in spezifischen perversen Handlungen ihren Ausdruck findet. Aber vielen genügt die unmittelbare physische Befriedigung nicht. Einige dieser Männer müssen ihre Herrschaft über die Frau noch jenseits des Schlafzimmers ausüben und jeden Aspekt ihres Lebens kontrollieren und leiten können. Einige Politiker begnügen sich damit, ihre Lieblingsmädchen auf Wochenendfahrten oder größere Reisen nach Europa mitzunehmen (die häufig vom Steuerzahler bezahlt werden); andere müssen ihre Gegenwart dadurch fühlen lassen, daß sie die Mädchen ständig mit Telefonanrufen und Telegrammen überschwemmen. Der Zweck ist immer, ihnen mit der Macht zu imponieren, die es ihnen ermöglicht, sie in einem Zustand andauernder Unterwerfung unter ihren Willen zu halten. Die physische Herrschaft über die Frau wird tatsächlich mitunter von sekundärer Bedeutung, im Vergleich zum Vergnügen, in ihre tägliche Existenz einzudringen. Das Bedürfnis, vom Bewußtsein eines anderen Besitz zu ergreifen, wird »geistiges Ficken« genannt und ist eine Form der Entschädigung für ein verheerendes inneres Gefühl von Impotenz.

Eine solche Befreiung kommt teuer zu stehen. Ein Mädchen derart in Anspruch zu nehmen, kostet zwischen 1000 und 2000 Dollar im Monat, plus Auslagen, Kleider, Schmuck, Unterhaltung, Reisen und »Geschenke«. Dafür muß sie ständig zu erreichen und in jedem Augenblick für ihn greifbar sein. Einige Mädchen schaffen es, mehrere solche Arrangements gleichzeitig zu treffen; andere prellen ihre Herren durch gewisse Tricks, indem sie behaupten, mit einer Laufbahn als Modell oder Schauspielerin zu spielen. Auf diese Art gelingt es ihnen, ihn zu schlagen, ohne sein Bedürfnis nach totaler Beherrschung direkt in Frage zu stellen. Aber erstaunlich oft ist er eher angenehm berührt als verärgert, wenn er herausfindet (was für gewöhnlich der Fall ist), daß sie auch andere Männer sieht. Das Element der unterdrückten Homosexualität ist sehr stark in diesen Männern; eine Frau mit einem Kollegen oder Widersacher zu teilen kann auf seine Art ebenso erregend sein, wie ein Monopol auf ihre Gunst zu haben.

Im allgemeinen sind es ältere Männer, die nach Ausschließlichkeit verlangen. Gloria erinnert sich an eine anstrengende Zeit mit einem Kongreßmitglied über 70, das sie andauernd quälte. Sie hoffte, seinen Aufmerksamkeiten zu entgehen, indem sie alle paar Wochen ihre geheime Telefonnummer ändern ließ; aber innerhalb einer halben Stunde, nachdem diese Änderung in Kraft getreten war, rief er sie schon an und bat schüchtern um Auskunft, ob sie versuche, von ihm loszukommen. Mitunter rief er sie sogar einen Tag vorher an, um ihr zu sagen, daß er ihre neue Nummer schon kenne. Diese Männer zögern nicht, alle nur möglichen offiziellen Verbindungen spielen zu lassen, um einzuschüchtern und zu verfolgen. Die Mädchen werden häufig, auf Veranlassung ihrer Liebhaber, von der Polizei gejagt und von Inspektoren verschiedener Regierungsstellen bedroht.

Maggie, die sich vom Geschäft zurückgezogen hat, wird immer noch von einem hartnäckigen alten Senator verfolgt: »Ich weiß nicht, wie er herausbekam, wo ich war, aber die haben ihre Mittel und Wege. Sein Ausschuß forschte immer nach irgendwelchen Leuten, so daß es für ihn ein leichtes war, auf meine Spur zu kommen. Er bot mir 10 000 Dollar in mündelsicheren Papieren für jedes meiner Kinder an, dazu 20 000 für mich, plus 1500 monatlich, einen neuen Wagen, und soviel Schmuck und Pelzmäntel, wie ich nur haben wollte. Er war verheiratet, aber er sagte, er sei bereit, wegen mir seine Frau zu verlassen. Ich brauchte mir das nicht zweimal zu überlegen; hätte ich angenommen, wäre das einer Verurteilung zu lebenslänglichem Gefängnis gleichgekommen.«

Jackie, die dies mit einer Reihe von Männern erlebt hatte, seit sie 16 war, erinnerte sich ganz besonders an einen älteren Staatsmann mit einem ausgedehnten Machtbereich: »Er rief mich zu jeder Tages- oder Nachtstunde an, mindestens neunmal täglich. Er pflegte mich anzurufen und sich mit mir zu unterhalten, dann aufzuhängen und gleich wieder anzurufen, um zu sehen, ob ich noch zu Hause war. Er gab mir eine Kreditkarte, um die Anrufe zu bezahlen und legte eine Akte über mich an. Wenn die Rechnung in sein Büro kam, veranlaßte er die Telefongesellschaft, herauszubringen, welche Nummern ich angerufen hatte, mit Namen und Adresse. Daß er das tat, fand ich erst heraus, nachdem ich drei Jahre mit ihm ging, dann aber jagte es mir einen Riesenschrecken ein.«

»Er führte ein Tagebuch; er konnte ganz genau sagen, wo ich an einem bestimmten Tag gewesen war und was ich getan hatte. Er wußte, mit wem ich zusammen war und was ich gegessen hatte. Wenn ich ihm sagte, ›Ich treffe Dr. Janus‹, dann sagte er, ›Oh, Dr. Janus, sein Büro ist in der und der Straße‹. Von jedem, der ihn interessierte, wußte er die Telefonnummer, die Namen von Vater und Mutter, wo der Betreffende zur Schule gegangen war und wer seine Freunde waren. Er benutzte seine politischen Verbindungen, um eine vollständige Kontrolle auszuüben.«

»In derselben Minute, in der ich meine Telefonnummer geändert bekam, erhielt ich einen Anruf von ihm. Seine Freunde in der Telefongesellschaft gaben sie ihm, auch wenn sie noch nicht eingetragen war und sie es überhaupt nicht tun durften; sie sollten ja *mich* schützen. Pech. Ich legte mir also ein zweites Telefon zu, von dem er nichts wußte. Als er drauf kam, war der Teufel los – wie konnte ich es nur wagen, mein eigenes Leben zu führen und hinter seinem Rücken andere Leute anzurufen?«

»Er war damals 67 Jahre alt, aber er fickte zweimal am Tag bis zur Zeit als ich ihn verließ und zwischendurch masturbierte er. Und obwohl er damit und mit der Überwachung so beschäftigt war, erhielt er alle seine politischen Kontakte aufrecht. Er hatte sich schon von vielem zurückgezogen, aber wir gingen immer zu allen politischen Veranstaltungen, zu den Dinners, bei denen Geld aufgetrieben wurde und zu den Bällen. Er stellte mich immer als seine Freundin vor; er war ganz offen in dieser Hinsicht.«

»Um die Zeit, als er seinen 68. Geburtstag feierte, konnte er es nur noch fünfmal in der Woche tun statt vierzehnmal, aber er wollte jedermann glauben machen, daß er noch ein toller Hengst war. Er hatte ein Konto in einer Apotheke und bestellte jeden zweiten Tag drei oder vier Dutzend Präservative, nur um dem Apotheker zu imponieren; in einer Schreibtischschublade hatte er 500 davon.«

»Er nahm mich einmal nach Israel mit. Wissen Sie, wie sie dort das Gepäck kontrollieren? Nun, als wir zum Zoll kamen, stand da ein israelischer Zollinspektor, der zum Fürchten aussah, und ich stand neben diesem alten Mann. Der Israeli machte das Gepäck auf, schaute hinein und entdeckte einen großen braunen Papiersack. ›Was ist hier drin?‹ fragte der Israeli. ›Präservative, Präservative!‹ schrie mein verrückter Freund, so laut er nur konnte. Der Flughafen war gerammelt voll und alle Leute hörten ihn – man hätte ihn draußen auf der Rollbahn hören können. Ich wäre am liebsten gestorben. ›Sei still‹, murmelte ich und stieß ihn an. Was konnte ich denn tun? Der Israeli blieb ganz kühl. Er schaute in den Beutel und sah vier Dutzend Präservative. Vier Dutzend. Wissen Sie, wie viel das ist? Für eine Reise von zwei Wochen? Aber mein alter Mann nahm überall wo er hinfuhr so viele mit. Nicht, daß er sie jemals gebraucht hätte.«

»Ich erinnere mich noch an eine andere Reise, nach Puerto Rico. Diesmal sagte ich ihm, ich möchte gern eine Freundin mitnehmen. Er zahlte auch für sie, das war fein von ihm. Wenn wir beide ausgingen, Kaffee trinken, gab er mir sechs oder acht Präservative und sagte ›Hier, Mädchen, macht euch einen guten Tag‹. Wir gingen aus, machten die Päckchen auf und warfen sie weg, damit er denken sollte, wir hätten wie wild gefickt. Wenn wir zurückkamen, lag er im Bett und onanierte wie ein Verrückter. ›Erzählt mir, mit wievielen Burschen ihr gefickt habt‹, sagte er dann. ›Haben sie euch geschleckt? Habt ihr andere Mädels getroffen? Habt ihr ihre Muscheln geschleckt?‹«

»Wenn er nicht gerade fickte oder onanierte, hörte er mir zu, während ich ihm von all den anderen Männern erzählte, die ich gehabt hatte. Je öfter ich mich von anderen ficken ließ, desto mehr zahlte er mir, vorausgesetzt, daß ich hinterher zu ihm kam und ihm alles berichtete. Das Geld hörte auf zu fließen, sobald ich keine Erlebnisse hatte. Er wollte, daß ich das alles filme und daß ich Fotos mache, die er vergrößern und an die Wand hängen konnte. Ich mußte Geschichten erfinden. Ich erzählte ihm, ich hätte 40 Burschen an einem Tag gehabt. Das war natürlich unmöglich, besonders wenn man all die Zeit in Betracht zog, die ich mit ihm verbrachte, aber es war das, was er hören wollte. Je phantastischer die Geschichten waren, die ich über mich und andere Männer erfand, desto mehr geriet er in Erregung.«

»Er verlangte auch, daß ich einen Burschen in seine Wohnung bringe und mich von ihm ficken lasse; wenn er gegangen war, kam er ins Schlafzimmer und nahm mich von hinten. Ein latenter Homosexueller, nicht? Oder wollte er mich schlecken, nachdem mich der Bursche gehabt hatte.«

»So verbrachte er sein ganzes Leben. Sie werden nicht glauben, daß er seit den 30er Jahren die Macht hinter der Macht einer der größten politischen Parteien war; er beeinflußte alles, half Präsidentschaftskandidaten auszuwählen, gar nicht zu reden von Ausschußmitgliedern, Bürgermeistern, Richtern und Gouverneuren. Ich werde nie verstehen, wie er das alles so nebenbei schaffte.«

»Meine Affäre mit ihm dauerte sieben Jahre, bis er einfach nicht mehr konnte; er war zu alt. Auf jener Reise nach Israel konnte er nichts mehr bei sich behalten, beschmutzte seine Kleider mit Scheiße und verdreckte sogar die Teppiche in unserem Zimmer im Hotel Diplomat von Jerusalem, genau wie ein Baby, das noch nicht sauber ist. Als wir nach New York zurückkamen, war er wieder der alte, aber es ärgerte ihn sehr, daß ich ihn in diesem Zustand gesehen hatte – ich meine, nach dieser Reise war es schwer, sich ihn als einen distinguierten älteren Staatsmann vorzustellen –, und er wollte nichts mehr mit mir zu tun haben.«

Esoterisches

Hier wollen wir einige Fälle erwähnen, die nicht zu klassifizieren sind. Der erste, einer von Joys Kunden, war ein »sehr würdiger« Mann, der auf die sechzig zuging, ein Staatsbeamter, der ein beträchtliches Vermögen geerbt hatte. »Er zahlte mindestens 1000 Dollar für einen Abend. Wir begannen mit einer Flasche Scotch und gingen dann zu

Quaaludes, Kokain oder Amylnitrat über. Dann mußte ich ihn anbinden und ihm die Augen verbinden und jemanden ins Zimmer bringen; ich mußte sagen ›Okay, du bist der erste. Der geheimnisvolle Gast ist hier‹. Ich behauptete, daß es ein Mann sei, aber er konnte nicht sagen, wer es war. In Wirklichkeit war es eine Freundin von mir. Sie fickte ihn mit einem künstlichen Penis in den Arsch, lief dann ins Badezimmer, zog sich um und kam wieder und ich mußte sagen ›Und jetzt, unser zweiter geheimnisvoller Gast‹. Wir machten das vier oder fünfmal und machten jedesmal ein großes Theater für ihn, aber es waren immer nur wir zwei. Er konnte das nicht merken; er glaubte, wir hätten eine Menge Leute dabei.

Dann erinnere ich mich noch an einen anderen sehr wohlhabenden Burschen von der Stadtverwaltung, der seinen Chauffeur und seine Limousine unten warten ließ, während er heraufkam und eine Penisbehandlung verlangte. Ich mußte eine T-Nadel nehmen, von der Art, mit denen man eine Perücke auf einem Arbeitskopf befestigt, und sie in seinen Penis einführen. Aber das ist noch nicht das schlimmste. Beim Herausziehen, mußte ich sie in einem Winkel von 45 Grad biegen, so daß sie sein Fleisch aufriß. Wenn er Blut aus seinem Penis kommen sah, erreichte er den Orgasmus.«

»Ich habe gefunden, daß manche Politiker recht passiv und kindisch sein können«, sagte Sheila. »Eine Menge von ihnen schafft es nicht ohne Abwegigkeit, aber sie finden immer eine Million Entschuldigungen dafür, daß sie nicht können: zu viel getrunken, zu viel gevögelt in der letzten Nacht. Man muß lutschen wie eine Verrückte, bis er steif wird und dann nehmen sie es einem auch noch übel.«

»Sie können auch in schäbiger Weise rachsüchtig sein, zum Beispiel einem zu stark in die Brust kneifen, wenn man genau weiß, daß es nicht in der Erregung geschieht. Oder sie können sehr autoritär sein, was alles anbelangt, was man sagt, wie man sich benimmt, was man tragen sollte – nicht um ihre Phantasie zu befriedigen, sondern ganz einfach, um einen zu kontrollieren und auf eine Routine festzunageln. Egal, welche Routine, Hauptsache, sie können sie einem aufzwingen, nur um die Befriedigung zu genießen, einen herumzukommandieren.«

Elaine erzählte uns von einem Abgeordneten, der drei Mädchen je 50 Dollar zahlte, damit sie sich ganz angezogen, um ihn herum setzten und ihm Zigarettenrauch ins Gesicht bliesen, bis er den Orgasmus erreichte. Das genaue Gegenteil ist die »Vicks Spülung«. Elaine erklärte, daß dabei eine Lösung von Vicks Vaporub als Einlauf verwendet wurde. »Der Kunde behält das drinnen – fragen Sie mich nicht wie, es muß seine Eingeweide verbrennen –, während ich oder eines meiner Mädchen ihn schlecken. Die Burschen behaupten, daß sie zu einer phantastischen Klimax gelangen, höher geht es nicht mehr. Ich verstehe nichts davon, aber sie zahlen die höchsten Summen dafür.«

Es gibt Grenzen dafür, was sogar die abgebrühteste Prostituierte hinnimmt. »Da war ein Bursche, den strich ich aus meinem Buch«, sagte Ingrid. »Er war ein Kongreßmitglied. Er ist nicht mehr im Kongreß, Gott sei Dank, aber er war es damals, vor ein paar Jahren. Er wollte, daß ich eine Katze töte, sie vor seinen Augen häute und das Blut auf seinen ganzen Körper tropfen lasse. Ich hätte nicht gedacht, daß er die Nerven hätte, so etwas zu verlangen. Wir warfen ihn hinaus, etwas, was wir nicht sehr oft tun.«

Der Arbeitstag eines Washingtoner Callgirls ist mitunter plötzlichen Unterbrechungen ausgesetzt. »Ich hatte einmal einen Kongreßmann bei mir, der es in der Mittagspause auf die Schnelle machen wollte«, erinnerte sich Gloria, »und gerade als er loslegen wollte, kam sein Assistent gelaufen und holte ihn aus dem Bett. Im Kongreß war zu einer besonderen Abstimmung aufgerufen worden und er mußte schnellstens hinübergehen. Er warf sich in seine Kleider und steckte seine Füße in seine Schuhe, aber verkehrt. An diesem Abend lachten wir uns tot als wir ihn in den 6-Uhr-Nachrichten sahen und wußten, daß er die Schuhe verkehrt anhatte, während ihn alle diese Journalisten interviewten.«

»Aber eine andere Geschichte war noch komischer. Eines Nachmittags war ein Senator gerade dabei, mich zu schlecken, als seine Sekretärin in größter Aufregung anrief: In letzter Minute war eine Sitzung über irgendeine wichtige Angelegenheit einberufen worden, bei der seine Stimme ausschlaggebend war. Er mußte schnell zurück und eine Rede halten, um den Standpunkt zu verteidigen, den er diesem besonderen Gesetz gegenüber einnahm. Aber die Rede war durchaus nicht erfolgreich, denn seine Stimme wurde heiser. Er hatte so schnell weglaufen müssen, daß ihm eines meiner Schamhaare im Hals stecken geblieben war.«

Die internationale Szene

Viele Amerikaner waren schockiert, als ein hochrangiger Delegierter bei den Vereinten Nationen behauptete, er kenne eine Reihe von kleinen Ländern, deren Stimmen käuflich seien und für Geld, Gefälligkeiten oder – wie auch wir im Verlauf unserer Untersuchungen wiederholt feststellen konnten – wenn Frauen zu haben seien.[1] Vielleicht waren sich die, die ihrem Entsetzen Ausdruck gaben, nicht der Verstöße unserer eigenen Politiker bewußt, oder sie glaubten, daß die Würde fremder Botschafter einen derartigen Handel ausschloß. In Wirklichkeit ist die Verbindung zwischen Sex und Politik auf der internationalen Ebene ebenso eng wie in den Vereinigten Staaten und unser eigenes State Department ist nicht weniger darein verwickelt als die Vereinten Nationen.

Sally Stanford, die ehemalige Madame von der Westküste, die jetzt Bürgermeister von Sausalito in Kalifornien ist, hat die Rolle beschrieben, die sie bei der Betreuung der Vereinten Nationen spielte, als diese, kurz nach dem Zweiten Weltkrieg, ihren Sitz in San Francisco hatten. Ihre Bemühungen um Förderung der internationalen Beziehungen (»Ich tat mein bestes für sie; es war eine Menge Geld im Spiel, eine Menge arabischer Fürsten«) führten mitunter zu interessanten Verwicklungen. Ihre Helferin nahm einmal einen telefonischen Auftrag von irgendwelchen Arabern an, die ausdrücklich keine jüdischen Mädchen haben wollten – »no Jewish girls«. Als sie ihn notierte, sah es aus, als hätte sie geschrieben »110 Jewish girls«. Miss Stanford trommelte 110 Prostituierte zusammen und drückte einer jeden eine Mezuzah, eine hebräische Schriftrolle, in die Hand, damit sie so jüdisch wie nur möglich aussahen. Die Araber standen schon vor der Tür bevor sie den Irrtum entdeckte. Als sie wissen wollten, was diese Dinger bedeuteten, mit denen die Mädchen ihnen zuwinkten, antwortete Miss Stanford geistesgegenwärtig, die Mezuzahs seien die allerneuesten Vorrichtungen zur Empfängnisverhütung, eine Erklärung,

1 K. Teltsch, »Moynihan Cites U. N. Vote Buying«, *New York Times*, 30. Mai 1976.

die die Araber hoch befriedigte, da sie immer bereit sind, die amerikanischen Errungenschaften auf dem Gebiet der Technologie zu bewundern.[2]

Das Geschäft, ausländische Würdenträger mit Frauen zu versorgen ist, wenn überhaupt möglich, noch besser organisiert als sein einheimisches Gegenstück. Unter den von uns befragten Frauen gab es eine ganze Reihe, die zu dem Netz gehörten, dessen Spezialität die Betreuung der verschiedenen Machtblöcke innerhalb der Vereinten Nationen, sowie der einzelnen Botschaften ist. Wenn diese Mädchen aufgerufen werden, das Diplomatische Corps zu unterhalten, steht mehr auf dem Spiel als nur das Vergnügen; man nimmt an, daß Staatsoberhäupter oder ihre Abgesandten für Verhandlungen zugunsten der Vereinigten Staaten zugänglicher sind, wenn sie die ganze Skala der amerikanischen Gastfreundschaft genießen. Im Stab des State Department gibt es Männer, deren Hauptaufgabe darin besteht, dafür zu sorgen, daß diese Fremden von Distinktion während ihres Aufenthalts im Lande bei Laune erhalten werden; diese Angestellten unterhalten enge Beziehungen zu den Callgirl-Ringen, um sicherzustellen, daß der endlose Reigen von Cocktailparties, Empfängen, Nationalfeiertagen und Staatsbanketten, die nun einmal zum diplomatischen Alltag gehören, auch einige weltgewandte *filles de joie* mit einschließt. Ihre Anwesenheit bei solchen Veranstaltungen wird mit großem Takt gehandhabt, wie Roberta, eine Madame, deren Kundschaft zum größten Teil den Vereinten Nationen angehört, erklärte:

»Wir müssen uns immer sehr unauffällig anziehen und unsere Rolle gut spielen; ich bin eine Schullehrerin, oder eine Sozialarbeiterin oder sogar eine Psychologin. Jeder weiß natürlich immer, daß wir Freudenmädchen sind, aber es wird nie erwähnt und am selben Abend geht kein Geld von Hand zu Hand. Später schickt man mir sehr diskret einen Scheck, nachdem ich dem Gastgeber gesagt habe, wieviele der Mädchen was und wie oft mit welchen Gästen gemacht haben. Und sobald ein Mädchen mit einem von ihnen ins Bett geht, will auch er wissen, mit wem sie es noch getan hat und was die anderen verlangen. Dann erfindet sie irgendeine Geschichte mit falschen Namen. Jeder weiß was gespielt wird und wir beachten alle unsere eigenen Regeln.«

Die sekundären Vorteile einer potentiellen Erpressung fügen sich

2 Charles Winick und Paul M. Kinsie, *The Lively Commerce* (Chicago: Quadrangle Books, 1971), S. 102, 105.

hier genau in das Eingehen einer Verpflichtung zu zukünftigen Gefälligkeiten ein. Gloria beschrieb die Botschaftsparties folgendermaßen: »Es sind für gewöhnlich alles sehr korrekte, nette Leute, aber sie brauchen ein paar lebhafte Frauen, um in Schwung zu kommen. Wir werden vom Gastgeber bezahlt. Die Gäste wissen nicht, wer wir sind oder daß wir Prostituierte sind; der Gastgeber benutzt uns, um Gefälligkeiten zu erweisen. Wir sind der unerwartete Höhepunkt, wenn er irgendeinen geschäftlichen oder politischen Partner bearbeitet. Er vergewissert sich immer, daß wir auf der Party bestimmten wichtigen Männern vorgestellt werden, und wir merken sofort, daß das die Männer sind, die wir auf seinen Wunsch verführen sollen. Es sind meistens keine Diplomaten, haben jedoch enge Beziehungen zur Botschaft. Alle Mädchen wissen, was gespielt wird, aber hol's der Teufel, auch wenn wir einem bestimmten Zweck dienen, so müssen wir doch von etwas leben. Warum sollten wir uns darum kümmern, wie und warum wir eingesetzt werden? Die meisten Diplomaten sind ja doch Kuppler; sie suchen immer nach Mädchen, die sie anderen Burschen zuschanzen können, um Einfluß auf sie zu gewinnen.«

Ein kluges Callgirl versteht es, die Einsamkeit und das Gefühl der Fremdheit auszunutzen, die Mitglieder von ausländischen Missionen während einer langen Dienstreise in einem fremden Kulturkreis empfinden. Ein Mädchen, mit dem wir sprachen, Sandra, die zum Inventar solcher Parties gehört, sagte uns: »Ich sehe auf der anderen Seite des Saals einen dunkelhäutigen Burschen aus der Dritten Welt und sobald er in Reichweite kommt, sage ich zu ihm ›Oh, mein Gott, Sie sehen ja fabelhaft aus. Ich habe noch nie einen Inder getroffen (oder was er eben ist). Wie sind eigentlich die indischen Männer? Sehen sie alle so gut aus wie Sie?‹ Der Mann wird natürlich etwas schüchtern sein und lächelnd sagen, ›Oh, sie würden Ihnen gefallen‹. So aufdringlich geht das vor sich; man geht einfach auf sie zu und kurbelt sie an. Sie wissen natürlich, daß der Gastgeber alles bezahlt, auch uns, aber sie wollen, daß man eine gewisse Routine einhält, als wäre es wahre Liebe auf den ersten Blick. Es ist für sie leichter, diese Vorspiegelung aufrechtzuerhalten und nicht ein Kunde zu sein, der hinterher blechen muß. Auf diese Art ist es viel romantischer und wir müssen mitspielen und die Illusion bewahren. Wenn Sie es sich überlegen, daß ein Mädchen direkt auf einen völlig Fremden zugeht, ihm sagt, er hätte den größten Penis, den sie je gesehen hat, sie könne es durch alle Schichten der seltsamen exotischen Kleidung sehen, die er trägt, und daß sie in zehn Jahren niemand umgelegt hätte, weil sie diese ganze Zeit auf niemand anderen gewartet habe, als auf ihn, und daß die Tatsache, daß er ein Inder ist, das Aufregendste sei, das sie jemals erlebt hätte – kommt Ihnen das nicht recht unwahrscheinlich vor? Aber das Absurde am Ganzen ist, daß die immer wieder auf die romantische Masche hereinfallen.«

Alle Frauen, die Erfahrung mit Vertretern fremder Länder haben, besitzen ein Gefühl für nationale und ethnische Variationen im Verhalten zu Frauen und in sexuellen Neigungen. Wir behaupten nicht, daß das, was als rassische Stereotypien erscheinen mag, unbedingt typisch für die sexuellen Praktiken dieser Männer ganz allgemein sein muß, sondern nur, daß es diese Arten von Sex sind, die sie von den Callgirls verlangen. Es ist auch möglich, daß einige dieser Berichte eine unterschwellige Feindseligkeit dem Kunden gegenüber widerspiegeln, die sich dann in einer Neigung zur Verallgemeinerung ausdrückt. Trotzdem stellen wir diese Variationen so vor, wie sie uns berichtet wurden. Die folgenden Beispiele sind repräsentativ, aber nicht umfassend.

Roberta erzählte uns: »In Indien sind die Frauen zweit-, wenn nicht drittklassige Bürger, und die Männer betrachten einen immer als Dienerin. Man muß immer mehr geben als empfangen, sehr sanft und ultrafeminin sein, so etwas wie eine Magd. Aber beim Liebesspiel stellen sie uns auf ein Piedestal und verehren uns fast; sie sind immer sehr rücksichtsvoll und zart.«

»Die Japaner sind das genaue Gegenteil. Ich hatte nie gern mit ihnen zu tun; sie taten immer Dinge, die mir persönlich unangenehm waren, obwohl einige der Mädchen es mochten. Sie kneifen sehr viel, am ganzen Körper, vor allem in die Brüste. Sie sind sehr grob. Auch die Mädchen, die für mich arbeiten, mögen sie nicht; vielleicht lag das an der Gruppe, mit der wir zu tun hatten. Ich erinnere mich da besonders an zwölf von ihnen, die zu den Vereinten Nationen gehörten. Sie hatten mit irgendeinem großen Geschäft zu tun, verbrachten aber eine Menge Zeit bei uns. Innerhalb einer halben Stunde ließen sie die Mädchen 500 Stellungen einnehmen; sie wollten sicher sein, daß sie auch etwas für ihr Geld bekamen.«

»Mit den Filipinos ist es das gleiche; sie sind sehr hart, sehr ausdauernd. Ich erinnere mich an einen, der bisexuell war – die ganze Botschaft wußte, daß er sich hauptsächlich für Jungen interessierte, aber er kam auch mindestens dreimal in der Woche in unser Haus. Wenn wir wußten, daß er kam, hatten wir richtig Angst, denn er fickte, bis er vor Erschöpfung umfiel, und auch das Mädchen war dann halbtot. Schließlich drehte er sich um und schlief den Rest der Nacht wie ein Murmeltier. Morgens mußten wir ihn anziehen und in die Botschaft expedieren.«

Susan, eine andere Madame mit internationalen Verbindungen, berichtete folgendes: »Die Orientalen haben für gewöhnlich eine ganz weiche Haut, weil sie unbehaart sind, und einen winzigen Penis. Sie wollen sehr oft Sex haben, sie kommen drei- oder viermal in der Woche zu uns, aber immer auf die Schnelle. Rein und raus, ganz schnell, aber für uns macht es die Menge. Ein Bursche, ich glaube es war ein Koreaner, brachte immer diese Ölkrüge mit, die ich aufwärmen mußte. Das ganze Haus stank danach, aber für ihn war es ein richtiges Stimulans, wenn ich die Körper von uns beiden damit einrieb. Wir rutschten immer aus dem Bett, es war eine Riesenschweinerei.«

Die verschiedenen Perversitäten sind denen unserer Politiker sehr ähnlich, nur das Element der Schuld scheint kein so wichtiger Faktor zu sein, wie dies beim abwegigen Verhalten von Amerikanern der Fall ist. »Ich erinnere mich«, sagte Susan, »als eine japanische Delegation in Washington bei mir anrief, damit ich ein paar Mädchen fürs Wochenende mitbringe. Da sprang ordentlich was für uns alle heraus – die Japaner und die Araber haben eine Masse Geld heutzutage, wissen Sie; sie geben am meisten aus. Als wir dort ankamen, holte der Mann, mit dem ich zusammen war, eine ganze Garnitur von Akupunktur-Nadeln heraus. Er sagte, er sei von einem chinesischen Akupunkturisten ausgebildet worden und wisse genau, was damit zu tun sei; er wollte, daß ich sie ihm in den Penis und in die Eier stecke. Ich dachte, hol's der Teufel, es heißt doch, Akupunktur hilft den Leuten und soll ihnen auch gar nicht wehtun, so machte ich immer weiter. Als ich fertig war, sahen seine Eier wie ein Paar Stachelschweine aus. Er muß 25 Nadeln drin gehabt haben. Dann mußte ich sie herumdrehen, er sagte, das müsse man tun. Ich weiß nicht, ob ich seine Leiden geheilt habe, aber er ejakulierte über das ganze Zimmer hin. An dem Wochenende mußte ich es zweimal am Tag machen.«

Amerikanische Kunden zögern für gewöhnlich, bei ihrer Wahl der Mädchen eine bestimmte Vorliebe zu zeigen, selbst wenn sie in einem Freudenhaus viel zahlen müssen. Sie glauben, daß sie auch dort die Fiktion der Gleichheit aufrechterhalten müssen und geraten in Verlegenheit, wenn sie der Madame sagen müssen, daß sie Blonde, Brünette, Schlanke, Plumpe, knapp erwachsene oder reife Frauen vorziehen. Ausländer sind nicht so heikel; sie wissen genau was sie wollen und beklagen sich mit lauter Stimme, wenn ihre Wünsche nicht erfüllt werden. Besonders die Araber sind sehr bestimmt in ihren Forderungen; sie haben eine Schwäche für korpulente Blondinen. Solche Männer sind in diesem Gewerbe als »Fleischfresser« bekannt und sie haben auch noch andere Eigenheiten. »Sie lieben es, wenn sich diese mächtigen Mädchen auf ihr Gesicht setzen und die Schenkel spreizen«, sagte Sandra, »dann fühlen sie, wie sie von den weiblichen Genitalien zerquetscht und mit deren Saft überschwemmt werden. Ich kenne ein Mädchen, das ist der Liebling der Ölscheichs, weil sie ganz blond ist und mindestens 300 Pfund wiegt. Sie hat fünfzehn Bauchfalten und diese Burschen lieben sie. Sie rufen sie in der gleichen Minute an, in der sie in die Stadt kommen, um über neue Pachtverträge zu verhandeln. Ihre Lieblingsbeschäftigung besteht darin, sie mit Babyöl einzureiben, dann sich selber damit einzuschmieren und auf ihr wie auf einem Skihang hinunterzurutschen. Auf diese Art ist sie ein recht guter Ersatz für einen Skihügel.«

Barbara, eine andere Madame, deren Haus zu Fuß von United Nations Plaza zu erreichen ist, erzählte uns folgendes: »Ich habe einen Burschen, einen Araber von einem kleineren, aber sehr reichen Land, den ich ›the rimmer‹ nenne, weil sein Hauptvergnügen darin besteht, daß man ihm den After leckt. Sein Arschloch ist sein sensibelster Punkt. Wenn ich mit meiner Zunge darum herumfahre, wird er ganz verrückt. Das ist alles, was er verlangt; vögeln will er nie. Da ist noch einer, ein Iraker, der immer nach mir fragt; wenn ich beschäftigt bin, will er Debbie haben, eine große Blondine. Seine Masche sind künstliche Penisse und Vibratoren. Ich weiß nicht, ob sie das dort haben, wo er herkommt, aber ich mußte eigens für ihn einen speziellen künstlichen Penis anfertigen lassen. Er ist hohl, so daß man einen Vibrator einbauen kann; während er fickt, muß man ihm das Ding mit dem laufenden Vibrator tief in seinen Arsch hineinstecken. Ohne dem klappt es bei ihm nicht. Die meisten Araber sind sehr anal-erotisch und jetzt, da die Vibratoren serienmäßig hergestellt werden, wollen sie alle welche haben.«

Joanne, die wir in Susans Haus interviewten, sagte: »Der merkwürdigste Mann, den ich jemals hatte, war ein Botschafter aus einem Land, das Sie wahrscheinlich zur Dritten Welt zählen würden. Er war ein bißchen älter, ein hoher Fünfziger, und ist jetzt ein Kabinettsminister in seinem eigenen Land. Bevor wir noch etwas anfingen, wollte er praktisch sterilisiert werden. Als er das erste Mal herkam, sagte er, ›Wir wollen uns gemeinsam reinigen; wie wär's, wenn wir unter die Dusche gingen?‹ Ich nahm ihn beim Wort, aber als ich mit ihm in die

Wanne stieg, merkte ich, daß er die Brause entfernt hatte, so daß uns das Wasser mit einem scharfen Strahl traf. Es war als würde man geschlagen werden, und es war so heiß, daß man vor lauter Dampf nichts sehen konnte. Es brannte mich, und als ich schrie, lachte er, zog mich an sich und begann meinen Rücken heftig zu zerkratzen. Ich wurde so wütend, daß ich meine Nägel in seinen Rücken schlug, aber das erregte ihn nur noch mehr und schließlich zerschrammte ich seinen Rücken mit meinen Nägeln, die, wie Sie sehen können, sehr lang sind und tiefe Spuren hinterließen, aus denen das Blut lief. Er war so aufgedreht, daß er gleich da loslegte. Ich brauchte eine Weile, bis ich mich in der Höllenfeuer- und Schwefel-Atmosphäre dieses Bades wohlfühlte, aber er kam so oft wieder, daß ich lernen mußte, das Geschäft wahrzunehmen, ohne mir den Hintern zu verbrennen.«

»Diese Burschen schienen immer das Gegenteil von dem bekommen zu wollen, was sie zu Hause haben«, meinte Roberta. »Einer meiner ständigen Kunden, ein Bursche aus Kuwait, trägt immer seine heimische Tracht, Burnus und Sandalen. Ich habe ihn nie in westlicher Kleidung gesehen; ich glaube nicht, daß er welche trägt. Einmal traf ich ihn mit seiner Frau auf einer Botschaftsparty und auch sie trug Nationaltracht. Also, dieser Bursche ist ein ausgesprochener Ledernarr. Er bringt seine eigenen Sachen zu uns mit, ein Suspensorium aus Leder, Stulpenhandschuhe, eine Maske und Peitschen. Er zieht das alles an und stolziert eine Weile durch das Zimmer, wobei er sich im Spiegel betrachtet und seine tolle Männlichkeit bewundert. Dann will er ficken und ist in einer Sekunde so weit. Wir haben noch andere Burschen, die Leder tragen, aber die wollen regelrechten Sadomasochismus. Dieser jedoch ist ein ganz gewöhnlicher Ledernarr, ein Fetischist. Er sieht zum Schießen aus in dieser Aufmachung, ein dickbäuchiger kleiner alter Kerl über siebzig, aber er hält sich für Batman oder so etwas ähnliches. Einmal mußten wir einen Fotografen zu uns bestellen, um ihn in diesem Aufzug zu fotografieren; wir taten es natürlich gegen ein saftiges Honorar. Jetzt hat er eine ganze Kollektion von Aufnahmen im Format neun mal zwölf, um zu Hause masturbieren zu können.«

»Vor ein paar Jahren hatte ich einen bedeutenden Kunden«, erzählte uns Valerie, »einen blaublütigen Ägypter, der den größten Fetisch von allen hatte, die ich jemals gesehen habe: Er liebte es, wenn sein Körper ganz und gar in Mullbinden gewickelt wurde. Zum Glück ist eines meiner Mädchen eine Krankenschwester und verschafft mir die Mullbinden immer zum Engrospreis aus einem Geschäft für chirurgisches Material. Wir kauften sie in großen Kartons, denn er kam mindestens einmal in der Woche und wir mußten jedesmal frische Bandagen verwenden. Wir wickelten ihn damit ein wie eine Mumie und ließen nur für seinen Schwanz ein Loch offen. Während wir ihn einwickelten bekam er einen riesigen Ständer, der durch das Loch herausragte, und wenn wir fertig waren, mußten wir ihn wichsen. Er behauptete, daß ihn das so erregte, weil er von den Pharaonen abstammte.«

Die Araber ziehen üppige englische Mädchen vor, Rubenstypen, und gleich danach ebenso gebaute Amerikanerinnen. Barbara erzählte uns von zwei englischen Mädchen, die für sie gearbeitet hatten und dann mit einer Öl-Delegation nach Saudi-Arabien gingen. Ein paar Wochen später kamen sie wieder, ziemlich erschüttert von Geschichten, die sie über andere Engländerinnen gehört hatten, die durch ein Angebot riesiger Gagen für die Arbeit als »Showgirls« angelockt worden waren und von denen man nie wieder etwas gesehen hatte. Ihre Pässe wurden gestohlen, man verweigerte ihnen das Ausreisevisum, das Geld ging ihnen aus, sie wurden angeblich unter der Anklage von erfundenem Drogenschmuggel verhaftet und schließlich, so hieß es, in die Harems von Wüstenscheichs verkauft. Diese Berichte sind wahrscheinlich erfunden. Andererseits erhält eine Prostituierte kaum diplomatischen Schutz, wenn sie ins Ausland reist und es ist nicht anzunehmen, daß sie in der Lage sein wird, ihre Botschaft zu bitten, formelle Schritte zu ihren Gunsten zu unternehmen, wenn ihre Bürgerrechte verletzt worden sind.

Nicht nur Araber suchen die exotische Note bei ihren außerehelichen Sexpartnern; die meisten Diplomaten wählen Frauen aus, deren körperliche Merkmale das Gegenteil von denen sind, die in ihren eigenen Ländern vorherrschen. Skandinavier und Deutsche bevorzugen romanische Typen, wogegen Männer aus dem Mittelmeerraum, Araber und Afrikaner Blondinen oder Rothaarige haben wollen. Der schwarze Kuppler, für den es typisch ist, daß er nur weiße Mädchen vermittelt, hat sein Gegenstück im afrikanischen Diplomaten, der nichts von schwarzen Callgirls wissen will. Roberta erzählte uns: »Ich habe ein paar Afrikaner von der UNO, die eine richtige Sklavenszene aufführen. Sie haben nichts lieber als eine Platinblonde zu erwischen und mit ihr Herr und Sklavin zu spielen – allerdings sind sie immer die Herren, sie sind nicht wie die amerikanischen Politiker. Ich mußte eine besondere Ausstattung für sie machen lassen – Hundeleinen und Halsbänder und lauter solches Zeug. Ich habe auch einige sehr kleine neunschwänzige Katzen, die leichtesten, die es gibt, denn sie verfallen alle sehr leicht in Sadomasochismus und verprügeln meine Mädchen und manche überschreiten wirklich jedes Maß. Es ist interessant, ich habe ein phantastisches schwarzes Mädchen, Linda, eine richtiggehende Schönheit, aber keiner von ihnen geht jemals an sie heran.«

Susan berichtete über noch andere Neigungen ihrer afrikanischen Kunden: »Die meisten dieser Burschen geraten in Erregung, wenn sie schmutzige Ausdrücke gebrauchen und sie wollen sie auch von den Mädchen hören. Sie hören es zu gerne, wenn ein Mädchen pausenlos alle Arten von schweinischen Worten von sich gibt, wie ›Liebling, ich könnte sterben, wenn du mich fickst, du hast die köstlichsten Eier und dein Schwanz ist soooo groß, der stößt mich noch zu Tode, er zerreißt meine ganzen Innereien. Eines meiner Mädchen wird von ihnen bevorzugt, nur weil es stundenlang so weiter machen kann. Diese Burschen zahlen für drei oder vier Stunden davon ein Heidengeld. Noch etwas, das ich bei den Afrikanern beobachtet habe, ist, daß sie es vorziehen, in Gruppen in mein Haus zu kommen, oder wenigstens paarweise. Vielleicht, weil sie sich in den Vereinigten Staaten noch nicht so richtig heimisch fühlen.«

Die Diplomaten aus romanischen Ländern genießen es, zu glauben, daß sie ihren stolzen Ruf als die größten Liebhaber, die die Welt jemals gesehen hat, aufrechterhalten, und unsere Callgirls erweisen ihnen einen wertvollen Dienst, indem sie sie davon überzeugen, daß das stimmt. Diese Frauen lernen sehr schnell, was man von ihnen erwartet; und was Romanen, insbesondere Italiener, am häufigsten erwarten, ist eine Atmosphäre von schwüler Romantik. Tina, die für Roberta arbeitet, sagte: »Die Italiener, vor allem die aus dem Diplomatischen Corps, die ich kenne, wollen eine Menge verliebtes Geschwätz haben, gleichzeitig sind sie aber sehr dominierend. In dieser Hinsicht unterscheiden sie sich von den Amerikanern, deren Unterhaltung mit ihren Handlungen übereinstimmen muß; Amerikaner werden nicht sanft mit uns reden, während sie uns schlagen oder von uns geschlagen werden. Und alle Italiener, die ich gehabt habe, wollen, daß ich ihnen mit allen erotischen Details beschreibe, wie es ist, wenn ich sie ›esse‹ – und ich muß zugeben, daß ich ganz verrückt danach bin –, und er scheint ihnen schon bei meinen Worten zu stehen. Aber so sehr sie es lieben, geschleckt zu werden, so zuwider ist es ihnen, ein Mädchen zu schlecken; ich habe noch nie einen italienischen Kunden gehabt, der es getan hätte.«

»Sie sind erpicht darauf, ihre Männlichkeit auf jede nur mögliche

Art bestätigt zu finden. Ein Italiener muß ständig hören, daß man ihm sagt, er sei der beste Liebhaber mit dem größten Schwanz und man kann ihm nicht oft genug versichern, wie groß der ist. Da habe ich besonders einen, einen älteren Knaben, einen von denen, die einem die Hand küssen, der immer darauf besteht, mir zuzuschauen, wenn ich mit einem anderen Mann Sex habe. Einzige Bedingung ist, daß der Bursche einen großen Penis mit einer riesigen Erektion haben muß, und ich glaube, er hat mehr Spaß daran, diese Erektion zu sehen als uns beim Ficken zu beobachten.«

Alle Mädchen stimmten darin überein, daß die romanischen Diplomaten, vor allem die südamerikanischen, öfter homosexuell oder bisexuell sind, als die von anderen Nationalitäten. »Eine Menge dieser Männer sind tatsächlich schwul«, sagte Susan. »Ich muß ihnen häufig junge Burschen besorgen, ›Küken‹ von 15 oder 16 Jahren. Einige wollen einen Jungen über den Abend nach Hause mitnehmen, andere wollen sie nur für Sex haben und sind hinterher so verlegen, daß sie ihnen nicht ins Gesicht sehen können. Sie streicheln ihren Penis und ihre Eier und dann ficken sie sie. Sie werden denken, daß die Burschen, die solche Küken haben wollen, weibisch und schwächlich sind, aber sie sehen männlicher aus als alle anderen. Die Italiener und die Romanen überhaupt gelten als große Frauenhelden, aber ich habe mehrere schwule italienische Diplomaten, einen Spanier und einige Südamerikaner.«

»Voriges Jahr engagierte ich ein Mädchen«, sagte Barbara, »ohne zu merken, daß die ›sie‹ eigentlich ein ›er‹ war. Es stellte sich heraus, daß sie eine Transsexuelle war, die vor mehreren Jahren in Casablanca operiert worden war. Zwischen zwei Kunden liebte sie es, den Mädchen von ihrer Operation zu erzählen und von allen Einzelheiten ihres Geschlechtslebens vorher und nachher. Sie sah wirklich fabelhaft aus; Sie hätten nie gemerkt, daß sie nicht immer eine Frau gewesen war. Ich sah sie splitternackt und fand sie vollkommen. Sie war ungefähr ein Meter achtundsiebzig groß, hatte eine sehr helle Haut, langes blondes Haar und ein Paar sensationelle Brüste. Sie begann auf den Strich zu gehen, um das Geld für die Operation zusammen zu bekommen. Vorher konnte sie natürlich nur kleinere Sachen machen, sonst wäre sie entdeckt worden, aber seit der Operation macht sie alles und jedes.«

»Gleich von Anfang an war sie sehr beliebt bei den Kunden. Sie wurde oft von denjenigen ausgewählt, die keine festen Mädchen hatten, vor allem von Diplomaten. Ich hatte immer das Gefühl, die

Leute zu betrügen, da sie doch keine wirkliche ›sie‹ war, aber ich bekam bald heraus, daß sie ihnen gegenüber ebenso offen war wie zu den anderen Mädchen, und daß alle ihre ganze Geschichte kannten; das war tatsächlich einer ihrer größten Reize. Ich glaube, eine Menge von diesen Burschen sind latente Homosexuelle und wenn sie sie ficken, ist es für sie fast so als ob sie es mit einem Jungen täten. Sie verließ das Haus, um einen ihrer Kunden zu heiraten, einen Attaché von einer der lateinamerikanischen Botschaften, der wieder nach Hause ging. Wie ich höre, gehört sie jetzt zur internationalen Gesellschaft, aber ich habe auch erfahren, daß sie so nebenbei immer noch ein bißchen herumhurt.«

Joanne erzählte uns folgendes: »Ich hatte einen ständigen Kunden, einen Argentinier, der immer impotent war. Er bekam nie einen Ständer, so daß ich ihm einen großen künstlichen Penis umschnallen mußte; er fickte mich dann genauso heftig, als wäre es echt. Ich glaube, er bildete sich ein, eine Erektion zu haben. Ich mußte das Ding über seinen schlappen kleinen Schwanz stecken und plötzlich wurde er dann supermännlich. Es war recht ermüdend für mich, denn da es ihm nie kam, konnte er stundenlang so weitermachen. Hin und wieder bekam er eine Art Erektion in diesem komischen Apparat. Wann immer das der Fall war, streifte er ihn sofort ab und wichste in ein Taschentuch; dann schluckte er seinen eigenen Samen. Er konnte es nicht ertragen, sich von seinem Sperma zu trennen; die wenigen Male, die es aus ihm herauskam, mußte er es auch wieder in sich hineinbringen. Ziemlich freudianisch, nicht wahr, Doktor?«

Viele Romanen, die nicht homosexuell sind, bevorzugen Herrschaftsspiele. »Ich habe einen italienischen Diplomaten«, sagte Sandra, »der erst vor kurzem hierher versetzt wurde und der von einem anderen meiner Kunden, der mit ihm in der Botschaft arbeitet, an mich empfohlen worden war. Er ist ein sehr kräftiger und aggressiver Liebhaber. Er ist jetzt ein Vierziger, aber als er jünger war, war er ein großer Athlet in einer ihrer olympischen Mannschaften, glaube ich, und auch ein bekannter Rennfahrer. Er ist ein wundervoller Bursche, aber er schlägt mich mehr als sonstwas. Er bringt seinen eigenen Stock mit und liebt es, mich auf die Hinterbacken zu schlagen und sich dann von mir prügeln zu lassen. Ich kann Ihnen versichern, daß ich allen Grund habe, ihm die Seele aus dem Leib zu schlagen, wenn ich dran bin. Der Stock ist ähnlich wie ein Tennisschläger, aber er hat die Darmsaiten, mit denen dieser für gewöhnlich bespannt ist, durch dünne Lederstreifen ersetzt, die auf meinem ganzen Hintern dicke

Striemen hinterlassen. Ich muß es immer so einrichten, daß er an dem Tag mein letzter Kunde ist, denn ich bin nicht in der Verfassung, mich irgendjemandem zu zeigen, nachdem er gegangen ist.«

»Franzosen sind wirklich stereotyp«, sagt Roberta. »Sie sind alle fürs ›Französische‹ (oraler Sex); welche Abwechslung auch immer man sich ausdenkt, sie kennen sie schon und wollen sie haben. Ein Bursche von der UNO brachte immer eine kleine elektrische Box mit. Wir wechselten uns alle bei ihm ab; es war ihm gleich, wer es war, vorausgesetzt man konnte ihn jedesmal eine Stunde lang schlecken. Er stellte dann seine kleine Box an und hielt sie uns an die Wange, während wir mit ihm beschäftigt waren; sie pulsierte und vibrierte und er erhöhte die Spannung, bis es richtig weh tat. Mein Gesicht und mein Mund begannen wie wild zu zittern. Es war ein gräßliches Gefühl für mich, aber ich glaube, daß diese ganze Bewegung sein Vergnügen an der Schleckerei mächtig erhöhte. Ich konnte es nicht lange aushalten und die anderen Mädchen auch nicht, so reichten wir ihn uns weiter, wenn wir keine Lust dazu hatten – was meistens der Fall war.«

»Oh, ich hätte diesen Dr. Reuben mit seinem lausigen Sexbuch umbringen können«, sagte Joanne.[3] »Er mußte hergehen und der ganzen Welt erzählen, daß die vorzeitige Ejakulation ein Problem ist. Ich hatte einen französischen Diplomaten, dem es immer schnell kam. Das war wundervoll, fünfzig Piepen für zwei Minuten, rein und raus, und ich sagte ihm, er sei so schnell, weil er so männlich ist. Dann las er das Buch von Reuben und jetzt läßt er mich alles mögliche anstellen, um ihn zurückzuhalten, vom Besprühen seines Schwanzes mit Nupercain, um ihn zu betäuben, bis zum Anlegen eines Schwanzrings. Unlängst ist er zwei Stunden geblieben – für dasselbe Geld.«

Im großen ganzen ist das Geschäft mit den Diplomaten immerhin mindestens ebenso profitabel wie das mit den eigenen Landsleuten. »Die Vereinten Nationen sorgen wirklich dafür, daß wir beschäftigt sind«, sagte Susan. Sie sind eine Bande von geilen Burschen und wenn sie von zu Hause fort sind, werden sie richtiggehend wild. Einige der seriösen Männer gehen in letzter Zeit in die Massagesalons, diejenigen, die nur Handarbeit oder Mundarbeit brauchen. Aber die Burschen, die auf alle möglichen Abwechslungen aus sind, kommen immer wieder hierher.«

Obwohl die Formen der Abwegigkeit, die unter Diplomaten vor-

3 Dr. David Reuben, Verfasser von *Everything You Always Wanted to Know About Sex But Were Afraid to Ask.*

herrschen, denen unserer eigenen Politiker sehr ähnlich sind, sind die Gefahren für die Frauen, die die Wünsche des internationalen Sets zu erfüllen suchen, größer. Männer, die allein sind, weit von ihrer Heimat entfernt, und in delikate Verhandlungen verwickelt sind, für die sie wenig oder gar keine öffentliche Anerkennung finden, mögen einer starken Versuchung ausgesetzt sein, sich den Frauen anzuvertrauen, mit denen sie schlafen, um ihnen mit der Wichtigkeit und dem geheimen Charakter ihrer Arbeit als Bestätigung ihrer männlichen Macht zu imponieren. Das bezieht sich wahrscheinlich besonders auf Männer, die Probleme mit ihrer sexuellen Potenz haben, aber wenige Männer sind immun gegen das Bedürfnis, ihren sexuellen Partnern gegenüber anzugeben. Diese Anfälligkeit ist ebenso tief verwurzelt wie das Geschäft der Prostitution selbst und ist immer schon ausgenutzt worden; Spionage ist vielleicht das zweitälteste Gewerbe. Keines der Mädchen, die wir interviewten, hatte mit Spionage zu tun, aber sie waren fast ebenso anfällig dafür wie wenn es der Fall gewesen wäre.

»Gelegentlich bekommen wir im Haus Telefonanrufe mit der Frage ob wir den oder jenen Burschen kennen«, erzählte Barbara. »Es ist eine gefährliche Sache, für sie wie für uns. Natürlich leugnen wir, irgendjemanden zu kennen. Das Schwarze Buch ist verschlüsselt, für den Fall, daß es in die unrechten Hände fällt. Wir haben das gleiche Berufsethos wie ihr Ärzte und wir beschützen unsere Kunden, aber wir müssen uns auch selbst schützen. Manchmal schreckt mich der Gedanke, jemand könnte versuchen, uns zu beseitigen – ein gedungener Mörder, verstehen Sie. So etwas ist schon geschehen. Die andere Seite, wer immer sie ist, könnte denken, wir wissen zu viel, und das kann stimmen. Die Männer schwätzen eine Menge im Bett und prahlen damit, wie entsetzlich geheim und lebenswichtig ihre Mission ist, und mitunter ist das wahr. Wir möchten am liebsten nichts von diesen Dingen wissen, aber wir können es nicht immer vermeiden, wenn sie unbedingt reden wollen.«

Jede unerlaubte Beziehung zu einem Mann, der diplomatischen oder politischen Einfluß besitzt, ist im Prinzip riskant. Tina gab uns ein Beispiel dafür: »Eines Nachts, als ich mich mit einem bedeutenden Kunden unterhielt, läutete die Türglocke. Zwei Männer zeigten mir kurz ihre Dienstausweise, sagten, daß sie von der Polizei wären und mir nur ein paar Fragen stellen wollten. Sie wollten wissen, wen ich alles gesehen hatte, und verlangten, einen Blick in mein Adressbuch zu werfen. Als ich mich weigerte, zogen sie ihre Revolver heraus und zwangen uns beide, alle Kleidungsstücke abzulegen. Dann packten sie den Kunden, banden ihm Augen und Mund zu, streckten ihn rücklings auf dem Bett aus und fesselten seine Handgelenke und Fußknöchel mit Handschellen an die Bettpfosten. Sie drohten, meinen kleinen Hund zu töten, einen Yorkshire-Terrier, der knapp ein Pfund wog, und als ich mich bückte, um ihn aufzunehmen, verletzte mich einer der Männer mit dem Griff seines Revolvers im Gesicht. Dann vergewaltigten mich beide – nun ja, es war vielleicht nicht gerade eine Vergewaltigung; ich hatte keine Lust, Widerstand zu leisten und weiterzukämpfen und zu schreien. Ihre Revolver waren gespannt und geladen und ich beschloß, mich nicht herumzustreiten. Aber auch so schlugen sie mich und verletzten mich hinterher wieder mit ihren Revolvern, wobei sie mir Jochbein und Kiefer brachen. Dann durchsuchten sie die Wohnung und fanden alle meine Bücher, mein Kontaktbuch und mein Schwarzes Buch und nahmen sie mit.«

Wenn die Polizei das Apartment eines Callgirls durchsucht, das dafür bekannt ist, Beziehungen zu hochrangigen Diplomaten oder zu Männern zu unterhalten, die auf politisch empfindlichen Gebieten arbeiten, beschlagnahmt sie routinemäßig ihre Schwarzen Bücher. Manchmal werden sie zurückgegeben, manchmal nicht, aber die darin enthaltenen Namen werden in Akten festgehalten, die dann verschiedenen nationalen und internationalen Sicherheitsdiensten zur Verfügung gestellt werden; dies geschieht entweder für sofortige Erpressung und Nötigung, oder, falls das nicht möglich ist, um die sexuellen Neigungen des Kunden zu ermitteln und sie für eine spätere Erpressung zu verwenden.

In einigen Fällen arbeitet die örtliche Sittenpolizei mit dem CIA zusammen. Im Juni 1976, als es um Capitol Hill herum von den Sexskandalen des Kongresses brodelte, wies Jack Anderson in seiner Kolumne darauf hin, daß der CIA seit Jahren seinen eigenen »ausgeklügelten und wirksamen Sex-Shop« hatte, dank seinem Sicherheitsbüro, das

> enge Beziehungen zur staatlichen und örtlichen Polizei unterhält. In jeder Außenstelle wird ein »Schwarzes Buch« über die Männer und Frauen geführt, auf die zurückgegriffen werden kann, um Besucher des CIA zu unterhalten. Die Schwarzen Bücher enthalten Namen, Telefonnummern und pikante Einzelheiten, die von der lokalen Sittenpolizei zusammengetragen werden. In Washington, zum Beispiel, pflegten die Agenten des CIA regelmäßig die Sittenpolizei zu besuchen, um Dokumente zu fotografieren . . . Diese internen Informationen werden dazu verwendet, um Fürsten und Potenta-

ten, Flüchtlingen und Agenten Sexualpartner zu verschaffen. Anderson berichtet weiter, daß einer der Nutznießer der Kuppelei des CIA Jordaniens König Hussein war.

(Aber) der CIA verwendet Sex für einen noch finstereren Zweck ... Die Agentur hat Prostituierte dazu gebraucht, um ausländische Diplomaten in Liebesfallen zu locken, wo ihre sexuellen Vergnügungen durch einseitig durchsichtige Spiegel gefilmt wurden. Der Film wurde später dazu verwendet, um Ausländer zu erpressen und sie in brauchbare Informanten zu verwandeln.[4]

Andererseits gerät die Sittenpolizei mitunter in die peinliche Lage, daß sie ein Callgirl in dem Augenblick verhaften will, wenn sie einen Kunden »unterhält«, dessen Name nicht im Dienstbuch der Polizei erscheinen darf, geschweige denn vor Gericht; es kann ihr eigener unmittelbarer oder höchster Vorgesetzter sein – der Polizeichef, der Bürgermeister, der Gouverneur, oder eine noch höher gestellte Persönlichkeit – oder ein diplomatischer Abgesandter, dessen Entdekkung in den Armen einer Prostituierten unangenehme internationale Folgen haben würde. Wenn dies geschieht, macht die Sittenpolizei eine jähe Kehrtwendung und tut alles nur mögliche, um den Fall vor Gericht herunterzuspielen, indem sie die Zeugenaussage fälscht, den Kunden des Mädchens vor Entdeckung bewahrt und eventuell ihr selbst die Verurteilung erspart. Aber nur selten kommt sie ganz und gar frei; ihre Kundenliste steht jetzt der Polizei, dem CIA und jeder anderen interessierten Agentur zur Verfügung, und darüber hinaus wird oft erwartet, daß sie ihre Dienste dem sie verhaftenden Beamten und seinen Freunden kostenlos zur Verfügung stellt, widrigenfalls ihr damit gedroht wird, die Anklage zu gegebener Zeit zu wiederholen.

Wenn es bekannt wird, daß ein Mädchen Beziehungen zu einem ausländischen Politiker von Bedeutung unterhält, kann sie von einer Vielzahl von Agenturen, darunter dem Geheimdienst des Gastlandes, dem einer feindlichen Macht oder sogar von dem des Landes des betreffenden Politikers selbst zur ständigen »Berichterstattung« angehalten werden. In Anbetracht all dieser Gefahren könnte es überraschen, wieviele Männer des öffentlichen Lebens zufällige Begegnungen mit Prostituierten riskieren, wüßten wir nicht bereits wie zwanghaft ihr Bedürfnis danach ist. Das zwanghafte Eingehen eines solchen Risikos ist auch nicht auf amerikanische Politiker beschränkt. Eine jede Gesellschaft, die von ihren Beamten einen hohen Standard

4 Jack Anderson, »The CIA: Super-procurer to the World«, *New York Daily News*, 22. Juni 1976.

öffentlicher Moral verlangt, während sie ihnen weit mehr Gelegenheit zur Unzucht bietet als dem Durchschnittsmann, wird regelmäßig mit dem Schauspiel von politischen Sexskandalen konfrontiert, bei denen das Verhalten nach gewissen Prinzipien im Nachhinein unverständlich erscheint.

Der überzeugendste Fall in dieser Hinsicht ist die Profumo-Affäre von 1963, die die britische Öffentlichkeit monatelang beschäftigte und mindestens einen Todesfall nach sich zog. Malcolm Muggeridge bemerkte damals, daß die Skandale, die in Frankreich eine Regierung zu Fall brachten, für gewöhnlich mit Geld zu tun hatten, während es bei gleichartigen Skandalen in England um Sex ging. Die Regierung des Premierministers Harold Macmillan überlebte das Desaster von Suez, stolperte jedoch über die Entdeckung, daß sein Kriegsminister, John Profumo, mit einem Callgirl namens Christine Keeler geschlafen und hinterher das Unterhaus belogen hatte.[5]

Der Fall wurde der Öffentlichkeit bekannt, als die Presse aufdeckte, was dem Britischen Sicherheitsdienst längst bekannt war: daß ein Hauptmann Jewgeni Iwanow, angeblich ein Agent des russischen KGB, die Gunst von Miss Keeler gleichzeitig mit Profumo genossen hatte. Als Profumo im Frühjahr 1962 im Parlament darüber befragt wurde, leugnete er erst jede Beziehung zu ihr (ein Verhalten, das amerikanische Kongreßmitglieder 1976 nachahmten), trat jedoch Ende Juni angesichts der Beweise von seinem Amt zurück. Nach Ansicht einiger Kommentatoren bestand sein schwerer Fehler nicht in der Tatsache, daß er mit einer Prostituierten Umgang gehabt hatte, die möglicherweise von den Russen gedungen war, sondern, daß er seine Kollegen angelogen hatte. Hätte er dies nicht getan, hätte er seine Unvorsichtigkeit zugegeben und sich der Gnade der Pairs ausgeliefert, heißt es dort weiter, hätte er wahrscheinlich auf den Instinkt der britischen Aristokratie vertrauen können, die eigenen Leute vor der Entdeckung durch die öffentliche Meinung zu schützen, und die ganze Affäre wäre wahrscheinlich vertuscht worden. So aber brachte der ausbrechende Tumult die Regierung Macmillans zu Fall.

Zwei Artikel in der *London Times* vom 14. Juni 1963 zeigen das ganze Spektrum der Meinungen. Eine Story mit dem Titel »Wie die Wähler von Leeds die Profumo-Affäre sehen«, schloß folgendermaßen:

5 Malcolm Muggeridge, »Dolce Vita in a Colder Climate«, *Esquire*, November 1936, S. 96.

> Die meisten der befragten Wähler betrachteten das Privatleben von Mr. Profumo als den wichtigsten strittigen Punkt, und die Hausfrauen schienen allgemein der Ansicht zu sein, daß es um menschliche Gefühle ging und daß das Ganze nur ihn allein anging. Mehrere der Männer nahmen diesbezüglich eine ausgesprochene weltkluge Haltung ein. »Wir wissen, daß solche Dinge passieren«, sagte der Leiter einer Fabrik.

In derselben Ausgabe erschien eine donnernde Erklärung von Lord Hailsham, dem Präsidenten des Oberhauses, betitelt »Ein ärgerer Schlag gegen die öffentliche Moral läßt sich nicht vorstellen: Lord Hailsham spricht es deutlich aus.«

> Über den Fall befragt, sagt er »daß er (Profumo) gelogen, gelogen und gelogen hätte, seine Freunde belogen, seinen Anwalt belogen und das Unterhaus belogen. In seiner Stellung war es unerträglich, derart zu handeln ... Wenn ich Anlaß zur Annahme gehabt hätte, daß er mit dieser jungen Frau ging, wäre ich nicht fünf Minuten länger in der Regierung geblieben oder ich hätte dafür gesorgt, daß er ausschied.« In Beantwortung einer anderen Frage sagte Lord Hailsham: »Wenn ich nur einen Augenblick glaubte, was ich nicht tue, daß entweder der Premierminister wußte, daß der Mann log und neben ihm sitzen blieb, während er log, oder daß die beiden Rechtsberater der Krone und einer der älteren Teilhaber eines der achtbarsten Anwaltsbüros dasselbe dachten, dann würde ich anfangen, meinen Glauben in die menschliche Natur zu verlieren.«

Genau wie bei der Hays-Ray-Affäre dreizehn Jahre später, kann man sehen, daß die Öffentlichkeit ihre eigene gefühlsmäßige Einstellung zu der Würde ihrer Führer hat und es ungern sieht, wenn man sie derselben entkleidet, selbst wenn das eigene Wohlergehen bedroht sein mag. Es sind die eigenen Kollegen des Politikers, die dessen nervöse Furcht und Ungewißheit über die Reaktion der Wählerschaft auf die Wahrheit über das Privatleben ihrer Vertreter teilen und sich wild gegen ihn stellen, »wie ein Rudel Tiger, die darauf aus sind, ihn zu vernichten«, wie einer unser erfahrenen politischen Freunde traurig bemerkte.

Als die Hays-Geschichte bekannt wurde, interviewte die *New York Times* Mandy Rice-Davies, ein anderes »Party Girl«, das am Rande in den Profumo-Skandal verwickelt war. Sie wohnte damals mit Christine Keeler zusammen und beide Mädchen arbeiteten unter der Aufsicht eines Knochenheilkundigen der guten Gesellschaft und Kupplers, Dr. Stephen Ward, der in einem fatalen Nachspiel der

Affäre Selbstmord beging, als er gerade verurteilt werden sollte, weil er von den Einkünften von Prostituierten lebte. Miss Rice-Davies ist jetzt der Ansicht, daß

> die Reaktion der Öffentlichkeit auf ihre Rolle in der Profumo-Affäre übertrieben war. »Was haben wir denn nun wirklich getan?« fragte sie rhetorisch. »Wir hatten Affären mit ein paar Männern. Das tut ein jeder. Sehen Sie einmal, was John Kennedy gemacht hat. Die Presse wußte damals davon, hat aber kein Wort darüber verlauten lassen. Erst jetzt liest man etwas darüber. Unser Pech war, daß die Männer berühmte Namen trugen.« (Außer Profumo hatten auch Lord Astor und Douglas Fairbanks jr. Beziehungen zu Miss Keeler.) Als sie unlängst gefragt wurde, ob sie glaube, daß britische oder NATO-Geheimnisse preisgegeben worden waren, warf Miss Rice-Davies ihren Kopf zurück und lachte. »Natürlich nicht«, sagte sie und fügte mit einem schelmischen Lächeln hinzu: »Nun ja, einmal bat Iwanow Christine, herauszufinden, wann die Atomsprengköpfe an Westdeutschland ausgeliefert werden sollten. Ich werde es nie vergessen«, fuhr sie fort. »Ich saß im Wohnzimmer des Sommerhauses als Christine hereingelaufen kam und mir alles darüber erzählte. Sie saß sehr ernst da, wie ein kleines Mädchen, das versucht, die Erwachsene zu spielen, schüttelte dann enerisch den Kopf und sagte ›Nein, ich kann mein Land nicht verraten.‹ Ich fiel vor Lachen fast von der Couch.«[6]

Diese rührende Szene beweist die widerstreitenden Gefühle von Callgirls gegenüber der Rolle, in die die Gesellschaft sie gezwängt hat. Einerseits spielen sie vollendet ihre Rolle als frivole Spielgefährten, »fröhliche Mädchen« oder »unternehmungslustigen Damen«, wie die Viktorianer sie nannten, Objekte für Lust und Laune ihrer Kunden. Gleichzeitig jedoch sind sie sich wohl bewußt, daß sie es sind, die, zumindest auf kurze Zeit, die Männer manipulieren. Ein Abhängiger ist immer der Sklave seines Lieferanten, und das Verlangen nach perversem Sex ist, wie wir gesehen haben, eine Abhängigkeit. Dazu kommt, daß viele Kunden von Callgirls mit wichtigen Geheimnissen betraut sind und infolge ihrer sexuellen Unsicherheit ständig in Versuchung sind, dieses Vertrauen der Frau gegenüber zu mißbrauchen, die ihre Schwäche so gut kennt, um auf diese Art das Gefühl für die eigene Bedeutung wiederherzustellen.

Andererseits leiten die Mädchen ihren eigenen Status zum größten

6 *New York Times,* 11. Juni 1976.

Teil von ihrer Intimität mit den Mächtigen ab; und so sehr sie sich auch über die Wertsysteme der »anständigen« Welt lustig machen mögen, ist Status doch ungeheuer wichtig in ihrer eigenen Prostituierten-Subkultur. Vertrauliche Informationen zu kennen, zu wissen, welche Gesetze durchgehen und welche in den Ausschüssen zu Fall gebracht werden, welche Geschäfte getätigt und welche Verträge unterschrieben werden – zu wissen, daß im Grunde oft sie selber das quid pro quo in diesen Entscheidungen gewesen sind –, ist außerordentlich befriedigend für Frauen, die von der Gesellschaft abgelehnt werden und die keinerlei eigene Macht besitzen.

Sie brauchen sich auch nicht anzustrengen, um derartige Informationen zu erhalten. Wie Sandra es formulierte »reden sich diese Burschen im Bett alles vom Herzen. Sie denken, es spielt keine Rolle, was sie uns sagen, besonders wenn sie Ausländer sind, und sie wollen sich vergewissern, daß wir erfaßt haben, was für wichtige Leute sie bei sich zu Hause sind. Jetzt, da sie in der Nationalliga mitspielen – und ich nehme an, daß man schon ziemlich bedeutend sein muß, um nach New York oder Washington versetzt zu werden –, sind sie so von sich eingenommen, daß sie zu irgendjemandem darüber sprechen müssen; und sie glauben, daß man einer Hure immer vertrauen kann. Das zeigt nur, daß sie ebenso gut überlegen, wie sie ficken.«

Die sexuellen Stile mögen von Land zu Land verschieden sein, aber das Bedürfnis, mit der eigenen Männlichkeit aufzutrumpfen, ist international, und das ist auch die Besorgnis um ihre Anerkennung. Männer an der Macht werden fast alles erdenkliche als symbolisches Zeichen für ihre persönliche Männlichkeit verwenden, auch – und vielleicht in erster Linie – die Größe und Bedeutung des Landes, das sie vertreten. In diesem Punkt wenigstens besitzen die amerikanischen Politiker, die so viele andere Anlässe zur Beunruhigung haben, einen ständigen Vorteil.

Die Frauen in ihrem Leben

Wer sind sie und woher kommen sie, diese Mitverschwörer bei den geheimen Zwangshandlungen unserer Gesetzesmacher?

Es soll vor allem festgestellt werden, daß Prostitution nicht ein Beruf ist, in dem man stufenweise aufsteigen kann. Erfahrung ist kein Aktivposten und wenn man älter wird, geht es abwärts. Nur selten endet ein Mädchen, das seine Laufbahn auf der Straße begonnen hat, als hochkarätiges Callgirl; in dieser Art Arbeit gibt es keine Aufstiegsmöglichkeiten. Deshalb sind Prostituierte außerordentlich klassenbewußt, mit einer starr festgelegten Hierarchie, die, von oben nach unten, so aussieht: 1. ausgehaltene Mätresse, 2. Callgirl (oder Party-Girl oder »out-call«-Girl), 3. Bordellmädchen, 4. Mädchen in einem Massagesalon, 5. Straßenmädchen und 6. Animiermädchen.

Zu einer eigenen Kategorie gehört die »Baby-Prostituierte«, die kindliche Prostituierte (unter Sechzehn). Sie ist für gewöhnlich von zu Hause durchgebrannt, tendiert nach den Straßen der Großstadt, wo sie, wenn sie attraktiv ist und Glück hat, von einer Madame oder einem Zuhälter aufgelesen und für eine Karriere als Callgirl abgerichtet werden kann. Mit Ausnahme der Baby-Prostituierten, gelingt es nur wenigen, die Grenzen zwischen diesen Kategorien zu überschreiten. Dann gibt es noch »Halbprostituierte«, Frauen wie Elizabeth Ray und Colleen Gardner, mit Jobs als Sekretärinnen oder »Assistentinnen«, bei denen vorausgesetzt wird, daß sie ihre sexuelle Gunst auf Verlangen den Kunden und Freunden ihrer Chefs gewähren. Diese Gruppe soll getrennt besprochen werden.

Die in diesem Buch erwähnten Mädchen fallen alle unter die ersten drei Klassen: die ausgehaltenen Mätressen, die Callgirls und die Bordell- oder kasernierten Mädchen – die »eleganten Prostituierten«, wie Dr. Harold Greenwald sie nennt –, da diese am häufigsten von Männern an der Macht frequentiert werden. (Die impulsiven oder verhängnisvollen Annäherungen der Abgeordneten Howe und Waggoner an Frauen, die sie für Straßendirnen hielten, sind unbesonnene Ausnahmen.) Sie bilden eine Elite, die, ihrer Ansicht nach, nicht im selben Atem mit ihren Schwestern von der Straße erwähnt werden dürfte, die sie als den Abschaum der Menschheit betrachten.

Diese Mädchen verdienen zwischen 30 000 und 100 000 Dollar im Jahr, steuerfrei. Ihre Kleidung ist von diskreter Eleganz, sie wohnen in luxuriösen Apartments oder Stadtwohnungen in den exklusivsten Wohnvierteln großer Städte. Callgirls und Bordellmädchen verlangen 50 bis 100 Dollar pro Besuch und etwa 250 Dollar für eine ganze Nacht. Mätressen werden natürlich nicht für einzelne Leistungen bezahlt, sondern pauschal. Trotzdem gelingt es nur wenigen Callgirls, Ersparnisse zu machen. Die Unterhaltung ihrer Etablissements ist kostspielig und ein großer Teil ihrer Einkünfte geht für Schutz und Entlohnung an Hausbesitzer, Gebäudeverwalter, Portiers und Polizisten.

Sie bauen ihre Kundschaft aufgrund von Empfehlungen zufriedener Kunden oder anderer Callgirls auf, oder durch die Arbeit bei einer Madame, die einen gewissen Prozentsatz ihres Verdienstes einbehält. Wenn sie Hotelbars oder Cocktail-Lounges frequentieren, werden sie von den Barkeepern und Geschäftsführern gegen Provision potentiellen Kunden vorgestellt. Wenn das Geschäft flau ist, wird ein Mädchen mitunter die Initiative ergreifen und Kunden anrufen, die in ihrem »Schwarzen Buch« stehen, einer verschlüsselten Liste derselben, mit ihren Namen, Telefonnummern, gezahlten Honoraren und sexuellen Wünschen. (Wenn sie den Beruf aufgibt, kann sie ihr Schwarzes Buch für etliche tausend Dollar verkaufen, genauso wie ein Arzt, der sich von der Arbeit zurückzieht, seine Praxis verkauft.)

Die meisten Prostituierten kommen aus zerrütteten und oft hoffnungslos verdorbenen Familien. Auch wenn große Anstrengungen gemacht wurden, für gewöhnlich von der Mutter, die Familie intakt zu erhalten, so wird sie im allgemeinen durch das Verschwinden des Vaters vor oder kurz nach der Geburt des Mädchens zerstört, und alle Versuche der Wiedervereinigung scheitern kläglich. Immerhin erhält das seltene und quälende Wiederauftauchen des Vaters die Hoffnung aufrecht, daß irgendwo und in irgendeiner erträumten Zukunft eine liebevolle Familie darauf wartet, das ausgestoßene Kind wieder aufzunehmen.

Die Mutter ist aber meistens streng und übertrieben besorgt, und gleichzeitig eifersüchtig und konkurrenzbewußt, ein Konflikt, der oft zu körperlicher Mißhandlung führt. Mitunter wird eine Mutter, die mit einem anderen Mann zusammenlebt, das Mädchen offen oder heimlich zur Prostitution treiben, um ihre eigene Schuld zu verkleinern.

Manche ältere Prostituierte nehmen ihre Töchter in Bars oder sogar auf die Straße mit, als Lehrlinge in ihrem Beruf.

Fast überall empfinden Prostituierte eine enorme Feindseligkeit Männern gegenüber, was nicht überraschend ist angesichts der Tatsache, daß ihre frühesten Erinnerungen häufig nicht nur Aussetzung, sondern auch Verführung oder Vergewaltigung durch den Vater, den Stiefvater, einen älteren Bruder oder Onkel einschließen. Die Mehrheit der Mädchen, die wir studierten, berichteten Vorfälle von Inzest zwischen ihrem 5. und 11. Lebensjahr, aus denen sich eine unerträgliche Bindung ergab, durch die das Kind gezwungen war, seinem Verführer wiederholt zu Willen zu sein, ohne sich seiner Mutter anvertrauen zu können, aus Furcht, deren eifersüchtige Wut zu erregen. Eine solche Lage, in der ein Kind keinem der Erwachsenen in seiner Welt vertrauen kann, verbunden mit einem tiefen sexuellen Schuldgefühl, hat eine erkältende Wirkung auf alle späteren Beziehungen, und tatsächlich sind die meisten Prostituierten nicht imstande, einen länger andauernden befriedigenden Kontakt zu Männern oder Frauen aufzunehmen.

Die Einstellung der beiden Elternteile zu diesen Kindern ist oft die einer völligen Ablehnung. Elizabeth Rays Ausspruch »ich kann nicht tippen, ich kann keine Akten ablegen, ich kann nicht einmal einen Anruf annehmen«, der zu einem nationalen Witz wurde, ist vielleicht auch ein Ausdruck ihres allgemeinen Gefühls von Wertlosigkeit. Ihr Leben ist typisch für diese Schablone: Sie hat ihren Vater nie gekannt, sie spricht von ihrer Mutter als von einer »Hure«, sie wurde von einer Verwandten, die sie nicht haben wollte, zu einer anderen geschoben; ihre einzige Quelle von Behaglichkeit und Sicherheit war ihre Großmutter, der sie ironischerweise ihr Buch gewidmet hat.

Religion ist eine Zufallssache. In den großen Städten sind 41 % der Prostituierten als Katholiken erzogen worden, 49 % sind Protestanten, ungefähr 4 % sind jüdisch und 6 % gehören verschiedenen anderen Glaubensbekenntnissen an, aber obwohl der Glaube an irgendeine Art von Gott und die vage Hoffnung auf eine zukünftige Erlösung für sie wichtig sind, nehmen nur sehr wenige an irgendeiner organisierten Religion teil. Sie haben dafür eine Art gestaltlosen Glauben, mit mystischen Obertönen, daß Gott sie eines Tages finden und von dem Pfad der Sünde fortführen werde. Inzwischen sehen sie sich gern als Menschen, die Gottes Werk ausführen, indem sie ein bißchen Freude in das Leben der armen Seelen bringen, die ihre Dienste benötigen.

Es ist eine Auswirkung des sozialen Bewußtseins der 70er Jahre, daß viele Prostituierte freiwillig als stellvertretende Partner in Kliniken für Sextherapie arbeiten und stolz den Titel »Therapeutiker« führen. Joe Conforte, der Eigentümer von Mustang, dem größten legalen Bordell in Amerika, hat sogar ganz fromm verkündigt, daß sein Geschäft ein wahrhaft religiöses Unternehmen ist, da nichts im Leben wichtiger ist, als Menschen glücklich zu machen.

Trotz der vielen Geschichten in den Massenmedien über die Unzahl von Mädchen mit höherem Studium, die sich der Prostitution zuwenden, aus Verzweiflung daran, eine ihrer Erziehung entsprechende Beschäftigung zu finden, haben wenige Prostituierte auch nur das Abitur. Diejenigen, die es haben, sind wahrscheinlich die teuersten und kultiviertesten Callgirls, aber obwohl sie sich nach einem Collegegrad als Zeichen gesellschaftlicher Achtbarkeit sehnen, erreichen ihn nur wenige. Sie passen nicht mehr in ein Erziehungssystem, genauso wie sie nicht einer organisierten Religion angehören können. Ihr Leben ist zu unruhig und ziellos; es ist ihnen fast unmöglich, einen Plan auf lange Sicht zu fassen und ihn auszuführen. Die Schule ist zu diszipliniert, zu langweilig, und die Belohnung (der Abschluß) läßt zu lange auf sich warten. Sie hat keinen Bezug auf die unmittelbare Gegenwart und wie die Religion, vermag auch sie nicht eine sofortige Linderung von Druck und Kummer zu bieten.

Es ist aber auch wahr, daß einige der jüngeren Prostituierten die Tatsache anerkennen, daß ihre einzige Hoffnung für die Zukunft in einer richtigen Schulbildung besteht, nachdem das wunderbare Auftauchen des legendären Retters nicht stattgefunden hat. Sie versuchen, wieder Schulzeugnisse zu bekommen oder besuchen eine Abendschule. Und von denen, die nie eine Schule besucht haben und auch nicht beabsichtigen, es zu tun, sind viele, insbesondere die Madames, gewitzte Geschäftsfrauen mit einem Managertalent geworden, das den Vorsitzenden einer multinationalen Gesellschaft beschämen könnte – Xaviera Hollander, zum Beispiel, die ein weltweites Netz von Callgirls organisiert und ganz allein zu einem millionenschweren Geschäft ausgebaut hat.

Bevor sie sich der Prostitution zuwandten, haben die meisten Mädchen, wenn überhaupt, so als ungelernte Arbeiterinnen in enttäuschenden Stellungen ohne Zukunft gearbeitet, als Verkäuferinnen oder Kellnerinnen, wo sie schnell lernen, daß das Leben erträglicher wird, wenn der Boß sich für sie interessiert. Dann finden sie allmählich blendendere Beschäftigungen, wie Stewardeß, Modell oder Schauspielerin, aber ihre vorzeitigen sexuellen Erfahrungen machen es leichter, der Linie des geringsten Widerstandes zu folgen, mit Talentsuchern zu schlafen oder der entsprechenden Routine des Produzenten zum Opfer zu fallen. Einige Mädchen erstreben eine ernsthafte Theaterlaufbahn, aber nur wenige haben wirklich Talent. Verführen ist das, was sie am besten können, und sobald sie das entdeckt haben, vor allem nachdem sie Hunger gelitten und sich mit den Randerscheinungen des Showgeschäfts herumgeschlagen haben, scheint es keinen Grund dafür zu geben, diese Fähigkeit nicht zu Geld zu machen.

Freud würde darin natürlich einen Wiederholungszwang sehen, der sie dazu treibt, immer wieder ihre Attraktivität und ihre Anziehungskraft auf Männer unter Beweis zu stellen, im vergeblichen Versuch, den Schaden, der ihrem Selbstbewußtsein zugefügt wurde, als ihre Väter sie als Kinder verließen, wieder wettzumachen. Das schlimme ist, daß ihr Gefühl der Selbstverachtung nicht geheilt, sondern verstärkt wird, sobald sie herausfinden, daß sie Männer nur durch Sex anziehen können. Der große Traum bleibt immer, einen Mann zu finden, der sie »um ihretwillen« liebt und bei dem Sex nur ein Bestandteil eines an gemeinsamen Freuden reichen Lebens ist.

Wenn man eine Prostituierte fragte, was sie vom Leben erwartet, so ist ihre Antwort genau die gleiche wie die irgendeines konventionellen Mädchens aus dem Mittelstand: Heirat, Kinder und Familie. Aber wann immer sich die Gelegenheit bietet, diese Dinge zu bekommen, schafft sie es fast stets, alles zu verderben. Wenn sie längere Zeit ihren Beruf ausgeübt hat, werden der ständige Kitzel, die narzißtische Herausforderung, einen endlosen Strom immer neuer Männer zu verführen, die oberflächlichen Erregungen, sogar die Gefahr selbst, zu einer süchtig machenden Droge, deren Entzug qualvoll, langsam und nur selten vollständig war. Und jene erste, entscheidende Zurückweisung durch ihren Vater vergiftet alle Beziehungen zu Erwachsenen und macht es ihr unmöglich, einem Mann so weit zu vertrauen, um sich ihm in einer Ehe zu verbinden. Trotz ihrer herausfordernden Worte über ein Heim und einen eigenen Mann, verlangt es sie nach der »Zustimmung« einer Vielfalt von Männern, die sie ganz nach Gutdünken behandeln kann, weit mehr, als nach dem Risiko, selber in einer langandauernden Bindung so behandelt zu werden.

Infolge ihrer frühen Lehrzeit in geschlechtlicher Ungebundenheit fühlt sie sich auch mit anderen Prostituierten wohler als in Gesellschaft »anständiger« Frauen. Sie ist wahrscheinlich innerhalb einer Bande antisozialer Kinder aufgewachsen, bei denen wahlloser Sex aus jedem Grunde außer Liebe oder Zuneigung – also aus Annehmlichkeit, für

Geld, oder Vorteile – die Regel war. Das antiseptische Gesellschaftsleben einer kleinbürgerlichen Hausfrau aus dem Mittelstand muß nach der anarchischen Freiheit ihres Berufs erstickend erscheinen. Alle diese Faktoren erschweren den Übergang zu einem häuslichen Leben.

Aber sogar für ein in einem achtbaren Mittelstandsheim aufgewachsenes Mädchen ist das Abrutschen in die Prostitution heute viel leichter und glatter möglich, als es in den zwanziger und dreißiger Jahren war. Die Tage der weißen Sklavenhändler, die unschuldigen, naiven jungen Mädchen auflauern und sie gewaltsam in ein Leben voll Sünde und Schande hineinziehen, sind längst vorbei. Gewaltanwendung ist nicht mehr nötig. Die Einweihung der neuen Generation von Prostituierten wird nicht mehr von so heftiger Gewalt begleitet. Sie hat bisher immer gehört, daß jedermann seinen Preis hat; sie hat erst kürzlich von den Frauenrechtlerinnen erfahren, daß eine Hausfrau sich selber nicht weniger prostituiert als ein gewöhnliches Straßenmädchen; und sie hat gesehen, wie ihre Freundinnen sich für eine Mahlzeit oder einen Pelzmantel verkauft haben, ohne sichtbare traumatische Folgen zu erleiden. Joy, zum Beispiel, hatte ihr erstes Erlebnis im Alter von 15 Jahren, als ein Mann aus dem Gemeindeamt ihrer Vaterstadt ihren sehnsüchtigen Blick auf ein im Schaufenster ausgestelltes Kleid sah. Es war eine aufrichtige finanzielle Transaktion und einer der am wenigsten unangenehmen Zwischenfälle in ihrer Kindheit.

Frühzeitige inzestuöse Erfahrungen lehren ein Mädchen, daß sie Sex dazu verwenden kann, innerhalb der Familie eine Vorzugsbehandlung zu erfahren. Sie lernt bald, daß wenn sie das Spiel mitspielt, sie nicht mehr völlig passiv und hilflos den Händen eines mächtigen älteren Mannes ausgeliefert ist; sie übt jetzt eine eigene Macht aus, die »Macht der Muschel«, wie die Prostituierten es nennen. Eine Frau, die sich selber häßlich und nicht begehrenswert findet, kann dieses Bild umkehren, indem sie ihr unerwünschtes Ich verkauft; sie kann eine Menge aufregender Männer haben, Männer, die ihr sonst nie einen zweiten Blick geschenkt hätten, bedeutende, einflußreiche Vaterfiguren. Wenn sie schlau genug ist, vorteilhaften Gebrauch von ihren Beziehungen zu machen, kann sie selber für diese Männer wichtig werden, deren Entschlüsse jedermanns Leben beeinflussen – könnte sie denn eine bessere Bestätigung ihrer eigenen Bedeutung erlangen?

Ihr höchstes Ziel ist natürlich, von ihm unabhängig zu werden und den erhabenen Status einer Mätresse oder sogar einer Ehefrau zu erreichen. Dieser Wunsch wird erstaunlich oft erfüllt; von den Kunden, die Prostituierte heiraten, sind die meisten Politiker. Wenn die meisten dieser Ehen scheitern, was gewöhnlich der Fall ist, so ist es fast immer die Schuld der Frau. Trotz ihrer ausgesprochenen Sehnsucht nach einer exklusiven Bindung, ist sie unfähig, alles auf eine Karte zu setzen, und wird häufig versuchen, sich in ein paar kleine Abenteuer einzulassen. Ingrid hat vor einigen Jahren ihren Beruf aufgegeben, um einen ihrer Politiker-Kunden zu heiraten und die Ehe scheint ein voller Erfolg zu sein, aber ihr Fall ist eine Ausnahme. Ronnie dagegen, ein in Washington wohlbekanntes Callgirl, lernte ihren Mann, den Herausgeber einer der drei einflußreichsten amerikanischen Zeitungen, im Massagesalon kennen, wo sie damals arbeitete. Bei ihm hatte sie Liebe, Sicherheit und ein glanzvolles, abwechslungsreiches Leben, aber sie konnte die Beklemmung durch eine monogame Existenz nicht ertragen und verließ ihn nach einem Jahr. Jetzt ist sie wieder im Massagesalon.

Für Karl Abraham ist Prostitution ein Akt der Feindseligkeit, der gegen den eigenen Vater gerichtet ist. »Genauso wie sich Don Juan an allen Frauen für die Enttäuschung rächt, die er einst von der ersten Frau erfuhr, die in sein Leben eintrat, so rächt sich die Prostituierte an jedem Mann dafür, daß sie von ihrem Vater ein Geschenk erwartet und nie bekommen hat.«[1] Edward Glover betrachtet die Prostituierte als an die Ödipus-Phase ihrer Entwicklung fixiert. Sie ist immer noch an ihren Vater gebunden, aber sie wendet sich der Prostitution zu um diese Anhänglichkeit zu leugnen.[2] Helene Deutsch hebt die sexuelle Eifersucht des kleinen Mädchens auf ihre Mutter hervor; die Tochter rächt sich für ihres Vaters Untreue zu ihr, indem sie allen Männern untreu ist.[3]

Weil sie unter der strikten Ablehnung durch beide Elternteile gelitten haben, neigen die Prostituierten dazu, die Promiskuität an die Stelle der Treue zu einem einzigen Mann zu setzen, als Verteidigung und als Ableugnung, jemals ein elterliches Liebesobjekt gehabt zu haben. Sie sind stark durch den Wunsch nach Rache motiviert und

1 Karl Abraham, *Selected Papers on Psychoanalysis* (New York: Basic Books, 1953), S. 36.

2 Edward Glover, »The Abnormality of Prostitution«, in A. M. Krich, Herausg., *Women* (New York: Dell Publishing Co., 1943), a.v.S.

3 Helene Deutsch, *The Psychology of Women* (New York: Grune and Stratton, 1945), S. 323.

müssen deshalb stellvertretend, durch Assoziation, Macht erringen. Alle Prostituierten, die wir interviewten, warfen dauernd Namen ins Gespräch und gaben ständig mit den vielen Kunden an, die sie in der Welt der Politik kannten und die »ihnen einen Gefallen tun« könnten. Der Status unter ihresgleichen, den anderen Prostituierten, wird von zwei Faktoren bestimmt: wieviel Geld sie pro Stunde oder pro Mal verlangen können und die Bedeutung der Männer, mit denen sie schlafen. Es ist kein Zufall, daß die meisten Männer der politischen Szene, die in die letzten Sexskandale verwickelt waren, alle älter und Mitglieder der Bundesregierung waren. Prostituierte sind sehr empfänglich für Status und sind sich der bürokratischen Klassenunterschiede genau bewußt; sie werden sich schnell an einen Kunden anschließen, von dem sie glauben, daß er es zu etwas bringen werde oder der schon arriviert ist.

Das Element der Rache zeigt sich auch deutlich in der Befriedigung, die ein Mädchen empfindet, indem es nicht nur den Mann für sein Vergnügen zahlen läßt, sondern sich auch gleichzeitig von mehreren Männern aushalten läßt und einen jeden betrügt, indem sie ihn glauben macht, er sei ihr einziger Partner. Wenn sie klug ist, kann sie die Miete für die Wohnung von mehreren Seiten einstreichen und sich ihre Ferien voll und ganz von vier oder fünf Männern zur gleichen Zeit finanzieren lassen.

Welche anderen Gründe Elizabeth Ray auch gehabt haben mag, um Wayne Hays zu ruinieren, so war sie doch offensichtlich stark durch mächtige Gefühle der Feindseligkeit und der Wut motiviert, wenn man nach dem Schuldeingeständnis urteilt, als sie von seinem vorgeblichen Selbstmordversuch erfuhr.

Die Prostitution erscheint den Frauen, die sich ihr zuwenden, die geeignetste aller ihnen zugänglichen Möglichkeiten, um den ersehnten Glanz und ein aufregendes Leben zu erlangen. Sie vergessen die Stunden der Langeweile, der Mißhandlung und Demütigung, die Illegalität und die Verachtung der Gesellschaft, und sehen nur das Phantasiebild eines prächtigen Lebensstils. In immer größerer Zahl strömen Mädchen von Kleinstädten oder ländlichen Gemeinden in die großen Städte, wo sie erregende Schauder suchen und mitunter auch finden. Das Mekka ihrer Träume – das früher Hollywood war – hat sich nun nach Washington verlagert, das aufs neue, wie einst nach dem Bürgerkrieg, den Ruf einer weltoffenen Stadt genießt.

Wir wollen jetzt im einzelnen genau untersuchen, wie die eleganten Prostituierten arbeiten – wie, wo und in welchem Ausmaß.

Tabelle 6.1

Örtlichkeiten der sexuellen Begegnungen			
Bordell	Wohnung eines Callgirls	Hotelzimmer und Sonstiges (Privathaus, usw.)	Büro
15 %	60 %	20 %	5 %

Die Bordelle, die 15 % der Kunden empfangen, schließen auch die üppigeren Massagesalons mit ein. Typisch dafür sind Käfige mit exotischen Vögeln und Wasserspiele im Foyer. Für die Grundgebühr von 20 Dollar, die im voraus am Empfang zu zahlen ist, bekommt der Kunde eine Stunde Massage, mit Champagner, Musik durch Kopfhörer und ein übergroßes, in den Boden eingelassenes Bad in jedem Zimmer, das mit Spiegelwänden, einem flachen Bett und Sauna ausgestattet ist. Es gibt auch ein großes gemeinsames Wellenbad. Das Etablissement ist auf »Südseeinsel-Paradies« getrimmt und die Mädchen tragen eine Andeutung von Tahiti-Kostümen. Für weitere 40 Dollar plus Trinkgeld kann der Kunde eine weitere Stunde bleiben und entweder geschleckt werden oder richtiggehend ficken.

Bevor es vom Knapp-Ausschuß geschlossen wurde, kam Xaviera Hollanders Haus in der New Yorker East 55th Street, wo sie viele Politiker empfing, dem majestätischen Stil der alten Bordelle am nächsten. Es gab dort einen riesigen Empfangssalon für geselligen Verkehr, wenn der Kunde sich dafür entschied. Innerhalb einer völlig abgeschirmten Terrasse befand sich eine Schwimmhalle für Wassersport und daneben eine vollkommen ausgerüstete Turnhalle. Jedes Schlafzimmer war nach einem bestimmten Geschmack eingerichtet – mit Spiegelwänden, oder mit Samt verhängt, oder aber einem privaten Eisenbahnwaggon aus der Zeit der Millionärs-Raubritter nachgebildet.

Der Ort, der am häufigsten für Begegnungen gewählt wird, ist das Apartment eines Callgirls. Mag es luxuriös oder bescheiden eingerichtet sein, wenn sie auf Kunden eingestellt ist, die zu Sadomasochismus neigen, so wird sie mindestens einen Raum von Möbeln frei und dadurch für sausende Peitschen und Ketten bereit halten.

Zwanzig Prozent der Politiker ziehen ein Hotel- oder Motelzimmer, möglichst in nächster Nähe ihres Büros, vor, so daß sie in der Mittagszeit einen Raum mieten können. Prostituierte, die ihre Kunden in Büros oder Hotelzimmern treffen, werden »out-call girls« genannt.

Aus Washingtoner Quellen wissen wir, daß das Watergate-Gebäude in den Sexkreisen der Elite ganz andere Assoziationen weckt als die mit einem Einbruch, der einen Präsidenten zu Fall brachte. Viele dieser Apartments werden von den oberen Schichten regelmäßig für Orgien verwendet. Auch Hotelzimmer längs der Route einer Wahlkampagne erweisen sich als nützlich und die Politiker wenden sich häufig an die entsprechenden Verbindungen in New York oder Washington, die über das ganze Land ein Netz von Mädchen aufbauen, so daß sie sicher sein können, kurzfristig die erwünschten Dienste vorzufinden, wo immer sie sich auch an einem bestimmten Abend befinden mögen.

Für den durchreisenden Politiker ist das Hotelzimmer sicherer, für das Mädchen jedoch gefährlicher; sie zieht es im allgemeinen vor, in ihren eigenen Räumen zu arbeiten, wo sie ein befreundetes Callgirl oder sogar einen Rausschmeißer in Reichweite haben kann, wenn sie einen Kunden empfängt, der einen Hang zu Schlägen und »Züchtigung« hat.

Der Politiker wird aus verständlichen Gründen nur in 5 % der entsprechenden Zeit sein Büro benutzen, aber gelegentlich wird er sein bevorzugtes Mädchen in sein Büro zitieren, um es »auf die Schnelle« zu erledigen, meistens nur Schlecken, zusätzlich zu seinen regelmäßigen Besuchen im Freudenhaus oder in ihrer Wohnung. Das geschieht am ehesten, wenn er unter starkem Zeitdruck steht und sofortige sexuelle Erleichterung braucht. Candys Kunde, der ihre Besuche bei ihm als Teil seines normalen Arbeitstages einplante, war eine Ausnahme.

Jachten, Hausboote, Landhäuser und Wochenendheime sind der Rahmen für gemächlichere Vergnügungen; von den reichen Geschäftsmännern, die zum engeren Kreis eines bedeutenden Politikers gehören, wird erwartet, daß sie ihre Besitzungen den für diese Gelegenheit eingeladenen Busenfreunden und Mädchen zur Verfügung stellen. Nicht einmal das Weiße Haus ist sakrosankt, wie wir aus dem Bericht über Präsident Kennedys Sexualleben wissen. Einige Politiker mit Häusern in Washington, insbesondere im Viertel von Georgetown, sind dafür bekannt geworden, daß sie sich einen besonders gefährlichen Kitzel dadurch verschaffen, daß sie Prostituierte auffordern, sie aufzusuchen, während ihre Frauen im Nebenzimmer schlafen.

Callgirls neigen sehr stark zu Prahlereien und Übertreibungen, aber eine realistische Einschätzung ihrer Einkünfte ergibt doch ein steuerfreies Jahreseinkommen zwischen 30 000 und 100 000 Dollar. Sie bevorzugen Politiker als Kunden, nicht nur wegen der indirekten Assoziierung zur Macht, sondern auch weil sie großzügiger bezahlen, da viele von ihnen lange, ausgeklügelte Rituale und Abwegigkeiten verlangen.

Tabelle 6.2

Mindesthonorare von Prostituierten (in Dollar)				
Eine Stunde	2–4 Stunden	Die ganze Nacht	Wochenende	Woche
50–100	150–200	300	500 plus alle Auslagen	750 plus alle Auslagen

Die Honorare auf Tabelle 6.2 stellen die Mindestpreise dar, die von Politikern verlangt werden. Für 50 bis 100 Dollar pro Stunde bekommt er Schlecken, Masturbieren oder echten Sex. Ist er ein regelmäßiger Besucher, zahlt er 50 Dollar; wenn er das Mädchen in sein Büro bestellt, oder wenn sie eine andere Verabredung absagen muß, um ihm in letzter Minute gefällig zu sein, wird er 100 oder mehr zahlen müssen.

Je abwegiger der Sex, desto höher ist natürlich die Bezahlung. Fesseln und Demütigung brauchen Zeit und das Mädchen muß dementsprechend entschädigt werden; 150 bis 200 Dollar für Fesselung und Züchtigung ist nichts ungewöhnliches. Ingrid sagte, sie berechne 250 Dollar pro Sitzung, aber das schloß vier getrennte »Strafsitzungen« ein, die sie von jedem Kunden verlangte, der Fesselung und Züchtigung haben wollte. Wenn das Mädchen die ganze Nacht bleibt, bekommt sie für gewöhnlich 300 Dollar. Diese Taxe bezieht sich nicht auf Nonstop-Sex – dann wäre sie viel höher –, aber es geschieht oft, daß ein Politiker, infolge seines Abhängigkeitstriebs, nach einigen erschöpfenden Stunden mit Peitschen und Ketten, den Wunsch nach zärtlicher Gesellschaft und nach einem tröstenden Busen fühlt, auf den er sein müdes Haupt betten kann.

Ein gutes Callgirl ist auch stark begehrt als Begleitung bei politischen gesellschaftlichen Ereignissen, eine Rolle, die sie vollendet spielt. Sie ist oft auffallend schön, immer tadellos gekleidet und ein geübter Gesprächspartner; und dafür verlangt sie nichts anderes als Geld. Sie muß nicht vorher zu einem Dinner eingeladen oder sonstwie verwöhnt werden; sie stellt keine Ansprüche wie eine Mätresse oder eine Ehefrau. Sie befriedigt alle seine augenblicklichen Bedürfnisse und wenn der Abend vorbei ist, ist außer Spesen nichts gewesen. Diese Art der Befriedigung ohne weitere Verwicklungen ist ihre 300 Dollar wohl wert.

Für ein Wochenende wird ein Mädchen 500 Dollar plus alle Auslagen berechnen, aber ein Honorar von 1000 Dollar ist auch nicht ungewöhnlich. Die Auslagen umfassen die Fahrt, Restaurant- und Hotelrechnungen, Unterhaltung und sogar Taschengeld. Das Honorar ist reiner Gewinn. Ob es sich um eine Geschäftsreise, eine politische Exkursion oder ganz einfach um den Urlaub handelt, die Politiker nehmen auf ihre Reisen gern ein Mädchen mit – mitunter auch mehrere –, um nicht auf das örtliche Angebot angewiesen zu sein. Sie mögen es sogar als Kitzel empfinden, das Mädchen auf eine sexuelle Extratour zu schicken, wie es Jackies »älterer Staatsmann« tat, in welchem Fall sie noch viel reicher nach Hause zurückkehrt.

Es ist klar, daß die Politiker Wucherpreise für ihre sexuellen Neigungen bezahlen müssen, und die Frage, woher das Geld dafür kommt, wird gegenwärtig noch von einem Sonderausschuß des Kongresses geprüft. Das mag der einzige Aspekt im Geschlechtsleben der Politiker sein, der die Öffentlichkeit angeht, aber im Augenblick ist er von brennendem Interesse. Wir haben auch keine Antwort darauf, außer der Kenntnis von den Einkünften der Callgirls, soweit sie uns bekannt sind. Aufgrund dieser Zahlen schätzen wir, daß ein Politiker jährlich von 10 000 Dollar aufwärts dafür aufwendet, daß seine sexuellen Bedürfnisse befriedigt werden.

Obwohl in diesem Buch hauptsächlich die Verbindung zwischen der politischen Macht und dem unerlaubten Sex mit Prostituierten behandelt wird, wäre unsere Untersuchung unvollständig, wollten wir nicht auch die Psychodynamik von zwei weiteren wichtigen Beziehungen im Gefühlsleben eines Politikers berühren: die zu seinen Assistentinnen und Sekretärinnen und die zu seiner eigenen Frau.

Zwei Sorten Frauen arbeiten in den Büros auf dem Kapitolhügel: die seriösen, überaus tüchtigen Berufssekretärinnen, die dazu neigen, sich mit den Interessen ihrer Brotgeber bis zur Selbstaufgabe zu identifizieren, wie Rosemary Woods und Evelyn Lincoln; und die neue Spezies bezaubernder junger Dinger, die immer die große Chance im Auge haben und deren Fähigkeiten als Sekretärin für gewöhnlich die geringsten ihrer Talente sind. Für ihre Arbeitgeber stellen die Berufssekretärinnen das beständige Mutterbild dar: asexuell, schützend, unzweifelhaft loyal; sie stellen das Leben ihrer »Söhne« immer über ihr eigenes und zehren von deren Erfolgen.

Die jüngeren Mädchen, was sonst sie auch sein mögen, sind keine Muttergestalten. Die Erregung, die sie durch ihre Verbindung mit mächtigen Männern suchen, hat einen starken sexuellen Beigeschmack. Fast alle Mädchen dieser Gruppe, mit denen wir sprachen, gestanden, daß sie am Anfang ihrer Arbeit im Büro eines dynamischen, erfolgreichen Kongreßmitglieds derart von ihm beeindruckt waren, daß sie geradezu Ehrfurcht empfanden. Sobald sie sich an die Routine gewöhnt haben, mögen sie ihren Chefs kritischer gegenüberstehen, sind aber immer noch durch die Atmosphäre der Macht verführbar. Ein Mädchen, das sieben Jahre lang im Kapitol gearbeitet hatte, erklärte, daß sie sich zwar jetzt an ihren Kongreßmann gewöhnt habe, daß sie aber immer noch ein Prickeln empfinde, wenn sie einen Politiker trifft, der berühmter ist oder mehr erreicht hat.

Seit den Affären um Hays und Young ist immer wieder hervorgehoben worden, daß das System, wonach Kongreßmitglieder nach Gutdünken Gehälter festsetzen, deren Erhöhungen bewilligen und Sekretärinnen einstellen und entlassen können, es ihnen leicht macht, von den Mädchen sexuelle Gefälligkeiten zu erpressen. Die meisten Männer, die in Washington arbeiten, brauchen, trotz der Bewußtseinswekkung durch die Frauenrechtlerinnen, heute keinen solchen Druck; sie erwarten, ihren Weg dadurch zu machen, daß sie mit jemandem schlafen, der ihre Laufbahn fördern könnte.

An dieser Stelle sollte festgehalten werden, daß der Hang dieser Männer zu Herrschaft und Kontrolle in ihrem geheimen Sexualleben eng mit der Atmosphäre von Beherrschung parallel läuft, die in ihren Büros überwiegt. Das durchschnittliche Kongreßmitglied hat einen Stab von elf bis vierzehn Mitarbeitern, für die es keine offiziellen Eignungsprüfungen, keine objektiven Kompetenznormen und keine von außen auferlegte Regelung gibt. Die Gehälter, die Arbeitspläne und der Inhalt der Arbeit selbst werden nach seinem persönlichen Ermessen festgelegt. Wenn er von seinen Helferinnen erwartet, daß sie fünf, sechs oder sieben Tage in der Woche bis Mitternacht arbeiten und ihm zusätzlich noch sexuell zur Verfügung stehen, dann bleibt ihnen keine andere Wahl als sich zu fügen oder sich nach einem anderen Job umzusehen. Auch wenn diese Frauen diese totale Kontrolle, die ein anderer über ihr Leben ausübt, nicht bewußt als sexuelle Herrschaft in ihrer perversesten Form erkennen, so färbt diese doch auf ihre Einstellung zu sich selbst und zu ihrer Lage ab und verstärkt auch noch so unbewußte Neigungen, die sie zu Masochismus und Unterwerfung haben mögen.

Und dieselbe Ödipus-Dynamik, die die Gefühle der Prostituierten ihren mächtigen älteren Kunden gegenüber beeinflußt, gilt genauso für diese Mädchen. Die Arbeit für ein einflußreiches älteres Kongreßmitglied bietet ihnen die Möglichkeit, ihren inzestuösen Phantasien freien Lauf zu lassen, mögen sie tatsächlich mit ihm schlafen oder nicht. Bei einer Befragung einer großen Anzahl dieser Frauen erklärten viele, daß ihre Freude an der Arbeit in hohem Maße von dem Gefühl bestimmt sei, ihrem Chef nahe und für ihn persönlich wichtig zu sein, und daß sie mit Freuden viele Stunden für ein geringes Gehalt arbeiteten, solange sie fühlten, daß er einen Teil seines Erfolges ihren Anstrengungen verdanke.

Diese Anhänglichkeit wurde in belustigender Form durch ein psychologisches Experiment bestätigt, bei dem wir einer Gruppe von Mädchen, die in verschiedenen Büros des Kongresses arbeiteten, eine Sammlung von Fotos vor Kongreßmitgliedern vorlegten. In 90 % der Fälle beschrieb ein jedes Mädchen, dem das Foto ihres eigenen Chefs gezeigt wurde, diesen als stattlicher als die anderen und als besser aussehend als der Durchschnitt, unabhängig von dessen Alter und wirklichem Aussehen.

Die Bewunderung hübscher junger Mädchen, die seinem Stab angehören, ist natürlich sehr reizvoll für den Gesetzgeber, der alle Bestätigung seines Ego braucht, die er nur bekommen kann, aber er begreift nicht immer, daß die Anziehungskraft in seiner Macht und seinem Einfluß und nicht in seinem persönlichen Charme liegt, und daß diese Bewunderung nur allzu leicht auf seinen Nachfolger übertragen wird, sobald er strauchelt oder eine Wahl verliert.

Andererseits ist so manches Mädchen, das glaubt, wegen ihrer beruflichen Befähigung eingestellt worden zu sein, bestürzt, sechs Monate später von ihrem Arbeitgeber zu hören, er hätte vorher gar nicht bemerkt, wie begabt und tüchtig sie sei; und daß er sie nur wegen ihres guten Aussehens und wegen ihrer Fähigkeit, sich persönlich auf ihn einzustellen, in seinen Stab aufgenommen habe. Als wir eine Mitarbeiterin eines solchen Stabs nach ihrer Dienstbezeichnung fragten, antwortete sie lachend: »Oh, die wechseln wir jede Woche. Eine Woche nenne ich mich Helferin, die nächste Woche Assistentin, manchmal sogar Sekretärin. Wir haben hundert verschiedene Titel und wir tauschen sie untereinander aus.« Dieses Zugehörigkeitsgefühl, das so sehr der physischen Attraktivität der Einzelnen zu verdanken ist, schafft eine Atmosphäre der Kameradschaft mit dem Boß, die ans Sexuelle grenzt und das Folgende fast unvermeidlich macht.

Ein Mädchen, das die Annäherungsversuche ihres Arbeitgebers abweist, riskiert, sofort gefeuert zu werden, nicht nur aus Ärger, sondern weil er oft auf die Mitarbeit seines weiblichen Personals zählt, wenn es darum geht, anderen Männern, die seine Ambitionen fördern könnten, sexuelle Freuden zu verschaffen. Auch Lobbyisten hängen sehr von den Talenten junger Frauen ab, die sexy sind, wenn sie die Gesetzgeber beeinflussen wollen. Ein ausgezeichnetes Beispiel für dieses leichte Entgegenkommen ist der Fall von Suzi Thomson, einer naturalisierten Koreanerin, die von der südkoreanischen Botschaft zum Stab des Präsidenten des Repräsentantenhauses, Carl Albert, hinüberwechselte, wo sie, wie Albert sagte, als »Verbindungsmann zwischen dem Speaker und anderen Mitgliedern des Hauses« agierte. Einer von diesen war Robert Legget, Abgeordneter für Kalifornien, der bald, nachdem er sie kennengelernt hatte, versuchte, im Haus Unterstützung für das südkoreanische Regime zu finden.

Washington bietet einem Mädchen, das gewillt ist, sowohl ihren Körper als auch ihre Intelligenz einzusetzen, eine Menge Gelegenheiten. Ganz besonders das politische Leben fördert eine unbekümmerte, nachlässige Einstellung zum Sex bei Leuten, deren Arbeits- und Gesellschaftsleben so eng verzahnt sind, insbesondere, wenn die »Sache« für deren Förderung sie alle arbeiten, die Karriere eines gut aussehenden, dynamischen Mannes ist, der das amerikanische Männlichkeitsideal verkörpert.

Jeder ehrgeizige Mann muß mitunter seine Familie hinter seiner Karriere zurückstehen lassen, aber nur wenige Familien müssen so lange Abwesenheiten ertragen, wie die Frauen und Kinder von Politikern. Als Senator Walter Mondale gegen Ende 1974 aus dem Rennen um die Präsidentschaft von 1976 ausschied, gab er unter anderen Gründen an, er hätte seine Familie seit einem Jahr nicht gesehen[4] – was ihn trotzdem nicht hinderte, 1976 die Ernennung zum Vizepräsidenten anzunehmen. Viele der in die Watergate-Affäre Verwickelten benutzten, als sie die Katastrophe auf jeden Fall auf sich zukommen sahen, ihre vernachlässigten Familien als Vorwand, um zurückzutreten. Aber solange es mit dem Politiker aufwärts geht, widmet er seiner Familie am wenigsten Aufmerksamkeit. Jede Politikersgattin wird bestätigen, daß sie in der meisten Zeit ihrer Ehe alleingelassen wurde, um die Kinder großzuziehen; nur bei zeremoniellen Gelegenheiten wird die Familie hervorgeholt, um ein öffentliches Schauspiel ihrer Verbundenheit zu geben. In der übrigen Zeit ist der Ehemann entweder unterwegs und kämpft darum, seinen Namen und sein Image in den

Herzen von Millionen gleichgültiger Wähler lebendig zu erhalten, oder er läßt seine Frau, sobald er einmal gewählt ist, mit den Kindern zu Hause, während er seiner Tätigkeit in Washington nachgeht.

Es gibt eine Reihe guter Gründe für diese Trennung – die Kinder würden unter der Entwurzelung leiden, die Schulen in Washington sind schlecht, er, der Abgeordnete, muß ja doch häufig in seinen heimatlichen Wahlkreis zurückkehren, um seine Pflichten den Wählern gegenüber wahrzunehmen – aber das Ergebnis sind eine einsame Ehefrau und Kinder, die vaterlos aufwachsen. Wenn der Mann an die Spitze der Politik in der Stadt, dem Bundesstaat oder der Union gelangt ist, mag sie die Befriedigung haben, selber im öffentlichen Leben zu stehen, aber sie wird trotzdem nicht viel von ihm zu sehen bekommen.

Wie die Mutter des Politikers, wie die nonnenhafte Sekretärin alter Schule, muß sie nicht nur ihm, sondern auch der Öffentlichkeit ein Bild der Reinheit und Keuschheit vorführen, das Image der allamerikanischen Madonna, die unnatürlich asexuell ist. Wir Amerikaner betrachten die Sexualität in einer Frau als irgendwie gegensätzlich zu Erziehung und Ernährung einer Familie, wie es der Schrei der Entrüstung bewies, als Betty Ford erzählte, daß sie mit ihren Kindern auch nur die hypothetische Möglichkeit von außerehelichem Sex besprochen hatte.

Bedeutsam ist auch, daß, soweit uns bekannt ist, sich bisher keine Frau eines in einen Sexskandal verwickelten Politikers von ihm hat scheiden lassen. Sie haben alle treu zu ihren Männern gehalten und in würdigem Schweigen gelitten, während die Dummheiten ihrer Männer auf den ersten Seiten der Zeitungen in dicken Schlagzeilen vor der ganzen Welt ausgebreitet wurden; und niemand wird jemals erfahren, wieviel Scham und Qual sie dies gekostet hat.

Sie haben es nicht nur erduldet, sie haben auch mitgeholfen, die ärgsten Seitensprünge ihrer Männer zu vertuschen, wie es Mrs. Wilbur Mills tat, als sie der Presse gegenüber erklärte, Fanne Fox sei seit langem eine gute Freundin der Familie, oder als Rose Kennedy in ihren Memoiren behauptete, Gloria Swanson, bekannt als Mätresse von Joe Kennedy Sr., sei nur eine alte Freundin des ganzen Kennedy-Clans gewesen.

Selten, wenn überhaupt, wurde eine Ehefrau durch Ärger oder Eifersucht dazu getrieben, ihren Mann bloßzustellen, mochte sie auch

4 Myra MacPherson, *The Power Lovers* (G. P. Putnam's Sons, 1974), S. 9.

genau wissen, was im Gange war; der Sturz eines Politikers wird allenfalls durch einen neugierigen Reporter oder eine eifersüchtige Mätresse, aber nie durch seine Frau ausgelöst. Diese Frauen brauchen die Kraft und Widerstandsfähigkeit eines Felsens, um unter einem solchen Druck den Kopf hoch halten zu können. Was für einen Tribut ein derartiges Leben fordert, wird uns klar, wenn wir an die traurige Geschichte von Joan Kennedy denken, die aus weniger hartem Stoff gemacht ist. Ihr Alkoholismus und ihr Nervenzusammenbruch sind allgemein bekannt, wie auch die Wahrscheinlichkeit, daß beides, wenigstens zum Teil, auf die Anstrengung zurückgeht, ein Leben im Einklang mit den Ambitionen ihres Gatten zu führen, gar nicht zu reden von seinem Ruf als Frauenheld und Playboy. Aber getreu dem Stoizismus, den sie als Frau eines Politikers zu wahren gelernt hatte, stand sie ihm während der ganzen Schicksalsprüfung von Chappaquiddick tapfer bei.

Die Frauen übernehmen aber immer öfter eine aktive und sichtbare Rolle und führen die Wahlkampagne Seite an Seite mit ihren Männern. Sie beginnen, sich als selbständige Persönlichkeiten abzuzeichnen und haben oft bewiesen, daß sie fabelhafte politische Trümpfe sind. Der Mut und die lebhafte Intelligenz, ja sogar die gelegentlichen Schnitzer, von Betty Ford haben in unschätzbarer Weise dazu beigetragen, das etwas hölzerne Image ihres Gatten zu vermenschlichen.

Was alle diese Frauen – die Huren, die Angestellten und die Ehefrauen – gemeinsam haben, ist, daß eine jede auf ihre Art den Narzißmus des Politikers nährt. Die Ehefrau ist außerdem noch ein Muttterersatz, eine nochmalige Bestätigung der Mutter, die von Anfang an das Schicksal ihres Sohnes als das eines »zukünftigen Präsidenten der Vereinigten Staaten« gesehen hat (auch wenn er dann nur Gemeinderat wurde), und für die dieses hehre Ziel es wert war, jedes Gramm ihrer Energie und die allerletzte Willenskraft ihrem besonderen Jungen zu widmen.

Zusammenfassung

Diese Untersuchung begann als eine Erforschung der Natur und der Funktion von abnormem Verhalten, insbesondere der Prostitution, aber schon bald verlagerte sich der Brennpunkt unserer Forschungsarbeit nach dem Kunden der Elite-Prostituierten, ein Gegenstand, dem bisher von den Verhaltensforschern nicht viel Aufmerksamkeit geschenkt wurde. Wir fanden heraus, daß die Mehrzahl dieser Kunden Politiker oder Machtmakler sind, und im Verlauf von mehr als 700 Stunden von Interviews mit 80 Callgirls und Madames, sowie 30 weiblichen Regierungsangestellten, sammelten wir eine große Menge Angaben über die sexuellen Gewohnheiten und den allgemeinen Lebensstil dieser Männer, die wir auszugsweise in den vorstehenden Kapiteln dargelegt haben.

Aufgrund dieses Materials und durch Anwendung der üblichen psychiatrischen Bewertungsmethoden ist es jetzt möglich, das Modell eines detaillierten klinischen Lebensbildes des Mannes am Schalthebel der Macht auszuarbeiten.

Es sollte festgehalten werden, daß das folgende als zusammengesetztes Portrait gedacht ist, das nur aus den charakteristischsten Zügen des Politiker-Kunden besteht. Innerhalb dieses Typs gibt es natürlich zahllose unterschiedliche Variationen.

Identifikationsmerkmale

Alter: 58–65.

Familienstand: Verheiratet; zwei oder drei Kinder sind vorhanden, die für gewöhnlich unter oder nur wenig über zwanzig Jahre alt sind.

Geschlecht: Männlich.

Rasse: Weiß.

Religion: Protestantisch.

Beschäftigung: Beamter der Gemeinde, des Bundesstaats oder der Union. Eintritt in die Politik nach sechs bis vierzig Dienstjahren als Offizier oder aber mit praktischen Kenntnissen im Juristenberuf, als Geschäftsmann oder Industrieller.

Persönlichkeitsbild

Er strahlt eine charismatische Anziehungskraft aus. Er ist von mittlerer Statur, weder übergewichtig noch allzu schlank, in guter körperlicher Verfassung, die er durch sportliche Betätigung oder den regelmäßigen Besuch eines Gymnastikzentrums oder eines Klubs zur Pflege der Gesundheit aufrechterhält. Er legt größten Wert auf physische Tapferkeit und ist meistens ein begeisterter Fan von Sportveranstaltungen, ein Interesse, das vermutlich vom Wettbewerb mit seinem Vater schon in früher Kindheit herrührt.

Er ist narzißtisch eitel und wird zu allen Mitteln greifen – Haartransplantation, Kieferorthopädie, kosmetische Chirurgie –, von denen er annimmt, daß sie sein öffentliches Image verbessern können. Für das Gewinnen einer Wahl hält er das Image für wichtiger als echte Substanz und er wird die Hilfe von Privatlehrern und Experten in Anspruch nehmen, um seine Beredsamkeit, seinen Wortschatz, seine Vortragsweise und sogar seinen Sinn für Humor zu vervollkommnen. Das Ego, das ihm vorschwebt, ist identisch mit dem üblichen Männlichkeitsklischee (Machismo); er tut alles, was er nur kann, um eine eindrucksvolle äußere Erscheinung zu erlangen, den späten Ausdruck der Rivalität mit seinem Vater, die gleichzeitig ein direkter Wettbewerb und ein Bestreiten jeglicher Verletzbarkeit war.

Gegenwärtige Position

Als politische Persönlichkeit von Rang hat er eine wohlbegründete Position innerhalb der Machtstruktur inne. Wenn er dem Kongreß angehört, ist er in einem oder mehreren einflußreichen Ausschüssen und spielt eine wesentliche Rolle bei Entscheidungen, die das nationale Wohlergehen betreffen, wenn sein Name auch nicht unbedingt dem großen Publikum vertraut ist. Wegen des ständigen Bedürfnisses, sein Machtstreben zu verstärken, ist er bestrebt, enge und freundschaftliche Beziehungen zu den reichen privaten Geschäftsleuten aufrechtzuerhalten, die seinen Aufstieg mit beträchtlichen Spenden und Wahlkampfgeldern finanziert haben.

Seine intrapsychische Machtdynamik bringt ihn dazu, eine Gesetzgebung zu begünstigen, die öfter den Forderungen von kompakten Interessengruppen als den Bedürfnissen seiner Wählerschaft entgegenkommen. Er wird seine Macht innerhalb der Ausschüsse auch dazu gebrauchen, Gesetze, die seinen persönlichen Interessen und denen seiner Förderer widersprechen, hinauszuschieben, aufzuheben oder vollständig zu Fall zu bringen. Um seine Herrschaftsgelüste ausleben zu können, muß er das System kontrollieren; er liebt es deshalb, den rebellischen Jüngeren die Lehre von Anpassung und Kompromiß genau zu erläutern. Mit Hilfe des Übergewichts der Dienstälteren, das dazu neigt, die Energien jugendlicher Reformer zu zersplittern, gelingt es ihm meistens, sie zu seiner Ansicht zu bekehren.

Berufliche Vergangenheit

Er zeigt das klinische Bild des besessenen Strebens nach Macht und Kontrolle, dem er alle anderen Aspekte seines Lebens untergeordnet und alle menschlichen Beziehungen geopfert hat. Noch bevor er sein nächstes Ziel erreicht hat, faßt er das nächsthöhere ins Auge; und während er seine Stellung innerhalb der Parteihierarchie festigt, bereitet er sich schon für die nächste Eroberung vor. Der Kampf ist sein natürliches Element. Seine gefühlsmäßigen und physischen Energien sind ständig auf eine höhere Ebene gerichtet, da seine Widerstandsfähigkeit größer ist als die des Durchschnittsmannes. Er ist stets bereit, seine gegenwärtige Sicherheit aufs Spiel zu setzen, wenn er eine höhere Autorität erlangen kann und wird, beispielsweise, einen sicheren Sitz im Repräsentantenhaus aufgeben, um für den Senat zu kandidieren.

Er geht zwangsmäßig Risiken ein, weil er seinem Wesen nach unfähig ist, aus vergangenen Leistungen Befriedigung zu schöpfen. Es liegt in der Natur des Herrschaftstriebs, daß man von einem eifersüchtigen Verlangen nach der Macht verzehrt wird, die man noch nicht erlangt hat, und daß man diejenige unterbewertet, die man bereits erreicht hat.

Familiengeschichte

Er kommt aus einer intakten Familie, die die Bedeutung einer einigen Familie betont hat. Der Vater war jedoch die meiste Zeit physisch oder gefühlsmäßig abwesend und verfolgte seine eigenen Ambitionen, die oft auch politischer Natur waren. Von ihm lernte der Sohn schon sehr jung, Erfolg mit Beherrschung anderer zu identifizieren, eine Anschauung, in der er von seiner Mutter ermutigt wurde, die die typische Glucke war, ihren Sohn aber auch in ein Konkurrenzverhältnis zu seinem Vater hineintrieb. Diese frühen elterlichen Einflüsse waren der Ursprung dessen, was später dann der Machtkomplex werden sollte.

In wirtschaftlicher Hinsicht gehörte die Familie der oberen Mittelschicht an. Zum Machtsyndrom gehört ein ausreichend wohlhabendes Milieu, um die ersten Stufen des Aufstiegs zur Herrschaft finanzieren zu können. Als der Sohn das Jünglingsalter erreicht hatte, wurde als sicher angenommen, daß er für einen wichtigen Platz im öffentlichen Leben bestimmt war und alle Hilfsquellen der Familie wurden mobilisiert, um dieses Ziel zu erreichen. Er wurde in der besten Privatschule angemeldet, die man sich leisten konnte, in der Hoffnung, daß er später in eine Universität mit hohem Status aufgenommen werden würde. Alles wurde auf das Streben der Eltern nach höherem abgestellt; seine ganze Jugend wurde durch Ehrgeiz und Status bestimmt. Auch seine sämtlichen Beschäftigungen außerhalb der Studien wurden im Hinblick darauf ausgewählt, ob sie seine Effektivität als Campus-Politiker steigern könnten. Er betrieb Leichtathletik, trat in Debattierklubs ein und kandidierte für den Posten eines Präsidenten oder Vizepräsidenten der Studentenvertretung.

Er wählte seine Freunde sorgsam nach ihrer möglichen späteren Nützlichkeit für seine Karriere aus, widmete sich ganz besonders denen, die erfolgreich zu werden schienen und lehnte den Rest ab. Er hatte bereits gelernt, seine Gefühle unter Kontrolle zu halten und entschied sich unweigerlich für diejenige Handlungsweise, die politisch vorteilhaft sein mußte, ohne seine persönlichen Gefühle ins Spiel zu bringen.

Nach Abschluß des Studiums schlug er die militärische Laufbahn ein und erlangte das Offizierspatent, was seine Schulung für die Werte eines streng hierarchischen, machtorientierten politischen Systems verstärkte. Oder er wählte einen juristischen Beruf oder wurde Geschäftsmann, in welchem Fall er städtische Angelegenheiten als Sprungbrett in die Gemeinde- oder Bundesstaatspolitik benutzte. Bald genoß er den Ruf eines erfolgreichen Kämpfers in den Reihen der lokalen Parteiorganisation und wurde von den örtlichen Parteiführern mit Anerkennung bedacht. Seine Ambitionen fanden ihren Ausdruck in einer zielbewußten Erbarmungslosigkeit, die embryonale Form des Macht-Sex-Syndroms, das ihn für den Rest seines Lebens gänzlich in Anspruch nehmen wird.

Er heiratete, als er Mitte zwanzig war, eine Frau, die mit seiner Mutter die Bereitwilligkeit gemeinsam hatte, sich im Hintergrund zu halten und ihre ganze Zeit der Förderung seiner Karriere zu widmen. Für ihre eigene Person besitzt sie weder Konkurrenzstreben noch Ehrgeiz; was immer ihre Wünsche zu Anbeginn gewesen sein mögen, so wurden sie in eine stellvertretende Befriedigung über die Rolle eines Helfers umgewandelt. Obwohl er es für wesentlich hält, das stereotype Image eines liebenden Gatten und eines guten Familienvaters darzustellen, so fällt die Last, die Familie zusammenzuhalten, doch fast ausschließlich auf sie; sie hat die Kinder allein aufgezogen, er hat ihr kaum dabei geholfen.

Vom Anfang ihrer Ehe an war er die meiste Zeit auswärts, um Spenden zu sammeln, Wahlkampagnen durchzuführen und Kontakte zu den Parteifunktionären herzustellen. Je weiter er in seiner Laufbahn fortschritt, desto komplexer und zeitraubender wurde das Netz der politischen Pflichten, bis es soweit kam, daß ein Wochenende mit der Familie Monate im voraus geplant werden mußte (was ihn auch in die angenehme Lage versetzt, eine größere Intimität zu vermeiden). Im Dienste dieses Image findet die Familie gelegentlich bei öffentlichen Veranstaltungen zusammen, wo es notwendig ist, Solidarität zu zeigen. Sonst sehen die Kinder ihren Vater nur selten; während sie heranwachsen, fühlen sie sich ihm entfremdet und sind oft gegen ihn aufgebracht.

Wenn seine Frau nicht ein Mitglied seines politischen Teams geworden ist, wird die Ehe die Belastung durch seine längeren Abwesenheiten und seine narzißtische Unfähigkeit, enge Beziehungen, sogar zu seiner eigenen Familie, zu unterhalten, kaum überleben. In diesem Fall wird er sofort wieder heiraten, seine zweite Frau wird dann 20 bis 25 Jahre jünger sein als er. Mit Ausnahme der Möglichkeit einer Scheidung, neigen die Familienverhältnisse, in denen er aufgewachsen ist, dazu, sich in der nächsten Generation zu wiederholen; seine Söhne identifizieren sich mit seiner dominierenden Stärke, sind aber, was Liebe und Aufmerksamkeit anbelangt, auf die Mutter angewiesen.

Wenn er einen Sitz im Kongreß gewinnt, kommt die Familie durch die getrennten Wohnorte der Auflösung einen Schritt näher. Die Frau bleibt mit den Kindern im heimatlichen Bundesstaat zurück, während er ein Apartment im Watergate-Gebäude oder ein Haus im Georgetown-Viertel von Washington mietet, oder in einem der Vororte, die zu Maryland oder Virginia gehören. Jetzt lebt er wieder wie ein ungebundener Junggeselle und kommt nur heim, wenn er vor seinen Wählern eine Show abziehen, debattieren oder aktiv eine Kampagne für seine Wiederwahl veranstalten muß. Seine Familie kommt zu ihm in die Bundeshauptstadt, wenn es politisch zweckmäßig ist, sie vorzuzeigen; sonst ist er auf sich gestellt, aber selten allein. Diese Regelung ist das äußerlich sichtbare Zeichen einer intrapsychischen Spaltung, die er infolge der Notwendigkeit erleidet, das Familienleben so streng wie möglich von der Arena seiner Aggressionen zu trennen. Da es ihm nie gelungen ist, die Elemente seiner Persönlichkeit zu integrieren, die durch seinen Vater (Dominanz) und seine Mutter (Umsorgung) dargestellt werden, betrachtet er diese physische Trennung als Befreiung von seinen Konflikten; jetzt kann er seinen sexuellen und politischen Trieben die Zügel schießen lassen.

Die gegenwärtige gesellschaftliche Situation

Arbeit und Gesellschaftsleben sind in Washington so eng miteinander verknüpft, daß es für ihn fast ebenso wichtig ist, bei Botschaftsempfängen, Geschäftsessen, Cocktailpartys und offiziellen Dinners gesehen zu werden, wie bei den Namensaufrufen im Kongreß anwesend zu sein, und er legt Wert darauf, zu diesen Veranstaltungen von einer attraktiven Frau begleitet zu werden, entweder von einem Mitglied seines Personals oder von einem für diese Gelegenheit gemieteten Callgirl. Die Gesellschaft nährt und verstärkt sein Bedürfnis nach narzißtischer Befriedigung und sein männliches Ideal-Ego. Die richtige Frau an seiner Seite ist ein äußeres Zeichen von Erfolg, ein Symbol der erlangten Macht.

Die Menge der Lobbyisten und Einflußsuchenden, denen es völlig klar ist, daß Sex das Öl ist, das die Räder der Gesetzgeber schmiert, kümmert sich auch darum, daß bei solchen Zusammenkünften immer eine reiche Auswahl von willfährigen alleinstehenden Mädchen vorhanden ist, professionellen Prostituierten oder Sekretärinnen und Helferinnen, die einen Halbamateur-Status haben. Sehr bald gelangt er dazu, den Zugang zu Mengen von verfügbaren jungen Frauen als einen der vielen Vorteile am Rande zu betrachten, die in natürlicher Weise zu seiner gehobenen Stellung gehören. Nachdem er sicher ist, daß seine Frau aus dem Wege ist, fühlt er sich frei, sexuelle Experimente anzustellen und die neuen Möglichkeiten des Vergnügens zu erforschen, die sich ihm eröffnet haben. Die Extreme sexueller Befriedigung sind nun untrennbar mit seinem politischen Aufstieg verbunden.

Sein Lebensstil hat somit einen fast schizophrenen Charakter angenommen, wobei seine Frau und seine Kinder den beständigen Hintergrund bilden, der die Wähler der Tatsache versichert, daß er immer noch ein vorbildlicher Familienvater mit einem ruhigen und konventionellen Leben der Mittelklasse ist, ein regelmäßiger Kirchgänger, ein allamerikanischer Gruppenmensch. Fern von seinen Wählern jedoch wird er zu einem beschwingten Gesellschaftswesen. Anonymität ist tödlich in der Politik und eine Versicherung der Lebensfähigkeit besteht darin, daß man bei allen wichtigen Partys, in Privatklubs und in Restaurants anwesend ist und von einer begehrenswerten Frau begleitet wird, die nicht die eigene ist.

Ein hedonistischer Lebensstil ist in Washington genauso ein Status-Maßstab wie bei den vielen Gesellschaftslöwen, die nur allzu bereit sind, alle Beigaben eines luxuriösen Lebens einem einflußreichen Politiker zur Verfügung zu stellen; denn seine Freundschaft erhöht wieder ihren Status. Jachten, Hotelsuiten, Limousinen mit Chauffeur, Privatflugzeuge und Landhäuser werden ihm zugänglich gemacht, um seine sexuellen Beziehungen zu erleichtern. Er zögert auch nicht, daraus Vorteil zu ziehen; er findet darin die konkrete Verwirklichung seines zuinnerst instinktiven Strebens.

Von seinen reichen Freunden finanziell unterstützt, besucht er jetzt regelmäßig Freudenhäuser – oder er bezahlt diese Besuche auch selbst, aus einer Vielzahl von Einkommensquellen, die nichts mit seinem Gehalt zu tun haben. Dazu gehören Honorare für öffentliches Auftreten und Schreiben von Artikeln, Zuweisungen für die Gehälter seines Stabs und Büroauslagen (inbegriffen die bereits berüchtigte Vergütung für Bürobedarf von 6500 Dollar), insgesamt mindestens 200 000 Dollar, für die er nicht öffentlich Rechnung zu legen braucht. Ferner illegale Beiträge von Lobbyisten und halblegale private »Geschenke« von wohlhabenden Geschäftsfreunden, und schließlich Einkünfte aus Investitionen, darunter Beteiligungen an Industrien, die ein Interesse an der Gesetzgebung haben, welche von seinen Kongreßausschüssen unterstützt wird. Es ist somit für ein Kongreßmitglied mit einem Grundgehalt von 42 500 Dollar nicht schwierig über ein aus öffentlichen Quellen gespeistes Privateinkommen zu verfügen, das doppelt so hoch ist. Er ist der Ansicht, daß ihm dieses Geld zusteht, da es seinem unerbittlichen Sinn für die eigene Allmacht dient.

Die vorstehende Zusammenfassung gibt einige der Ursachen für den ausschweifenden Lebensstil des erfolgreichen Politikers an, aber die von uns befragten Frauen berichteten, daß ihre Kunden noch viel weiter gingen und oft verlangten, daß sie komplizierte Szenen von Folterung und Kasteiung des Fleisches aufführten; dazu gehörten Prügel, Verwundungen, Parodien der Kreuzigung und Verstümmelung ihrer Geschlechtsteile. Einige wenige Männer – die reich genug waren, die Gebühren (und Krankenhausrechnungen) zu zahlen und mächtig genug, um die Massenmedien herauszuhalten – hatten das Bedürfnis, einige dieser Dinge den Frauen anzutun; diese Männer waren in der Minderzahl, doch gehörten zu ihnen mehrere, die an der Spitze der amerikanischen Machtstruktur oder nahe daran standen. Um zu verstehen, warum so viele Politiker nicht nur zügellos, sondern auch sadomasochistischen Praktiken ergeben sind, für die sie die kostspieligen Dienste einer »paraprofessionellen Sextherapeutin« in Anspruch nehmen müssen, ist ein tieferer Einblick in die Psychodynamik der Machtsucher erforderlich.

Sie werden durch ein starkes Bedürfnis zu herrschen charakterisiert, das in einem prekären Gleichgewicht zu einem ebenso intensiven Bedürfnis nach Unterwerfung steht. Dieses psychologische Modell drückt sich nach außen hin in einem Drang, andere zu unterjochen und zu kontrollieren, aus (aber immer irgendeinem höheren Ideal gehorchend) und im Privaten in einem mächtigen Verlangen nach heftig aggressivem Sex, der nach dem Orgasmus jäh in einen ebenso scharfen Rückfall in den Zustand kindlicher Abhängigkeit umschlägt.

Die Ursprünge dieses Modells liegen in der besonderen Natur des Ödipus-Kampfes, der bei diesen Männern in der Kindheit und Jugend geführt und nur teilweise überwunden wurde. Nach der von uns aufgestellten Theorie fand sich der Politiker als Kind in typischer Weise zwischen zwei gegensätzlichen und gleicherweise mächtigen Kräften gefangen: seiner Liebe zu seiner ihm so nahestehenden und ihn umsorgenden Mutter, die in seinem ganzen späteren Leben zum Symbol aller Reinheit und Güte werden sollte, gleichzeitig aber die höchsten Ambitionen für ihn hegte, und seinem Vater, der die Macht darstellte, durch die er diese Ambitionen erfüllen und damit die Liebe seiner Mutter gewinnen wollte.

Dazu muß er allerdings seinen Vater zu einem Kampf herausfordern, den er als Kind zweifellos verlieren wird. Dies ist die erste Ursache seiner Kastrationsangst; viele der anomalen Sexübungen, die wir bei Politikern als allgemein üblich gefunden haben, dienen der

Verteidigung gegen und der Erlösung von der unbewußten Kastrationsangst. Derartige Konflikte erzeugen fast übermächtige Spannungen, in denen der Trieb, den Vater zu entthronen mit dem Schuldgefühl, es (durch Erfolg im politischen Wettbewerb) getan zu haben, abwechselt. Dieser Konflikt ist zum großen Teil für seinen zwanghaften Wunsch verantwortlich, mit anderen Männern um immer höhere politische Ämter zu kämpfen; der Wunsch ist zwanghaft, weil der Sieg keine andauernde Befriedigung gewährt, da er stets von einem angstvollen Bedürfnis begleitet wird, den innerlich gegenwärtigen, zornigen und rachsüchtigen Vater zu besänftigen.

Der Grad, bis zu dem Phantasien von Bestrafung und Schmerz die sexuelle Einbildungskraft von Politikern beherrschen und die Zeit, die es brauchen wird, um diese Phantasien zu verwirklichen, wird in der psychodynamischen Theorie durch zwei Faktoren erklärt: durch die Tiefe der Schuld, die der vom Dämon des politischen Erfolgs getriebene Mann büßen muß, und durch die Intensität seines Bedürfnisses, sich selber zu beweisen, daß er es verdient, in der politischen Arena den Sieg zu erringen. Die Stärke seines Triebes, andere Leute zu beherrschen, bringt ihn dazu, das ganze Leben als einen Kampf um die Macht zu betrachten. Wenn er der Herausforderung der ausgeklügeltsten Foltern, die eine einfallsreiche Hure erfinden kann, begegnen und sie überleben kann – sagt ihm eine unbewußte Logik –, dann hat er sich schon im voraus bewiesen, daß er seine politischen Widersacher unterwerfen kann.

Das ist sozusagen das positivste Motiv hinter seiner Identifiziierung von Sex mit Qual: Für ihn ist Sex eine weitere Gelegenheit, seine Männlichkeit zu testen. Der negative Aspekt ist sein ewiges Bedürfnis, sich von der Schuld zu reinigen, die er auf sich geladen hat, indem er seine Mutter begehrte und seinen Vater besiegte. Das psychische Leben des Politikers wird vor allem durch eine äußerste Polarisierung der Sexualfunktion charakterisiert. Auf der einen Seite begehrt er leidenschaftlich seine Mutter; auf der anderen kann er derartige Gefühle nicht zugeben, da sie auch eine asexuelle Reinheit symbolisiert. Um dieses Bild von ihr zu bewahren, legt er eine Kluft zwischen das idealisierte Liebesobjekt – das zuerst seine Mutter ist und später ihr Ersatz, die Frau, die er heiratet – und das verächtliche Sexobjekt, die Hure. Diese Polarisierung ist die Quelle des »Madonna-Dirne«-Komplexes und verantwortlich für seine Ansicht, daß sexuelle Gefühle böse sind und er dafür bestraft werden muß, daß er sie hegt, eine Einstellung, die sich schließlich in einer Identifizierung jeglicher sexuellen Erregung mit Schmerz ausdrückt. Die Frauen, die wir interviewt haben, vermittelten uns in ihren Berichten über ihre Erfahrungen mit politischen Machtsuchern eine Vorstellung von der enormen Energie, die aufgewandt wird, um diese widerstreitenden Kräfte in Schach zu halten. Die bei diesen Begegnungen entfesselte Gewalttätigkeit, die einem sich wiederholenden und stereotypen Schema folgt – zum Beispiel die Szene mit dem hilflosen Patienten bzw. Gefangenen, der dem sadistischen Arzt bzw. Gestapoagenten ausgeliefert ist –, ist ein Maßstab für die Stärke der Unterdrückung, mit der er in der übrigen Zeit die Kontrolle aufrechterhält. Die Intensität der Unterdrückung erklärt, warum sein Bedürfnis nach Befreiung von der eisernen Disziplin, die diese Kräfte im Gleichgewicht erhält, sowohl hartnäckig als auch häufig auftritt, wie sie auch die Tatsache erklärt, daß eine solche Befreiung nur dazu dient, seine Beherrschung dieser kämpferischen Impulse wiederholt unter Beweis zu stellen.

Der Erfolg, den der Politiker dabei hat, erzeugt ein Gefühl von stolzem Selbstvertrauen, das für sein hauptsächliches Berufsrisiko verantwortlich ist, dem wir den Namen »die Illusion der Unverletzlichkeit« gegeben haben. Wenn sich seine Macht und der Erfolg im Beruf erhöhen, beginnt er zu glauben, daß er zwar nicht gerade unsterblich ist, daß ihn Gott aber doch zumindest gesalbt und auserwählt hat, um das von Ihm bestimmte Schicksal der Menschheit zu vollziehen. Von da ist es nur ein kleiner Schritt zur Überzeugung, selber die Verkörperung dieses Schicksals zu sein. Die Männer, die unsere Gesetze machen, glauben nur allzu leicht, daß sie das Gesetz *sind.*

Wenn ein Politiker in einen Sexskandal verwickelt wird, stellen die Leute als erstes die Frage: Wie konnte ein so weltgewandter Mann nur so dumm sein? Konnte er nicht vorhersehen, daß er geschnappt werden würde? Die Antwort ist: Nein, er konnte nicht oder er tat es nicht, weil er nicht glauben kann, daß sein allmächtiges »Ich« für seine Taten verurteilt werden kann. Die Gesetze, die auf die gewöhnlichen Sterblichen Anwendung finden, haben nichts mit ihm zu tun. Deshalb ist es sein erster Impuls, zu leugnen, überhaupt etwas getan zu haben, um später, wenn er gezwungen wird, sich mit den gegen ihn vorliegenden Beweisen auseinanderzusetzen, zu behaupten, er könne, selbst wenn er es getan habe, nicht angetastet werden. Wilbur Mills Ausruf »Das wird mich nicht ruinieren. Mich kann nichts ruinieren«, als er nahe daran war, seiner Macht im Kongreß beraubt und zu einer Stiftung abgeschoben zu werden, war ein Leitmotiv, das durch den ganzen Zyklus von Sexskandalen hindurch erklang; es folgte einem anfänglich empörten Leugnen jeglicher Missetat, das seinerseits von einer jämmerlichen Beichte abgelöst wurde, nachdem die Wirklichkeit endlich durch die komplexe Struktur der psychischen Gegenwehr gedrungen war.

Dieser Ablauf der Ereignisse wurde unter anderen von den Abgeordneten Wayne Hays, John Young, Allan Howe und Joe Waggoner blind nachgeahmt. Warum diese Männer hartnäckig das Unheil herausforderten, hängt möglicherweise mit der zwanghaften Art des Geschlechtstriebs bei Politikern zusammen, die wir schon besprochen haben, erklärt sich aber auch aus der Neigung von Gesetzgebern, sich eine eigene Moral zu zimmern, die die Ansprüche ihrer ständig wachsenden Vorstellung von persönlicher Grandeur befriedigen soll. Das aufgeblähte Ego des Politikers, das aus der Aufeinanderfolge von Siegen hervorgeht, bei denen er die entgegengesetzten Kräfte seiner eigenen Psyche durch einen Willensakt überwältigt hat (wobei das Schlachtfeld in den meisten Fällen das Schlafzimmer einer Prostituierten ist), kann ihn gefährlich weit von einem Sinn für Realitäten wegführen, der dazu neigt, ihn gerade dann, wenn sein politisches Überleben von der ständigen Berührung mit den Tatsachen abhängen kann, völlig im Stich zu lassen.

Das führt uns zu der Frage, ob Politiker eine, klinisch gesprochen, anpassungsfähige geistige Funktion aufweisen, vor allem, wenn wir ihre Wahl von Sexgewohnheiten betrachten. In Kapitel 3 haben wir gezeigt, daß sehr viele dieser Männer bereit sind, eine Frau zu bezahlen, um die Grenzen ihrer physischen Stärke und Einbildungskraft auszuweiten, indem sie sie leiden machen; wir haben beschrieben, wie die Politiker am häufigsten danach verlangen, von den Callgirls geschlagen zu werden; daß ein Bürgermeister aus Connecticut jede Woche in ein Freudenhaus kommt, um wie ein Hund auf dem Boden herumzukriechen, während ein Mädchen mit einer Peitsche über ihm steht; daß ein Politiker eine Frau in sein Büro kommen und ihn peinigen läßt, während er geschäftliche Telefongespräche führt; daß sich der Präsident eines Ausschusses des US-Senats regelmäßig in einer Kreuzigungsparodie an die Wand binden läßt; und daß sich ein anderer Senator mit Küchenmessern »operieren« läßt. »Manchmal fällt es schwer, sich Dinge auszudenken«, sagte eines der Mädchen, »die sie schwer genug verletzen, um sie glücklich zu machen.«

Solche Praktiken zeigen das Vorherrschen einer Selbsttäuschung vor, die auf einem sehr verborgenen Niveau vor sich geht. Die Herausforderung, das Äußerste an physischem Schmerz auf sich zu nehmen, die Grenzen dessen, was ihr Körper aushalten kann, immer weiter zu stecken, dient diesen Männern dazu, ihre Illusion von Unverletzbarkeit zu bestätigen. Sie müssen sich immer wieder beweisen, daß sie auch im Fleisch nicht wie andere Männer sind; was einen gewöhnlichen Sterblichen ins Krankenhaus bringen würde, ertragen sie nicht nur, sie genießen es sogar. Alle von uns interviewten Madames berichteten, daß die Narben, die blauen Flecken, Striemen und Wunden eine tagelang anhaltende Quelle der die Masturbation begleitenden Erregung waren; tatsächlich wurde verlangt, daß diese Verletzungen schwer genug seien, um bis zum nächsten geplanten Besuch im Freudenhaus anzuhalten.

Gelegentlich dienen diese Übungen auch dazu, den Machtsucher in seiner Überzeugung zu bestärken, daß er auserwählt sei, um auf Erden den Willen Gottes zu erfüllen; es ist kein Zufall, daß das Kreuzigungsmotiv in so vielen dieser Szenen vorkommt. Noch deutlicher offenbaren solche Martern jedoch das Vorhandensein ernster, die männliche Identität betreffender Probleme. Die gesamte Struktur des politischen Lebens in Amerika, mit ihrem Männlichkeitswahn, der sich in rauchigen Hinterzimmern auslebt, ist dazu angetan, einen jugendlichen Begriff von Manneskraft und eine ebenfalls jugendliche diesbezügliche Besorgtheit zu verewigen. Das Verlieren einer Wahl, das Unterliegen bei irgendeinem Wettbewerb um den Status innerhalb der Hierarchie, bedeutet, daß die eigene Männlichkeit in den Augen der anderen herabgesetzt ist – wie auch in den Augen der Öffentlichkeit, die einen Gewinner schätzt und einen Verlierer verachtet. Die Tatsache, daß man imstande ist, es in der kontrollierten Umgebung eines Freudenhauses »hinzunehmen« und als Beweis die Narben der Schlacht aufweisen zu können – auch wenn die Streiter nur die beiden Hälften des eigenen gespaltenen Ichs sind –, verschafft die zwischen den Wahlen (oder nach ihnen, im Fall einer Niederlage) notwendige Bestätigung, daß die eigene Manneskraft noch unversehrt ist.

Die umfangreiche Dokumentation über die sexuellen Gewohnheiten der Politiker und unsere Computeranalysen der Angaben über die Lebensstile der Kongreßmitglieder werfen, im Licht unserer Theorie über die psychodynamischen Quellen des Machttriebes, einige unvermeidliche Fragen über die Natur des amerikanischen politischen Systems auf, wie auch darüber, ob die Männer, die erfolgreich in ihm wetteifern, wirklich die geeignetsten sind, um die Interessen der

Bevölkerung wahrzunehmen. Diese Fragen sind natürlich sehr komplex – vielleicht sollte man sie besser Dilemmas und nicht beantwortbare Fragen nennen –, aber die Art des Beweismaterials, das wir erbracht haben, zwingt uns zumindest, sie als Anreiz für weitere Diskussionen zu betrachten.

Als erstes sollten wir folgendes in Betracht ziehen: Wenn es stimmt, daß die den Machttrieb beherrschende Psychodynamik unweigerlich einen ebenso starken wie gebieterischen Geschlechtstrieb erzeugt, können wir dann vernünftigerweise erwarten, daß sich unsere Führer dem puritanischen Moralkodex beugen, wie die Öffentlichkeit es von ihnen zu erwarten scheint? Und verlangt die Öffentlichkeit das auch wirklich? Es ist eine interessante Tatsache, daß, mit einer Ausnahme, es keinem Politiker jemals mißglückt ist, wiedergewählt zu werden, nur weil er in einen Sexskandal verwickelt war. Die einzige Ausnahme war bezeichnenderweise der Abgeordnete Allan Howe von Utah, der in Salt Lake City verhaftet wurde, weil er sich an eine Prostituierte herangemacht hatte, die ein Lockvogel der Polizei war. Seine Niederlage bei den Wahlen ist wahrscheinlich ein Beweis für die Tatsache, daß »nach Ansicht der Mormonen der politische Führer so etwas wie ein moralischer Führer ist«, wie William Buckley kurz nach Howes Verhaftung in seiner Kolumne schrieb.[1] Vielleicht erwartet oder wünscht die amerikanische Öffentlichkeit außerhalb Utahs gar nicht mehr, daß ihre Vertreter ihre Moral gängeln.

Zweitens: sind das Verhalten jener Politiker, die schmerzhaften Praktiken mit Callgirls frönen müssen, und ihre sadomasochistischen Phantasien dazu angetan, die öffentliche Wohlfahrt mehr oder weniger zu bedrohen? Das heißt, findet hier ein Prozeß der Entspannung statt oder führt dieses Verhalten zu einer Anhäufung von Spannungen, die sie schließlich dazu bringen, in Situationen, in denen eine disziplinierte Denkfähigkeit für unser Überleben wesentlich ist, die Kontrolle zu verlieren? Andererseits: Wären wir besser dran, wenn wir solche Leute aus der politischen Arena entfernten? Würden wir diejenigen Männer entfernen, die nur einen stärkeren politischen und gleichzeitig einen heftigeren Geschlechtstrieb haben, oder würden wir vielleicht jene Männer ausschalten, die die fähigsten Führer sind?

Kann es ferner zuträglich sein, unsere Politiker zu einer so tiefgreifenden Heuchelei zu verdammen, indem sie gezwungen werden, in der

1 William F. Buckley jr., »Sex and the Mormons«, *New York Post*, 19. Juni 1976.

Öffentlichkeit eine Reihe von Werten hochzuhalten, die sie privat mit der größten Selbstverständlichkeit verletzen? Und ist es möglich, die verschiedenen Bezirke des eigenen Lebens so scharf voneinander zu trennen, ohne die gesamte Persönlichkeit zu schädigen, inbegriffen die eigene Fähigkeit, wirksam als Gesetzgeber zu arbeiten? Wenn wir verlangen, daß unsere Volksvertreter in der Öffentlichkeit den Eindruck einer moralischen Redlichkeit erwecken, die wir niemals von uns selber erwarten würden, dann sollte es uns nicht verwundern, wenn eine augenblickliche Schwächung ihrer psychischen Widerstandskräfte dazu führt, daß gelegentlich die unterdrückten libidinösen Energien mit manchmal katastrophalem Erfolg durchbrechen. Der deutlichste Fall dieser Art war der von Wilbur Mills, dessen Alkoholismus, die letzte Ursache seines Zusammenbruchs, eine Folge seiner Anstrengung gewesen sein mag, die sinnliche Seite seines Wesens so streng unterdrücken zu wollen.

Eine weitere unglückselige und noch ernstere Folge dieser Heuchelei ist die Empfänglichkeit für Erpressung solcher Männer, die glauben – irrtümlicherweise oder auch nicht –, daß ihre Karriere einer allgemeinen Kenntnis ihres Privatlebens nicht standhalten könnte. Wenn diese abnormen Formen sexueller Befreiung eine notwendige Erholung von den Spannungen und Zwängen ihrer Tätigkeit darstellen, dann erlegen wir ihnen eine unerträgliche Last auf, wenn wir verlangen, daß sie den Anschein eines Einverständnisses mit einem Standard sexueller Moral aufrechterhalten, die niemand mehr so hochschätzt, vielleicht wir alle am allerwenigsten.

Es gibt aber auch keinen klaren Beweis dafür, daß die Hingabe an solche Praktiken aus einem Mann einen besseren Staatsmann macht. Nach unserer Theorie hilft es ihm, im politischen Dschungel zu überleben, aber was für eine Beziehung besteht zwischen einer solchen Fähigkeit und einer vernünftigen Entschlußkraft, sobald er eine Machtstellung errungen hat? Die Beantwortung dieser Frage würde eine Neubewertung des ganzen Systems erfordern, aufgrund dessen wir die Männer auswählen, die uns vertreten sollen; vielleicht hat eine derartige Untersuchung bereits begonnen.

Für viele ist die Tatsache von unmittelbarer Wichtigkeit, daß die Allgemeinheit die Extravaganzen einiger weniger bezahlt, und zwar gerade jener wenigen, die ihren Interessen dienen sollen. Das ist ein besonders wunder Punkt, wenn wir in Betracht ziehen, daß gerade jene Kongreßmitglieder, denen das Wohlergehen des Verbrauchers am gleichgültigsten ist, zu den großzügigsten Förderern der Freudenhäuser gehören. Aber sogar diese Frage hat noch eine andere Seite; der Kolumnist Nicholas von Hoffman hat es nach Bekanntwerden des Hays-Skandals folgendermaßen formuliert:

> Das ausschlaggebende hinter diesem trivialsten der immer größer werdenden Skandale ist, daß öffentliche Gelder, das Geld der Steuerzahler, für sündige, unmoralische und köstlich unzüchtige Zwecke verwendet wird. Wenn alle Anklagen und Behauptungen über diesen Gebrauch öffentlicher Gelder wahr sind, dann könnte man mit der entsprechenden Gesamtsumme nicht ein Rad eines B-1-Bombers kaufen. Nicht einmal ein Tragflächenende.[2]

Und ein Korrespondent der *New York Times* wies darauf hin:

> Nach meinen Berechnungen könnte die Bundesregierung jedem Mann, jeder Frau und *jedem Kind* in New York 14 000 Dollar pro Jahr für einen Liebhaber zahlen, was ungefähr 110,5 Milliarden Dollar ausmachen würde. Das entspricht etwa der Höhe des aufgeblähten, verschwenderischen und potentiell zerstörerischen Militärhaushalts, den der Kongreß anscheinend gegen eine nur minimale Opposition durchzusetzen gewillt ist.[3]

Man würde trotzdem erwarten, daß die Wähler empört dagegen reagieren, wenn die Männer, die es verhindern, daß öffentliche Gelder dazu verwendet werden, um Abtreibung wünschenden Frauen zu helfen, um ein Schulspeisungsprogramm durchzuführen, die Koedukation zu unterstützen oder Lebensmittelmarken auszugeben, nicht zögern, das Geld der Bevölkerung in verschwenderischer Weise für ihr eigenes Vergnügen auszugeben – so notwendig derartige Vergnügungen auch für ihre Leistungen als Politiker sein mögen. Aber genügend Wähler schienen mit Hoffmans Meinung übereinzustimmen, daß man viele dieser Männer wieder nach Washington schicken sollte, damit sie sie im Jahr 1976 vertraten. Die Wählerschaft selbst mag in dieser Frage einigermaßen schizophren sein, indem sie jede Verletzung des Moralkodex durch ihre gewählten Vertreter anzeigt und gleichzeitig mit neidvoller Bewunderung das Schauspiel genießt, das ihr die Mächtigen bieten, die sich auch auf ihre Kosten vergnügen.

Für uns Ärzte ist die Frage nach der geistigen Gesundheit von besonderem Interesse. Wir definieren eine gesunde Sexualität als

2 Nicholas von Hoffman, »The Moralists«, *New York Post,* 24. Juni 1976.

3 Henry A. Way jr., Brief an die *New York Times*, 19. Juni 1976.

Potential von Zuneigung, Gegenseitigkeit, Achtung, Zärtlichkeit und enger Bindung. Keiner von diesen Faktoren scheint im Gefühlsleben des Politikers besonders schwer zu wiegen. Die Frauen in seinem Leben sind einfach abgespaltene Objekte seines eigenen Ego, dessen Elemente in der oben beschriebenen Weise in der Schwebe gehalten werden müssen, wenn er wirksam tätig werden soll. Diese Elemente müssen so weit voneinander getrennt gehalten werden, daß die Frauen, die sie darstellen, kaum mehr als Abstraktionen sind: Der Madonna-Ehefrau wird ihre Sexualität abgesprochen, der Hure ihre Menschlichkeit.

Wir haben Angaben gebracht, die beweisen, daß diejenigen Gesetzgeber, die als die notorischsten Weiberhelden, um nicht zu sagen Hurenböcke, bekannt sind, auch die am meisten zur Unterdrückung neigenden sind, wenn es um Angelegenheiten geht, die die Frauenrechte betreffen. Der psychische Einsatz dieser Männer für die Aufrechterhaltung dieses künstlichen Zwiespalts in ihrem eigenen Leben wirkt sich in einer Gesetzgebungspolitik aus, die verhindert, daß sich die Frauen als freie und unabhängige menschliche Wesen verhalten können, denn das würde erfordern, daß diese Gesetzgeber mit der Unangemessenheit und Ungerechtigkeit ihrer Betrachtung der anderen Hälfte der Menschheit Schluß machen müßten.

Diese Falschheit wird nirgends augenfälliger als in ihrem öffentlich vertretenen Standpunkt bezüglich der Legalisierung der Prostitution. Die Männer, die am stärksten von den Diensten der Prostituierten abhängen, sind auch die, die sich am lautesten jedem Versuch einer Verbesserung ihres Status in der Gesellschaft oder sogar ihrer Loslösung von den Verbrecherklassen widersetzen. Eine solche Haltung spiegelt wahrscheinlich das wider, was sie für die Meinung der Mehrheit halten, gründet sich aber zweifellos auch auf ihren eigenen Wunsch, die Hure so erniedrigt wie möglich zu halten (keine Hure – keine Madonna). Außerdem, würde der unerlaubte Sex so köstlich sein, wenn er nicht länger ein heimliches, schändliches Vergnügen wäre? Gerade die Illegalität des Verkehrs mit einer Prostituierten mit allen dazu gehörenden Risiken macht ihn so aufregend. Aber er verewigt eine tiefe Ungerechtigkeit allen Frauen gegenüber und schändet auch das seelische Wohlergehen des Mannes selbst.

In der Diskussion über die Tragweite der sexuellen Revolution und ihrer Annahme, daß eine unbehinderte Sexualität nur zum Guten führen kann, weist Dr. Charles Socarides mit Bezug auf die Menschheit im allgemeinen darauf hin, daß dies noch schärfer auf diejenigen

Männer anwendbar ist, die wichtige Entscheidungen für uns alle treffen:

> Das entscheidende Versagen des Menschen besteht darin, daß er unfähig war, die »Bestie« in sich selbst zu bezwingen. Er war unfähig, inneres Wissen zu speichern und zu integrieren, um es in den Dienst emotionaler Erfüllung, der Liebesfähigkeit, zu stellen und Befriedigung seiner instinktiven Bedürfnisse in einer Art zu finden, die für ihn und die Gesellschaft vorteilhaft ist. Wenn er sich wieder auf das Niveau emotionalen Denkens zurückbegibt, auf rohe Gefühle oder noch tiefer und weiter zurück in seine ursprüngliche Vergangenheit, bis zu rein lustbetonten Reaktionen (von elementarem Schmerz oder Vergnügen), dann wird die Technologie ein gefährliches Spielzeug in den Händen der stolzen Bestie – gefährlich sowohl wegen der Art, in der es das vernebelt, was im Leben wirklich wichtig ist, als auch wegen dessen, was die Technologie vollbringen kann.[4]

Ein erstes Ziel der Frauenrechtler, seit Beginn der Frauenbewegung, bestand darin, die »stolze Bestie« zu zähmen und sie weniger gefährlich zu machen, indem hartnäckige Anstrengungen unternommen wurden, um mehr Frauen in die politische Machtstruktur einzubringen. Sie behaupten, daß wenn die Frauen in der Regierung im Verhältnis zu ihrer Mehrheit in der Bevölkerung vertreten wären, unser politisches System einen tiefgehenden Wandel zum Besseren erleben würde, daß die intensiven kämpferischen Energien, die feindselige Aggressivität und der destruktive Wettlauf um die Macht, die eine von Männern beherrschte Politik charakterisieren, unter dem wohltuenden Einfluß des mütterlichen Instinkts dahinschwinden oder harmlos werden würden. Wir können noch nicht sagen, ob das der Fall sein würde, da es gegenwärtig nur achtzehn Frauen im Kongreß gibt – nur zehn mehr als 1948, zwanzig Jahre bevor die heutige Frauenrechtswelle an Stärke zuzunehmen begann. Noch ist es keiner Frau gelungen, nur aufgrund ihrer eigenen Verdienste einen Sitz im Senat zu erringen; bisher wurden alle weiblichen Senatoren nur gewählt, um den Platz ihrer Ehemänner auszufüllen, die während ihrer Amtszeit gestorben waren. Im Augenblick gibt es überhaupt keine weiblichen Senatoren.

Es scheint somit, als fehlte es den meisten Frauen an der echten

4 Charles W. Socarides, M. D., *Beyond Sexual Freedom* (New York: Quadrangle / The New York Times Book Company, 1975), S. 15.

aggressiven Energie und fanatischen Hingabe an die Jagd nach der Macht, die notwendig sind, um in unserem gegenwärtigen politischen System Erfolg zu haben. Die wenigen Frauen, die an die Spitze dieser männlichsten aller Welten gelangt sind – Bella Abzug, Indira Gandhi, Golda Meir –, schafften es, weil sie noch aggressiver waren als ihre männliche Konkurrenz; durch Sanftheit haben sie es nicht erreicht. Wenn es Frauen jemals gelingen sollte, die Maschinerie der Regierung zu übernehmen, dann besteht zumindest einiger Grund zur Annahme, daß sie nicht weniger gefährlich aggressiv sein würden als die Männer; aber für den Augenblick ist das ein strittiger Punkt.

Wichtig wäre eine Annäherung der Vorstellung der Bevölkerung wie ihre Führer leben sollten an die Wirklichkeit. Die Art sexueller Befreiung, die wir beschrieben haben, mag ein wirksamer Mechanismus sein, der es ihnen ermöglicht, die Anforderungen einer außergewöhnlich anstrengenden und angespannten Tätigkeit zu ertragen, sie mag aber auch ihre Funktionsfähigkeit als menschliche Wesen zerstören. Diese Frage muß von zukünftigen Forschern entschieden werden. Inzwischen bieten wir von jeder Seite Erklärungen an, die den Fall beredter darstellen als wir es können. Zuerst ein Zitat aus einem Artikel in der *New York Times*, von Caryl Rivers, einer Frau, die an der Universität von Boston Schriftstellerei lehrt:

> Ist das eine öffentliche oder eine private Angelegenheit? Im Fall Hays, in dem Behauptungen über die Verwendung öffentlicher Gelder für persönliches Vergnügen aufgestellt werden, ist es die wirtschaftliche Seite der Angelegenheit, die die Proteste auslöst. Wie aber, wenn es nicht um Regierungsgelder ging?
>
> Früher hätte ich gesagt, das Privatleben eines Mannes ist privat, auch wenn es mit einer beträchtlichen Gaunerei verbunden ist. Heute denke ich nicht mehr so. Ein Mann, der in zynischer und gewohnheitsmäßiger Weise Frauen gebraucht, wie es einige unserer Beamten tun, ist nicht ein Mann, der meine Interessen vertreten kann.
>
> Kann ein Mann, der Frauen wie Taschentücher verschleißt, überhaupt für die Angelegenheiten und Probleme empfänglich sein, die durch die Frauenbewegung aufgeworfen werden? Kann er ernstlich an der ungerechten Verteilung der Macht zwischen Männern und Frauen in der amerikanischen Gesellschaft interessiert sein? Die Antwort auf beide Fragen ist nein. Männer (und Frauen), die im öffentlichen Leben stehen, müssen sich darüber klar sein, daß ihr privates Verhalten eng mit ihrem öffentlichen Image verbunden ist.

Der Kodex des Verschweigens, der in der Vergangenheit die mächtigen, raubgierigen Männer schützte, hat ihren Wählern keinen Dienst erwiesen. Zumindest nicht jenen, die weiblich sind.[5]

Für die Gegenseite spricht Nicholas von Hoffman in dem Artikel, aus dem wir bereits zitiert haben:

Wenn Sie nicht den Senat in das Haus der 100 Jungfrauen verwandeln wollen, dann lassen Sie den Gedanken fallen, daß unsere gewählten Beamten unsere moralischen Vorbilder sein müßten. Es könnte keinen groteskeren Befähigungsnachweis für ein öffentliches Amt geben als es sexuelle Reinheit ist. Können Sie sich vorstellen, daß diese große und freie Republik von Unzuchttreibenden und Ehebrecherinnen von einer kleinen Gruppe puritanischer Beamter angeführt wird, deren einziges Verdienst darin besteht, daß sie kein anderes Bett und keine andere Gefährtin kennen, als ihre eigene?

Vom politischen Standpunkt aus muß ein vernünftiger Mensch sich fragen, ob unsere Steuerdollars nicht doch am besten in Freudenmädchen für unsere Staatsmänner angelegt sind. Laßt sie »make love, not war«. Verführt sie. Im Bett richten sie weniger Schaden an als im Ausland. Sie erheben keine Steuern und sie richten kein ernsthaftes Unheil an, wenn sie im Pyjama sind. Umgekehrt, denken Sie an die Folgen für den Weltfrieden, wenn man ihnen die sexuelle Entspannung von Stress und Konflikten verweigern wollte. Eine verärgerte, gereizte amerikanische Beamtenschaft ist eine schreckliche Vorstellung.[6]

Wir können es nicht unternehmen, dieses Dilemma einer Lösung zuzuführen. Wir hoffen nur, daß wir durch die Vorlage der Ergebnisse unserer Forschungen – die mit einem Studium der Anomalien begannen und mit der Frage endeten, ob der Ausdruck »Anomalie« in der heutigen Gesellschaft überhaupt noch eine Bedeutung hat – vielleicht zu einer Überprüfung der Natur der politischen Macht in diesem Lande und des Preises, den diejenigen, die sie erlangen, zahlen müssen, ermuntert haben.

5 Caryl Rivers, »Where Women Are Credit Cards«, *New York Times*, 8. Juni 1976.
6 von Hoffman, »*The Moralists*«.

Literatur

Abraham, K. *Selected Papers on Psychoanalysis.* New York: Basic Books, 1953.

Adler, P. *A House Is Not a Home.* New York: Rinehart, 1953.

Anonymous. *My Secret Life.* New York: Grove Press, 1966.

Ball, J. D., und G. H. Thomas. »A Sociological, Neurological, Serological, and Psychiatric Study of a Group of Prostitutes«, *Am. J. Insanity,* 74:647, 1918.

Barone, M., G. Ujifusa, D. Matthews. *The Almanac of American Politics.* New York: E. P. Dutton and Co., 1975.

Benjamin, H., und E. E. L. Masters. *Prostitution and Morality.* London: Souvenir, 1965.

Bibliographical Directory of the American Congress, 1774–1971, U. S. Government Printing Office, 1971.

Bleuel, H. P. *Sex and Society in Nazi Germany.* Philadelphia and New York: Lippincott, 1973.

Boch, I. *Marquis de Sade: His Life and Works.* New York: Britany, 1961.

Bradlee, B. C. *Conversations with Kennedy.* New York: Pocket Books, 1975.

British Social Biology Council. *Women of the Streets.* London: Seeker and Warburg, 1955.

Bullough, V. L. »The American Brothel«, *Human Sex.,* 7:198, 1973.

–. »History of Prostitution in the United States«, *Human Sex.,* 4:64, 1970.

Calverton, V. F., und S. D. Schmalhausen, Eds. *Sex in Civilization.* New York: Macaulay, 1929.

Caprio, F. S. *Female Homosexuality.* New York: Citadel Press, 1954.

Choisy, M. *Psychoanalysis of the Prostitute.* New York: Pyramid Books, 1962.

Congressional Quarterly Weekly Report, Congressional Quarterly, Inc., 1976.

De Riencourt, A. *Sex and Power in History.* New York: David McKay, 1974.

Deutsch, H. *The Psychology of Women.* New York: Grune and Stratton, 1945.

Ditzion, S. *Marriage, Morals, and Sex in America.* New York: Bookman Ass., 1953.

Durant, W. *The Life of Greece.* New York: Simon and Schuster, 1939.

–. *The Story of Civilization.* New York: Simon and Schuster, 1939.

Ellis, A. »Why Married Men Visit Prostitutes«, *Sexology,* 25:1959.

Ellis, J. *The Sights and Secrets of the National Capital.* New York: United States Publishing Co., 1869.

Erikson, E. *Identity, Youth and Crisis.* New York: W. W. Norton, 1968.

Ewart, A. *The Great Lovers.* New York: Hart Publishing, 1946.

Fenichel, O. *The Psychoanalytic Theory of Neurosis.* New York: W. W. Norton, 1942.

Foot, M. R. D., und H. C. G. Matthew, eds. *The Gladstone Diaries.* Oxford: The Clarendon Press, 1974.

Freud, S. *Totem and Taboo.* New York: Vintage Books, 1946.

Gagnon, J., und W. Simon, Hrsg. *Sexual Deviance.* New York: Harper and Row, 1967. Paperback. p. 9, 4–11.

Gibbens, T. C. N., und M. Silberman. »The Clients of Prostitutes«, *Br. J. Vener. Diss.*, 36:113, 1960.
Glover, E. »The Abnormality of Prostitution«, in A. M. Krich, Ed. *Women.* New York: Dell Publishing Co., 1943.
Gover, R. *One Hundred Dollar Misunderstanding.* New York: Grove Press, 1962.
Greenwald, H. *The Elegant Prostitute: A Social and Psychoanalytic Study.* New York: Ballantine, 1970.
Hall, S., und B. Adelman. *Gentleman of Leisure.* New York: Signet, 1973.
Hayward, G. *Dictionary of Courtesans.* New Hyde Park, N. Y.: University Books, 1962.
Henriques, F. *Prostitution and Society,* Vols. 1, 2, and 3. London: MacGibon and Kee, 1961, 1963, 1968.
Hirschi, T. »The Professional Prostitute«, *Berkeley J. Sociol.,* 7, 1962.
Hollander, X. *The Happy Hooker.* New York: Warner, 1972.
Hunt, Morton. *Sexual Behaviour in the 1970's.* New York: Dell Publishing Co., 1974.
Janus, S., und B. Bess. »Prostitution«, in B. J. Sadock, H. I. Kaplan und A. M. Freedman, Hrsg., *The Sexual Experience.* Baltimore: Williams and Wilkins, 1976.
–. »Wann Prostituierte Umkehren« (Factors in Successful Renunciation of Prostitution), *Sexualmedizin,* 5:335, 1976.
Kaye, H. E. *Male Survival, Masculinity Without Myth.* New York: Grosset and Dunlap, 1974.
Kiefer, O. *Sexual Life in Ancient Rome.* London: Routledge and Kegal Paul Limited, 1934.
Kinsey, A. C., et. al. *Sexual Behaviour in the Human Female.* Philadelphia: Saunders, 1953.
–. *Sexual Behaviour in the Human Male.* Philadelphia: Saunders, 1948.
Langer, W. *The Mind of Adolf Hitler.* New York: Basic Books, 1972.
Lasswell, H. D. *Psychopathology and Politics.* New York: Viking Press, 1960.
Lederer, W. *The Fear of Women.* New York and London: Grune and Stratton, 1968.
Lewinsohn, R. *History of Sexual Customs.* New York: Harper and Row, 1971.
Licht, H. *Sexual Life in Ancient Greece.* London: Abbey Library, 1932.
Lorand, S., und H. I. Schneer. »Personality Disorders: Sociopathic Type: Antisocial Disorders and Sexual Deviations«, in A. M. Freedman und H. I. Kaplan, *Comprehensive Textbook of Psychiatry.* Baltimore: Williams and Wilkins, 1967.
Mack, J. E., und E. V. Semarad. »Classical Psychoanalysis«, in A. M. Freedman und H. I. Kaplan, *Comprehensive Textbook of Psychiatry.* Baltimore: Williams and Wilkins, 1967.
Maclay, G., und H. Knipe. *The Dominant Man: The Pecking Order in Human Society.* New York: Delacorte Press, 1972.
MacPherson, M. *The Power Lovers.* New York: G. P. Putnam's Sons, 1974.
Marks, C. *Pilgrims, Heretics and Lovers: A Medieval Journey.* New York: Macmillan Publishing Co., 1975.
Masserman, J. H. Editor, *Science and Psychoanalysis.* Vol. XX. I. Beiber, »The Dynamics of Power, Sex and Power«. New York: Grune and Stratton, 1972.
Masters, W. H., und V. E. Johnson. *Hum. Sex. Response.* Boston: Little, Brown, 1970.
Metropolitan Life, *Statistical Bulletin,* Vol. 51, December 1970.
Montagu, A. *Sex, Man and Society.* New York: G. P. Putnam's Sons, 1969.
Murtagh, M., und S. Harris. *Cast the First Stone.* New York: McGraw Hill, 1957.
Pomeroy, S. B. *Goddesses, Whores, Wives, and Slaves: Women in Classical Antiquity.* New York: Schocken Books, 1975.

Quint, J. V., and B. R. Cody. »Preeminence and Mortality: Longevity of Prominent Men«, *American Journal of Public Health,* 60, June 1970.
Reitman, B. *Prostitution: Contemporary Social Problem.* New York: Harcourt and Brace, 1961.
Robbins, J. *The Anatomy of a Prostitute.* New York: Signet, 1974.
Rubins, J. »Karen Horney«, in A. M. Freedman und H. I. Kaplan, *Comprehensive Textbook of Psychiatry.* Baltimore: Williams and Wilkins, 1967.
Rugoff, M. *Prudery and Passion: Sexuality in Victorian America.* New York: G. P. Putnam's Sons, 1971.
Sanger, W. L. *The History of Prostitution.* New York: Harper und Bros., 1858.
Seymour-Smith, M. *Fallen Women.* London: Nelson und Sons, 1969.
Sheehy, G. *Hustling.* New York: Delacorte Press, 1973.
Socarides, C. *Beyond Sexual Freedom.* New York: Quadrangle / The New York Times Book Company, 1976.
Sussman, N. »Sex and Sexuality in History«, in B. J. Sadock, H. I. Kaplan, und A. M. Freedman, *The Sexual Experience.* Baltimore: Williams and Wilkins, 1976.
Tacheron, D., und M. Udall. *The Job of the Congressman,* 2d ed. Indianapolis and New York: Bobbs-Merrill, 1970.
Tarr, David, ed. »Current American Government«, *Congressional Quarterly,* Washington, Spring 1976.
Taylor, G. *Sex in History.* London: Thames und Hudson, 1953.
Winick, C., und P. Kinsie. *The Lively Commerce.* Chicago: Quadrangle Books, 1971.
Woolston, H. B. *Prostitution in the United States.* New York: Century, 1921.

Register